基于就业的适度经济增长与结构调整问题研究

王　昊◎著

人　民　出　版　社

责任编辑：刘敬文
责任校对：吕　飞

图书在版编目（CIP）数据

基于就业的适度经济增长与结构调整问题研究 / 王昊 著 . — 北京：
人民出版社，2016.11
ISBN 978 − 7 − 01 − 016921 − 7

I. ①基…　II. ①王…　III. ①就业 − 研究 − 中国②中国经济 − 经济发展 − 研究
IV. ① D669.2　② F124

中国版本图书馆 CIP 数据核字（2016）第 262852 号

基于就业的适度经济增长与结构调整问题研究
JIYU JIUYE DE SHIDU JINGJI ZENGZHANG YU JIEGOU TIAOZHENG WENTI YANJIU

王 昊 著

人民出版社 出版发行
（100706　北京市东城区隆福寺街 99 号）

北京龙之冉印务有限公司印刷　新华书店经销

2016 年 11 月第 1 版　2016 年 11 月北京第 1 次印刷
开本：710 毫米 ×1000 毫米 1/16　印张：24.5
字数：300 千字

ISBN 978 − 7 − 01 − 016921 − 7　定价：55.00 元

邮购地址 100706　北京市东城区隆福寺街 99 号
人民东方图书销售中心　电话：（010）65250042　65289539

目 录

序

“十二五”时期，我国经济增长速度下行压力明显加大，这种经济速度下行主要是工业增速下降造成的。工业增速下降原因主要是工业产品出现了普遍的低层次产能过剩。而这种产能过剩，根源有四：一是粗放的经济发展方式。改革开放以来，我国主要是依靠“三来一补”即来料加工、来样加工、来件装配等加工贸易和补偿贸易发展起来的，承接的外来产业大都是劳动密集、附加值低、集中在加工制造环节的产业。这种发展模式发挥作用的条件是国家经济发展形势稳定，对这些产业的产品有大量需求。改革开放三十多年来的时间里，我国依靠廉价的劳动力和资源，以及出口工业产品的不断增加，一方面促进了经济发展，另一方面也形成了巨大的乃至过剩的产能。2008 年国际金融危机以后，发达国家实行回归实体经济、回归制造业以及加强贸易保护的政策，我国工业产品出口增速明显下降；另外，发达国家的需求结构也在不断地提升。这样，我国已经形成的产能与相对萎缩的需求不匹配，需求提升了，而个性化的供给却跟不上。二是一些地方政府的追求政绩的发展观及其行为。GDP 考核机制和税收制度促使一些地方政府官员有意无意地追求短时间内能够迅速增大地方 GDP 的产业，例如房地产业、汽车产业、钢铁产业等等，在城市建设中大拆大建，但对于能够提升人民生活质量和有利于经济长远发展的先进制造业、创新活动、公共产品、公共服务等重视不够。三是不适当的刺激政策。刺激性政策通常针对的是总量问题而不是结构问题，不适当的刺激政策只能使结构问题更加严重。刺激性政策虽然短期可以阻止增速下滑、增加就业，但由于加剧了同一水平面的产能过剩，接下来就是进一步的产能过剩、价格便宜、企业亏损以及失业增加，导致刺激政策的边际效用急剧递减。四是缺少退出机制。健全的市场经济既有提升机制即创新，又有退出机制即淘汰。从一定意义上讲，退出机制与提升机制同样重要，因为没有淘汰就没有创新和提升。健全的退出机制可以通过破产、兼并、重组等方式，在产能过剩还没有成为大问题的时候就使其得到化解。我们通常看到了市场经济能够带来繁荣，却没有看到能够带来繁荣的正是这些机制，更没有看到这些机制可以在初期解决结构问题和产能过剩问题，使其不至于形成阻碍经济发展的大问题。

我国经济面临的难点表面是增长速度下行压力加大，实质主要是经济结构问题。经济发展可以分为水平效应和结构效应。水平效应是在给定技术条件、产业结构、产品结构不变的情况下，片面地扩展和重复既有的产业结构和产品结构，重在经济规模，是粗放经营，通常为一国经济发展初期的发展模式。结构效应是通过创新，提升产业、产品结构而获得更高层次的经济发展。结构效应更着重于经济发展的质量和效益。水平效应是有边界的，一种产业产能总有饱和的时候。结构效应是没有尽头的，因为调整结构可以创新出新的需求，人们的需求是永远没有尽头的。需求饱和的只是既有的产品和服务，但提升了的产业结构和服务却能够在更高的层次上打开一片新的需求天地。结构效应靠着体制本身的力量，通过不断创新，以保证经济持续健康的发展。

“十三五”时期是我国“全面建成小康社会”的关键阶段。在经济发展速度上，要保持中高速增长；在驱动力上，要使自主创新能力全面增强，迈进创新型国家和人才强国行列；在结构上，要促使产业结构升级换代，让经济发展的协调性和可持续性明显增强；同时，要缩小收入差距，确保中等收入人口比重不断上升，实现现有贫困人口全部脱贫。

上述有关速度、结构、驱动力、贫困等问题，在王昊的新著《基于就业的适度经济增长与结构调整问题研究》中都有所论述。通读全书，我认为这本专著有这样几个特点：

一是观点新颖。总的来看，专著的一些观点及其论证是有一定新意的。例如，对“适度经济增长”的学术成果按照时间顺序进行了概括和综述，划分出三个阶段，得出了若干结论；认为20世纪90年代就业弹性系数迅速降低的原因在于工业增速的明显下降；强调人口政策的调整应当把握的时间窗口或时间节点；主张适度改变投资方向，从重视基础设施投资转向更加重视制造业和人力资本投资；认为公平分为基本权利公平和贡献权利公平。在市场经济条件下，二者既有统一的一面，也有冲突矛盾的一面。在收入分配领域，应当平衡和处理好这两种体现不同权利公平的关系；提出政府转型的概念及衡量转型的十个指标；强调“十三五”是企业转型的关键阶段；等等。

二是思路开阔。专著既有对经典理论的探讨，也有对实际问题的研究，并实现了二者的有机结合。例如，专著运用多种分析工具，论证经济增长、就业增长、产业结构互动变化的基本规律，印证了传统的产业结构变动理论、劳动力从农村向城市流动的各种理论模型所揭示的基本规律；讨论了要素结构、技术结构、需求结构和经济增长的互动关系和基本规律；从各个角度总结归纳了中国经济结构面临的基本问题及其原因，提出了基于就业的结构调整六大战略思路；根据调查研究，聚焦京津冀进行案例研究，提出了一些有价值的政策建议。

三是方法独特。以我国“五年规划”为周期，对改革开放以来的所有“五年规划期”进行数据平均值统计，从中找出规律并发现问题，对这些规律和问题的形成原因一一进行了分析，合乎逻辑地得出了相应的结论。这种方法贯穿专著始终，对于趋势研究十分恰当。此外专著还进行了不少比较分析和历史分析。这些方法，让专著的论证更为科学，更有深度。

在“十三五”的开局之年，王昊的新著得以出版，很有意义。人生有限，学海无涯，希望作者继续努力，勤奋耕耘，在其本人所从事的专业领域写出更多、更优秀的作品。

中国人民大学教授、博士生导师　李义平

前　言

本书主要研究适度经济增长、就业增长、经济结构之间的互动关系和基本规律。

本书构建了自己的研究框架：首先把研究“适度经济增长”的学术成果按照时间顺序进行概括和综述，划分出几个阶段，得出了若干结论；其次，从理论角度论述产业结构规律性演进的决定因素；第三，以传统理论、产业结构偏离系数、就业弹性系数为工具，分析经济增长、就业增长、产业结构互动变化的基本规律；第四，依据统计数据和各种理论，探讨其他经济结构（主要包括要素结构、技术结构、需求结构）和经济增长的互动关系和基本规律；第五，总结归纳中国经济结构面临的基本问题及其原因，提出基于就业的结构调整六大战略思路；第六，把京津冀协同发展战略作为区域层次经济转型和结构调整的案例，按照京津冀协同发展的有利条件、现状和问题、对策思路这样的逻辑组织观点并进行论证。根据调研资料，进一步聚焦京津冀地热能的开发利用问题，提出政府转型是解决问题的关键所在。

本书有两点创新。一是研究方法。以我国“五年规划”为周期，对改革开放以来的所有“五年规划期”进行数据平均值统计，从中找出规律并发现问题，对这些规律和问题背后的形成原因一一进行分析，最后得出结论。本书侧重历史发展过程和趋势的分析，依据主要是各个时期的统计数据。事实证明，这一方法简单有效，得出的结论与经典理论一致，符合我国经济发展的实际情况。这一方法还整理了大量的基础数据，可作为相关问题进一步研究的参考。

二是提出了一些有价值的观点并进行了比较深入的论证。例如，人口政策的调整应当把握的时间窗口或时间节点；适度改变投资方向，从重视基础设施投资转向更加重视人力资本投资；明确了“经济转型”的三大目标；分析“农业现代化”的内涵及实现的基本条件；提出了“政府转型”目标及其指标体系，等等。

本书认为，改革开放30多年来，我国经济规模迅速扩大，经济结构明显得到优化和提升。但伴随经济规模的扩大，我国经济增长的质量并未显著提高。我国的产业结构、要素结构、技术结构、需求结构还存在不少问题，产业升级和企业转型已经到了“不转型升级就无法生存和发展”的重要历史发展阶段。同时，城乡差距在“十二五”时期有缩小之势，但总体还比较大；自然资源约束日益增强，污染形势依然严峻。要以实现“三个转变”、收入分配中等收入为主体的“橄榄型社会”、能够可持续发展的“低碳社会”为基本发展方向和目标，从城乡统筹、农业现代化、消费主导、低碳经济、政府转型、企业转型六个方面着手，加强顶层设计，完善法制政策环境，提升我国产业的国际竞争力，完成我国企业组织结构、生产方式、生产技术和组织管理的升级换代。

本书强调，“适度”增长本身只是工具性的手段，适度增长的真正目的是为了提高经济增长的质量。适度增长内在地包含着经济结构的优化升级和人民生活的改善。经济增长必须考虑就业和经济结构这两大问题，而结构问题突出地表现在产业结构上。产业竞争力是一国经济实力的集中体现，产业结构优化升级是一国经济增长质量不断提高的重要途径。在收入、分工、技术、制度的作用下，产业结构升级换代成为经济发展的基本规律。

改革开放之前的30年，为了改变旧中国一穷二白的面貌，迅速赶上发达资本主义国家，我国格外强调发展速度。但30年追求速度的结果，使得经济大起大落，经济结构失衡严重，国民经济增长质量不仅不高，经济增长速度也是"欲速则不达"。1955年我国国民生产总值占世界国民生产总值的比重为4.7%，到1980年则下降到2.5%；1960年我国国民生产总值与日本大体相当，1980年日本国民生产总值却是我国的4倍。①

改革开放之后的30余年，我国不仅长期保持平均每年9.9%的经济增速，产业结构也有了明显的改善和进步。三次产业的产值结构占比从"五五"时期的29.9∶47.7∶22.4，提升为"十二五"时期的10.0∶45.3∶44.7；就业结构从"五五"时期的69.7∶17.7∶12.6，提升为"十二五"时期的30.5∶31.2∶38.3。数据变化的背后是三次产业实际发展水平的提高：第一产业生产力明显进步，劳动力向第二、第三产业流动趋势持续至今，并仍在继续流动；第二产业生产能力从严重不足到严重过剩，我国已成为名副其实的第一制造大国；第三产业持续发展，成为吸收劳动力的主力军。

但30多年的发展，我国经济深层次的矛盾也在累积。产业结构的问题日益凸显，主要表现在：

农业现代化步伐缓慢。农业、农村、农民的"三农"问题，始终是制约我国经济社会稳定发展的焦点问题。我国目前是世界最大的农产品进口国，按照最低标准衡量，我国进口的农产品数量，至少相当于利用了国外7亿亩的耕地。根据中科院的研究报告，我国农业发展水平与发

① 萧国亮、隋福民：《中华人民共和国经济史（1949—2010）》，北京大学出版社2011年版，第179页。

达国家相比差距巨大，农业的劳动生产率远低于发达国家，也远低于我国工业的劳动生产率。

工业面临转型升级。三方面显示转型升级压力巨大：一是产能严重过剩。经过30多年的积累和发展，我国的物质生产和现实需求的矛盾已从最初的短缺，转向全面的过剩。这一矛盾也是现阶段我国经济发展面临的主要矛盾。产能过剩问题在20世纪80年代就存在，比较全面的过剩是在90年代中期，严重过剩是在全球金融危机之后。二是自主创新能力不足，自主技术占比不高，自主品牌价值与国际名牌相比差距明显。三是进入20世纪90年代后，第二产业的每1%的产值增速能够带动就业增长的能力总体是下降的。具体表现为：工业就业增长相对于产值增长明显滞后。“六五”、“七五”时期的就业增长速度年均分别为6.2%和6.1%，产值增速分别为10.2%和9.1%，分别滞后4%和3%。“八五”、“九五”时期的年均就业增长速度分别为2.5%和0.1%，同时期产值增速分别为17.5%和9.8%，分别滞后15%和9.7%，滞后程度远远超过80年代。“十五”、“十一五”、“十二五”时期的就业年均增速分别为1.9%、4.2%、2.0%，同时期产值年均增速分别为10.8%、12.1%、8.7%，分别滞后8.9%、7.9%、6.7%。尽管滞后程度有所下降，但仍然远远超过20世纪80年代。

服务业发展长期滞后。中华人民共和国成立以来，我国服务业的发展无论是相对于世界服务业的平均水平，还是相对于国内的其他产业，都是滞后的。改革开放后，服务业发展十分迅速，但直到“十一五”结束，服务业的产值增速相对于工业产值增速总体上仍然长期滞后。“六五”、“七五”时期，服务业的产值增速分别为15.2%和9.5%，同时期工业的产值增速分别为10.2%和9.1%，两个周期服务业增速均高于工业。但进入90年代后，情况就彻底转变了。从“八五”到“十二五”，每个五年周期服务业的产值增速都低于工业。

产业结构问题形成的原因比较复杂，主要原因有四个：一是 GDP 和财政收入作为政绩考核机制的作用；二是税收制度不合理；三是服务业领域仍然存在比较严重的垄断；四是自主创新能力的不足。

产业结构问题造成多方面的不良影响。例如服务业的滞后对就业产生的影响就相当严峻，表现为两个方面：一方面，生产性服务业发展滞后，导致高端劳动力例如大学生就业困难，使教育大众化与经济高速增长的不协调进一步加剧。另一方面，生活性服务业发展滞后，阻碍各种低端劳动力就业，例如农村劳动力向城市的转移，延缓消费结构的升级。

经济结构不只包含产业结构，还包括要素结构、技术结构和需求结构。这些结构，同样面临严峻的挑战和压力。

从要素结构分析，劳动力、资本和土地这些生产要素对经济增长的制约越来越大。劳动力在数量上的优势正在逐步减弱，“人口红利”正渐行渐远。数据分析显示，我国的计划生育政策如果不做适当调整，2033—2038 年以及这段时期之后，我国的青少年占比会急剧下降，老年人占比会急剧上升，养老问题压力巨大，青壮年劳动力供给不足的矛盾日益突出。2018—2023 年，应成为我国调整人口政策的时间窗口。劳动力数量上不足，可以通过改善劳动力的质量来缓解。我国长时期重视基础设施投资，基础设施投资占国内生产总值的比重为 8.5%，超出发达国家平均水平 3 倍以上。而对人力资本，投入却相对不足。我国广义社会保障支出占国家财政支出比重仅为 32%，远低于发达国家 54% 的平均水平。从我国人力资本对经济增长的贡献角度看，确实需要加强对人力资本的投资。我国的管理人才非常短缺，管理水平总体较低；我国人力资本质量总体不高；人力资本的技能或知识结构和现实经济发展需求匹配度不足。另外，阻碍劳动力合理流动和配置的因素大量存在。

其他要素例如石油、铁矿石、初级农产品等对外依赖程度不断加深，使得我国经济受外部影响越来越大，经济发展的不确定性和不稳定性有增无减。水、土壤、大气等污染呈现加剧之势，让我国经济增长质量大打折扣。

从技术结构分析，自主创新能力不强，自主技术占比不高。突出表现为：出口产品中，自主品牌占比很低；一些重要产业例如信息产业、制造业等的关键技术对外依赖严重；科技进步对经济发展的贡献率比较低；科研与经济两张皮的问题没有得到根本解决。

从需求结构分析，投资拉动积聚的问题需要消化，外贸拉动减弱，消费拉动相对不足。改革开放30余年来，我国投资增长和经济增长波动曲线完全一致，证明我国经济增长主要依靠投资增长拉动。经济发展初期，依靠投资拉动经济增长是必然选择。但经济发展过度依赖投资拉动，也会带来许多弊端，如浪费的增长、污染的增长、破坏的增长和有水分的增长等等。我们通过大量的数据分析证明，投资增速过高，经济增长质量必然降低。消费拉动不足的主要原因是居民消费增长缓慢，居民消费增长缓慢是因为居民收入增长缓慢，居民收入增长缓慢是因为我国收入分配结构中政府和企业长期占据优势地位。因此，必须改革收入分配结构才能解决根本问题。外贸需求将进入低速增长的轨道。数据分析表明，“十二五”以来，我国经济增长速度由高速转向中高速成为我国经济的新常态，外贸增速由超高速增长进入低速增长轨道也将成为我国外贸运行的新常态。外贸已经出现服务贸易快速增长的新态势，需要顺势而为，积极调整外贸结构。

结构问题表明，我国经济必须实现经济发展方式的根本转变，也就是经济转型。那么，究竟该向什么方向转型，或者说转型的目标是什么呢？

本书认为，我国经济发展方式的转变方向和总体目标主要包括三个：

一要完成“三个转变”。这是党的十七大报告提出的目标，即由主要依靠投资出口拉动，向依靠消费、投资、出口协调拉动转变；由主要依靠第二产业带动，向依靠第一、第二、第三产业协调带动转变；由主要依靠增加物质消耗，向依靠科技进步、劳动者素质提高、管理创新转变。

二要逐步形成中等收入为主的橄榄型社会。这是中国特色社会主义发展的本质要求和内在追求。社会主义市场经济应当是效率与公平的统一。市场本身在总体上不具有调节贫富差距功能，相反，市场机制本身是推崇“效率优先”的，“市场效率”长期演化发展的结果，会造成收入分配的“两极化”趋势，这种两极分化，对“社会公平”造成严重损害。政府从社会整体利益出发，需要采取包括法律、政策、道德规范等各种手段和措施，适度遏制两极分化趋势，促进中等收入群体的不断扩大，逐步形成中等收入群体为主、高收入和低收入群体人数占比较低，即中间大、两头小的橄榄型分配结构，最终实现收入分配的总体公平。

三要从高碳经济转向低碳经济。这是世界经济发展的必然趋势和客观要求。习近平指出，“中国将把推动发展的着力点转到提高质量和效益上来，下大气力推进绿色发展、循环发展、低碳发展。”①“低碳经济”实质上是人类经济发展方式的变革，是传统的产业结构、工业结构、能源结构与人类传统的生产方式、生活方式和消费方式的全面转变。

那么，如何实现基于就业和结构调整的经济转型呢？本书提出六大战略思路。

一是推动城乡一体化发展。提高农民的知识技能；鼓励各类人才向农村流动；加大工业对农业的反哺力度。

二是加快农业现代化。农业现代化是建立在现代生物和信息技术基

---

① 《习近平谈治国理政》，外文出版社 2014 年版，第 114 页。

础上的、拥有完备农业基础设施的生态农业。这一内涵包含三个组成部分：一是指农业现代化必须是生态农业；二是农业现代化必须具备完备的农业基础设施；三是农业现代化必须建立在良种化、机械化、信息化和品牌化的现代科技基础之上。

农业现代化的支撑条件包含四个：现代科技；巨额资金；适度规模经营；高素质农业劳动力。

农业现代化的基本方向是：建立现代农业产业体系，一、二、三产业融合互动，提高农业比较效益，增加农民收入。

三是建立以国内消费为主导的经济发展模式。降低投资率，同时降低政府消费率，提高居民消费率，降低外贸依存度。加快发展第三产业，重点是发展生产性服务业、城市社区家庭服务业、广大农业服务业三项。调整收入分配结构，要逐步扩大劳动者在国民收入分配中的比重。扩大社会保障覆盖面，健全覆盖城乡居民的社会保障体系，形成良好的消费预期。降低居民生活成本，改善消费环境，促进城乡居民扩大消费和消费升级。

四是发展低碳经济、绿色经济、循环经济。我国的产业结构调整和经济发展方式转变要适应以生物、信息、新材料、新能源为中心的产业技术革命大势，用新技术改造传统产业，积极发展新兴产业，促使社会经济由高碳向低碳转型。发展低碳经济，主要包括三个方面：建设低碳城市，发展低碳产业，倡导低碳生活方式。

生态危机日益严峻的时代，绿色经济已经成为全球新的经济增长点。发展绿色经济，是对全球经济近300年来工业化对地球生态环境造成重大破坏的一种矫正，是全球经济发展方式的重大转变。绿色经济实际上是倡导生态和环保理念、减少经济增长带来的污染、增强经济社会可持续发展能力的经济发展方式。

循环经济是对传统“高开采、低利用、高排放”生产方式的反思和变革的结果，和低碳经济、绿色经济一样，是经济发展方式的革命。发展循环经济是从思想观念、行为方式、循环经济技术到税收制度、法律制度的全方位的转型与变革。

五是实现由“GDP崇拜型政府”向“公共服务型政府”的转型。政府要构建经济转型的主要指标体系。有“五类转型”共计“十个指标”，基本能够反映我国经济转型的目标要求。

六是促进“企业转型”。追本溯源，经济转型本质上是一个微观问题，如果不能实现企业转型，经济转型就丧失了微观基础。现阶段，产能过剩问题严重，企业劳动成本有进一步上升的趋势，企业利润空间将越来越小，企业到了“不转型就无法生存”的关键阶段。实现企业转型，对策有四：第一，适应国际国内经济环境的变化，不断完善思维方式，建立正确的思想理念；第二，政府要向服务型政府转变，切实解决企业面临的体制机制问题，积极为企业的转型升级创造法律、政策、标准、规则等有利条件；第三，尊重市场规律，积极推动国有企业之间、国有企业和民营企业、中国企业和外国企业之间的合并重组；第四，深化国有企业的分类改革和混合所有制改革，提高国有企业竞争力。

“京津冀的经济增长和结构调整”是本书研究主题的补充和完善，可视为我国经济转型的区域转型案例。京津冀协同发展战略的实施效果如何，对全国经济社会的发展具有巨大的示范和引领效应。

关于“京津冀地热能的开发利用”的研究是一项调查研究成果。我们认为，政府转型是京津冀开展合作的核心和关键。京津冀三地的政府部门要从京津冀的整体利益、长远利益、动态利益出发，切实转变思维方式和政府职能，积极发挥市场的决定作用，加强地热能整体开发利用的区域平台建设和科学合理的政策制度供给。

第一章

适度经济增长研究综述

本书的研究涉及三个领域：就业、经济增长和经济结构。在市场经济条件下，经济增长的结果，必然引起就业增长；长期的经济增长，会导致经济结构的变化；经济结构的变化，会造成就业结构的适应性调整，深刻影响经济增长的质量。经济增长、经济结构、就业三者之间的关系十分复杂，三者构成一个有机的经济生态系统。要完整地理解和认识这一系统，需要对其各个组成部分一一进行分析和讨论，我们的研究就从“适度经济增长”开始。

一、适度经济增长的概念

经济增长是一个数量概念，通常用若干总量指标来体现，例如某个区域、某个国家或地区在一定时期内的总产出与前期相比实现的增长，或者某一个区域、某个国家人均产出（或人均收入）水平的增加。最常用的衡量经济增长速度的指标有：国内生产总值、国民生产总值、国民总收入、人均国内生产总值、人均国民收入等。

国内生产总值（Gross Domestic Product，GDP），是指在一定时期

内（一个季度或一年），一个国家或地区的经济中所生产出的全部最终产品和劳务的价值，常用来衡量某个区域、某个国家或地区的经济总量、经济规模、经济发展水平或所处发展阶段。

国民生产总值又称为国民总产值（Gross National Product，GNP），指一个国家所有有该国国籍的公民（在国内或国外）在一定时期内生产的商品和劳务的价值总和。1993年联合国将GNP改称为GNI，即国民总收入（Gross National Income）。国民总收入等于国内生产总值加上来自国外的要素收入再减去对国外的要素支出。

例如，我们一般用GDP增长率计算一国某一年的经济增长速度。假设ΔY_t为本年度经济总量的增量，Y_{t-1}为上年所实现的经济总量，G为经济增长率，则该国或地区该年的经济增长速度可用公式来表示：

$$G=(Y_t-Y_{t-1})/Y_{t-1}=\Delta Y_t/Y_{t-1}$$

GDP中包含了产品或服务的价格因素。用现价计算的GDP，能够反映一个国家或地区的整体经济规模，用不变价计算的GDP可用于计算年度或季度的GDP增长率。

“度”是一种标准或界限，针对经济增长而言，度既有质的要求，也有量的标准。质和量之间，有着内在的不可分割的逻辑联系。

适度则是指适当合理的标准或界限。就界限来说，适度就是指恰当合理的数量界限，可以是一个区域或区间范围，也可以是某个值。

就标准而言，合理的标准不是一成不变的，因为经济社会不断发生变化，作为衡量经济社会发展状况的标准也需与时俱进，做出适当的调整。总的看来，随着人类社会的进步和人们认识水平的提高，标准的内涵是逐渐丰富的。

以上的讨论让我们对适度经济增长这个概念有了两个基本的认识。

从量的方面看，适度经济增长是指恰当合理的经济增长速度，包括国内生产总值增长速度、国民总收入增长速度、人均国内生产总值增长速度、人均国民收入增长速度等。经济增长速度不是越快越好，速度过快，常常伴随浪费性增长和破坏性增长，经济增长的质量反而不高；经济增长过慢，则会降低就业水平，积聚社会矛盾，增加改革难度，经济增长效益同样不高。

从质的方面分析，包含了经济增长质量的要求和标准，包括比例、效益、结构、环境等各方面的要求和指标。这些质量方面的要求和标准在不同的历史发展时期有不同的内涵。“六五”时期，学术界对“适度增长”的理解主要是速度、比例和效益的关系问题，这种比例关系更多地表现为积累和消费、两大部类、农轻重及其内部的比例恰当合理与否。“七五”时期，不仅提出了“适度的经济增长率”的概念，而且依据马克思主义理论建立起数学模型，还根据历史数据提炼出最佳适度经济增长区间并进行预测，开始从产品质量和要素质量角度研究经济增长问题。“八五”时期，针对20世纪80年代出现的各种产品质量、企业管理、比例、结构和效益问题，强调要更加重视经济增长的质量和经济效益。从产品质量、经济结构、经济效果等各个角度研究经济增长质量问题的学者更多了。可以这样概括，“七五”和“八五”时期，关于“适度经济增长”的研究形成了一个阶段性的高潮。“九五”时期，具有全局意义的“两个根本转变”战略和指导思想的提出，让学术界关于经济增长质量和经济增长方式的研究迅速升温。“十五”时期，构建衡量经济增长质量指标体系的研究逐渐增加和丰富。党的十七大提出“转变经济发展方式”，让学术界对经济增长方式的研究又进入一个新阶段。“十一五”和“十二五”时期，研究“经济转型”、“转变经济发展方式”的学者迅速增加。学术界对经济增长质量的研究视角更加丰富，研究内容更加深入，方法更加多样化。同时，党和国家领导人胡锦涛、温家宝、习近平等对“经济转型”的认识也在不断深化，其讲话、报告等的表述越来越完整全面。

总体看来，计划经济的短缺时期，人们更加关注社会物质财富的增长和生活水平的提高，在经济增长标准上就十分强调量的迅速扩张；而到了市场经济阶段的产品过剩时期，人们不仅关注社会财富的增长和生活水平的提高，还关注其生活的品位和质量，关注其所生活的环境问题，在经济增长标准上就不只是有量的标准，更有质的要求，例如要求有好的社会环境，好的生态环境，等等。总之，随着经济社会的发展，人们的认识水平也在不断进步，对经济增长质量的要求和标准也在不断改善和提高。

对中国经济增长问题的研究可以发现中国经济发展的理论和实践有两大特征：一是受国家发展战略、政策的影响很大。例如，国家制定的五年规划、政府工作报告、各种改革开放政策等对我国现实经济发展和理论研究有着很强的指导意义。二是国家经济发展战略和发展思路的制定基本都是以解决上个周期表现突出的问题为中心。例如"六五"突出速度和比例问题，"七五"强调适度增长问题，"八五"强调经济效益和产品质量问题，"九五"关注经济增长方式转变和经济增长质量，等等。

二、改革开放以来"适度经济增长"研究综述

前文讨论过，适度包含着评价经济增长速度、效益和质量的恰当合理的标准和界限。什么是恰当合理的标准和界限？这个问题伴随着改革开放后我国经济社会发展过程的始终。依据判断标准的重大变化，我们把相关研究大体划分出三个大的阶段。

（一）从"速度、比例和效益"到"两个根本转变"（1981—1995 年）

20 世纪 80 年代至"八五"期间，对经济增长的研究主要是以"经

济效益”为中心，从“经济结构”、“速度、比例和效益”、“产品质量和要素质量”等角度来展开研究。

1. 关于速度、比例和效益

1981年五届人大四次会议就提出，要重视提高经济效益，要走出一条经济增长的“新路子”。1982年又提出要处理好速度与比例、效益的关系问题。在20世纪80年代初期，我国经济还处于短缺经济阶段，该时期的“六五”计划强调了两个平衡：一是消费品供给数量和质量，与社会购买力的增长和消费结构的变化之间的平衡；二是生产资料的生产和消费资料的生产之间的平衡。“六五”计划在第一编“基本任务和综合指标”中明确要求：“大力增加适合社会现实需要的农产品、轻纺产品和其他日用工业品的生产，争取消费品供应的数量与质量同社会购买力的增长和消费结构的变化大体相适应，保持市场物价的基本稳定。努力调整重工业的服务方向和产品结构，大力降低物质消耗特别是能源消耗，使生产资料生产同消费资料生产的发展保持大体协调。”①“六五”计划中，强调了经济中的结构和比例问题。

“六五”时期，学术界对“适度增长”的理解表现在对速度、比例和效益关系的确定和处理上。

（1）速度和比例之间的关系

刘国光、王向明早在1980年就对经济发展速度和比例之间的关系进行了探讨。②他们以马克思主义再生产理论为指导，对三十年来我国计划经济速度与比例关系问题进行了梳理。他们认为，我国三十年经济发展速度起伏很大，不少年份工农业的发展严重脱节；平均速度呈下降

① 中宏网：《国民经济和社会“六五”（1981—1986）发展计划摘要》，http://www.macro-china.com.cn/fzzl/ckwx/20010516005720.shtml#2.

② 刘国光、王向明：《对我国国民经济发展速度和比例关系问题的探讨》，《中国社会科学》1980年第4期。

趋势，这种下降是追求高指标引起比例失调和经济效果降低情况下出现的速度下降；生产增长速度与人民消费增长速度脱节。他们分析了我国经济发展一再出现比例失调的原因有三个方面：政治上，政治运动冲击多，经济发展缺少安定的政治局面，党的工作重点长期没有转移到经济建设上来；思想上，极左思潮和唯意志论经常出现，导致经济工作不按客观规律办事；经济上，在于片面追求高速度，忽视按比例发展。具体表现为重积累，轻消费；片面强调优先发展重工业，而忽视农业和轻工业。上述比例关系严重失调，导致经济效果普遍下降，欲快反而慢。他们提出，要取得持久和稳定的高速度，必须正确处理好消费与积累的比例关系以及两大部类的比例关系。

（2）如何确定适度积累率问题

该方面的研究主要集中在“六五”时期，“七五”时期就转向了“适度增长率”。胡乃武、项镜泉是较早研究适度积累率的学者。① 胡乃武、项镜泉认为，所谓适度积累率，就是适合我国国情的、既能保证社会生产较快发展又能保证人民生活不断改善的积累率。“高积累”实质上是一种脱离现有劳动生产率水平的过度的积累，而“低积累”则是一种不能充分利用财力、物力和人力资源的“不足的”积累。积累率有高限和低限，只有适度的积累率，才能促进国民经济持久地协调地较快发展。因此，把我国的积累率由30%以上在今后几年内逐步降低到25%左右，这是从我国历史经验中总结出来的符合我国现阶段经济发展水平的适度积累率。

安体富提出了衡量适度积累率的基本标准。② 安体富认为，从动态上来看，影响积累率高低的主要因素有三个：国民收入增长速度，人口增长率和按人口平均的消费增长速度。为了确定一个适度的积累率，关键在

① 胡乃武、项镜泉：《论适度积累率》，《经济理论与经济管理》1981年第2期。

② 安体富：《关于积累率的合理界限问题》，《财政研究》1981年第3期。

于恰当处理消费增长速度同国民收入增长速度之间的关系。消费是否不断增长，人民生活能否逐步改善，是衡量积累率是否适度的根本尺度。

周晓寒探讨了最优增长速度问题。[①] 他认为，最优经济增长速度有三个特征：一是生产增长率和实际消费增长率保持恰当的比例；二是社会经济效果和生产经济效果比较好；三是增长速度比较稳定。最优生产增长速度可分解为适度的新增生产投资和有限新增生产投资的最优使用两个问题。适度新增生产投资就是在一定的国民收入总额中，要正确地处理生产和生活、积累和消费、简单再生产和扩大再生产的关系。新增投资所占的比例是否适宜，对社会经济效果的影响较大。新增生产投资的最优使用就是在生产过程中如何使有限的追加资金发挥最大的效益。为此，必须使生产经济效果得到最有效的提高。

王石桩以马克思主义基本理论为指导，探讨了社会主义适度积累率的区间和最优值。[②] 如何从理论上确定适度积累率？王石桩认为，根据马克思的《资本论》，积累率有其客观的物质基础，是由作为积累源泉的剩余价值量和体现生产技术水平的两大部类构成。社会主义积累率的客观物质基础，则是由国民收入和两大部类构成。积累的最高限，必须保证原有人口和新增人口消费水平不降低；积累的最低限，必须满足新增劳动人口就业所需的资金装备。积累率只能在这个区限内选择。适度的积累率应是在这个区限内，既能充分满足人民生活需要，又能促进经济高速发展的最优值。这个最优值的确定受各种因素的影响。直接影响的因素主要有：消费水平的变化；物质生产领域中资金有机构成的变化；国民收入绝对量的变化；非生产部门发展需要的变化。只有充分估计影响积累率的各种因素以及它们影响积累率的各种情况，才能确定出一个既能保证人民生活得以满足，又能促进经济以最优速度发展的积累率，

① 周晓寒：《论经济增长的最优速度》，《经济与管理研究》1982 年第 2 期。

② 王石桩：《论社会主义适度积累率的确定》，《内蒙古社会科学》1982 年第 2 期。

即社会主义适度积累率。

翟连升针对一些学者把积累率同劳动生产率挂钩来确定适度积累率存在的问题，提出了自己的看法。①他认为，把积累率同劳动生产率挂钩来确定适度积累率是不妥的。应该根据社会主义基本经济规律的客观要求，在保持在业职工平均资金装备不低于前期情况下，充分考虑影响积累率大小的主要因素即国民收入、资金（含固定资金和流动资金）占用、积累效果、投资效率、人口基数和年自然增长率、在业职工数和年自然增长率，等等，最大限度地安排消费，在此情况下才能确定合理的积累率。

刘慧勇根据历史数据，提出了我国现阶段到20世纪末的适度投资率区间。②刘慧勇认为，投资率是固定资产投资率的简称，是指年度固定资产投资额与同期国民收入使用额的比值。固定资产投资率的高低是衡量国家建设规模大小的综合指标。适度的投资率在我国有两个规律：缓慢上升是我国适度投资率变动的一般趋势；略有波动是我国适度投资率变动的具体形式。根据适度投资率的变动规律，参照世界各国的投资率水平，刘慧勇提出我国投资率保持在18%—20%较好；“六五”以后，再适当提高；20世纪末，可以达到22%左右。

杨沐在对《增长的极限》这本著作的评述中，概括了适度增长的基本规定和要求，提出了需求适度增长的基本思路和方法。③

杨沐对罗马俱乐部的报告《增长的极限》一书（以下简称《极限》）做了全方位的评述。他评述道，《极限》考察和分析增长问题的着眼点是时间和空间的最高层次；《极限》以大量历史统计资料绘成的图表，纠正了人们通常所想象的增长往往是直线型的偏见，证明增长的一般特

① 翟连升：《关于积累率选择问题的探讨》，《江淮论坛》1982年第2期。

② 刘慧勇：《论适度投资率》，《经济理论与经济管理》1983年第6期。

③ 杨沐：《寻求适度的增长——关于〈增长的极限〉》，《读书》1984年第8期。

征是指数增长;《极限》证明了资源的有限性。《极限》列举了19种工业用的主要矿物资源和能源资源，用数据资料指出，即使将现已探明的储量乘上五倍，按现有的消耗增长速度，也只够全球使用几十年到几百年;《极限》还提出了增长中的滞后现象。例如，工业生产中所排放的污染物，只有积聚到一定程度才会以有害的形式出现，待到人们寻找到合适的方法把它控制住，就又需要一个过程，这就是增长的自然过程中的滞后现象。杨沐认为，经过20世纪70年代的争论，这种通过确立适度的增长目标，实现经济长期、稳定的发展的思想，正越来越广泛地被西方社会所接受。

杨沐认为《极限》也存在不少缺陷。社会因素是决定世界前景的关键，但《极限》的模式中抽象掉了社会因素;《极限》在从资源的有限性导出增长的极限时，忽略了现实经济关系中很重要的需求的可替代性;《极限》的模型中低估了技术进步的影响;《极限》把零度增长作为唯一可供选择的方式是缺乏说服力的。

在上述认识的基础上，杨沐得出了有关适度增长的启示和思考。增长本身并不是目的，我们的目的是不断地提高人民的物质文化生活水平。因此，我们既不能为追求过快的速度要求过高的积累，从而妨碍人民近期生活需要的满足，也不能为追求过快的速度要求过高的基本建设投资，从而影响教育、科技的发展和企业的技术改造，妨碍长期的发展。我们所寻求的适度增长，应该是近期和长期的结合，需要和可能的结合，生产和生活的结合，积累和消费的结合。

（3）关于速度、比例和效益问题

王向明于1983年从速度、比例和效益角度分析了我国国民经济循环问题。[①] 王向明认为，我国经济循环不良主要源于片面追求高速度。

① 王向明:《从速度、比例和效益看国民经济的循环》,《社会科学辑刊》1983年第1期。

在片面优先发展重工业的高指标压力下，主要提供消费资料的农业和轻工业发展缓慢；重工业内部发展也不平衡，采掘工业、燃料动力工业发展相对滞后，跟不上加工工业的发展以及其他工业的发展。王向明提出了调整的基本标准，即要“使国民经济的调整积极而有步骤地进行。使紧缩（过长环节）与发展（薄弱环节）协调进行；控制规模与调整方向、结构同时进行。避免调整中可能出现的萎缩，以求尽可能缩小损失”。王向明认为国民经济主要比例关系还未达到协调，包括农轻重的比例关系；积累和消费的比例关系；社会购买力与商品可供量之间还有较大的差距。王向明认为，应当调整经济比例关系和改革经济结构。要加大消费品的生产，改善农轻重的比例；要调整重工业生产的方向和结构，发挥机械工业在技术改造中的特殊作用。要加强能源等短线部门的建设；要挖掘现有潜力，提高经济效益；还要合理利用外资。

华东化工学院的李寿彭针对1986年工业增长的偏低速度，从理论和实践的结合角度对比例、速度、效益的相互关系进行积极的探索。①李寿彭认为，其一，比例是速度、效益的基础。认为，消费资料总量及其构成决定消费资料生产的规模和比例；消费资料生产的规模和比例，决定生产消费资料所需要的生产资料生产的规模和比例；生产消费资料所需要的生产资料的规模和比例，决定生产生产资料的规模和比例。其二，速度必须服从比例和效益。其三，效益是比例协调、速度优化的结果，又转化为比例和速度。

2. 关于适度经济增长

“适度的经济增长率”第一次正式提出是在1986年《政府工作报

---

① 李寿彭：《论比例、速度、效益的统一——兼评时当前工业增长速度的几个观点》，《上海经济研究》1986年第6期。

告》中。[①] 报告明确指出，“确定适度的经济增长率，促进国民经济按比例、高效益地向前发展”是我国第七个五年计划提出的一个重要方针。笔者梳理该方面的研究发现，在1985—1990年期间，学术界的研究对“适度经济增长”的研究更多地集中于判断方法、原则和标准，侧重于定性方面的讨论和分析。1990年之后，关于“适度增长率”定量化的研究开始显著增加。

吉实文针对当时经济发展出现的固定资产投资过快、加工工业膨胀、经济效益低的问题，强调了适度经济增长的重要性，提出了相应的对策。[②] 吉实文认为，适度增长速度是一种适量、优化、高效、实惠和有后劲的速度，是国民经济健康发展的重要标志。吉实文认为，造成经济过度增长对国民经济发展有害无益，其主要原因是地方和各部门的盲目追求生产翻番的结果。吉实文认为，保持经济的适度增长，对国民经济的稳定发展、经济体制和改革开放的顺利推进、人们生活的持续改善具有决定性意义。吉实文提出了保持适度经济增长的四个对策：统一思想认识，主动地适当放慢工业生产的增长速度；鼓实劲、讲实效，把主要注意力和经济工作的重点切实放到提高经济效益上面；改变传统的经济增长格局，使包括第三产业在内的各个产业部门都按比例地协调发展；切实加强宏观调节、管理和控制，保持社会总需求和社会总供给的平衡。

胡季分析了从宏观调控和配套改革角度如何保持“七五”时期的适度增长问题。[③] 胡季认为，经济发展要靠经济体制改革提供富有活力和生机的经济运行机制，经济体制改革是经济发展的先导和保证条件。经

① 1986年政府工作报告，http://www.china.com.cn/policy/txt/2008-03/19/content_13027050_2.htm.

② 吉实文：《保持经济适度增长的必要性和措施》，《计划经济研究》1985年第Z3期。

③ 胡季：《搞好配套改革保持适度增长》，《经济研究》1986年第1期。

济体制改革是为经济发展服务的。继续加强和完善宏观经济的间接调控。进一步增强企业特别是大中型企业的活力。发展经济横向联系，逐步增强市场的竞争机制。针对1984年冬1985年春出现了需求过度膨胀、工业生产过速增长的现象，1985年党中央、国务院及时地正确地采取了一系列宏观调控措施，并初见成效。1985年的宏观调控不同于1958年、1970年、1979年的“急刹车”，而是采取的“慢刹车”。1985年的“慢刹车”，只是开头；1986年、1987年还要继续实行。控制固定资产特别是基本建设投资规模，不使之超过国家财力特别是物力的供应的可能。职工工资收入和消费基金要做到有计划的增长。总之，“七五”前两年，要抑制需求，保持适度增长，创造一个相对宽松的经济环境，进一步推进经济体制改革。

魏礼群围绕“七五”时期经济适度增长、产品质量和经济效益问题明确了对适度经济增长的认识。① 他认为，正确确定经济增长速度，是制定好国民经济和社会发展计划的关键所在，也是关系到我国社会主义现代化事业全局的重要问题。经济增速过高过低都不好。过高会造成产品质量、产销不对路，盲目扩张、浪费严重，瓶颈产业更加紧张等问题。过低会影响生产资源的有效利用和群众积极性的充分发挥，妨碍经济的健康成长和社会多方面需要的应有满足，不利于整个现代化事业的健康发展。提高经济效益，经济增长速度必须适度。魏礼群论证了“七五”期间确定国民生产总值年均增长7.5%的依据及其合理性。这个经济增长率是根据对各种经济条件和因素的综合预测作出来的；这个经济增长率是全面分析“六五”期间经济增长状况作出来的；这个增长率是充分考虑了进一步调整经济结构，特别是要为经济体制改革创造良好经济环境作出来的。魏礼群强调，“七五”计划是坚持把提高经济效益

① 魏礼群：《促进国民经济适度地、高效益地增长》，《计划经济研究》1986年第4期。

和产品质量放在突出位置的五年计划，要认真贯彻落实“七五”计划中提高产品质量和经济效益的各项政策措施，着力做好显著提高经济效益这篇大文章。

赵瑞彰从投入产出关系角度对适度经济增长的量和质的规定性进行有益的探讨。[①] 赵瑞彰认为，“适度经济增长率”作为一个经济范畴，既有量的界限，又有质的要求。量的含义是，经济增长率必须适合于国民经济系统中客观物质生产力所提供的经济增长的可能性；质的含义是，经济增长率在国民经济系统中处于良性循环状态，经济增长是在主要经济比例协调、产业结构不断优化、生产技术不断提高、经济效益不断改善之中实现的。

赵瑞彰从客观生产力因素投入及其配置利用效率角度分析适度经济增长率数量界限。他认为，适度经济增长率的数量界限受三个方面制约：

一是生产资源的投入。生产资源投入增加所带来的适度经济增长率要小于或等于生产资源投入的增长率；

二是产业结构变化。其一，产业结构变动带来的劳动生产率的提高，会使同等数量的劳动力投入带动更多的物质投入，加速自然资源的开发利用。其二，由于生产资源由传统产业部门向新兴产业部门转移，即使在生产资源投入量不变的情况下，甚至在生产资源投入减少时，都会通过新兴产业中先进的技术设备生产出高精尖产品，使社会生产创造的价值 v+m 总量增加。

三是科学技术进步。其一，通过设备的改良，提高社会劳动生产率，使社会生产转移不变资本 c 的价值总量增加；其二，通过提高劳动者的技术水平，使社会生产中应用的活劳动的复杂程度提高，创造的价

---

① 赵瑞彰：《论适度经济增长率》，《贵州社会科学》1986 年第 7 期。

值 v+m 总量增加。科学技术进步对经济增长的作用主要综合表现为劳动生产率的提高。

赵瑞彰认为，国民经济适度增长率的上限等于生产资源投入增加、产业结构变化以及科学技术进步带来的经济增长率之和。要在提高经济效益和质量的前提下，充分估计到经济发展的有利条件和社会生产中蕴藏的巨大潜力，综合各种生产条件的可能，努力争取有一个较高的持续的增长速度；也要避免脱离现实条件的可能，盲目追求过高的速度。

1986 年，著名经济学家宋则行在《社会主义经济增长模式与适度的经济增长率》一文中，对适度增长问题进行了深入细致的理论分析。[①] 他从劳动价值论出发，把经济增长率分解为劳动就业量增长率和劳动生产力增长率两个组成部分；在分析劳动就业量增长率时，运用马克思的“资本技术构成”范畴，提出资金—劳动比率，与制约投资率的积累率和劳动生产力结合，作为劳动就业量增长率的决定因素；把劳动生产力增长率作为决定经济增长率的一个综合因素单独列出。基于上述分析，宋则行推导出我国经济增长的一般模式，即 $g=s \cdot P/t + p$。公式中的 g 表示社会最终产值的增长率，P 代表社会平均劳动生产力，假定投资及其引起的劳动就业量的比率和总的资金—劳动比率 t 相同，s 代表在社会最终产值形成的收入中积累所占的比率即积累率，p 代表劳动生产力的增长率。在推导过程中，宋则行强调，投资和积累是两个不同的概念。投资是指投向固定资产和流动资产（库存）的支出；积累是收入中不用于消费的部分，是可供投资的资金来源。在上述分析基础上，宋则行提出影响我国经济增长的外在条件：一是劳动就业量增长率要受劳动力供给状况的制约。二是决定经济增长率的主要因素积累率要受必要的消费增长的制约。三是经济增长率要受产业结构的适应性的制约。四

① 宋则行：《社会主义经济增长模式与适度的经济增长率》，《经济研究》1986 年第 9 期。

是在对外开放的条件下，经济增长率还要受对外贸易状况的制约。

宋则行进一步提出了确定“适度经济增长率”的原则和方法。认为，适度的经济增长率是一个能实现国民经济稳定、协调和高效益发展的增长率。为此，要合理确定积累率，投资规模不超过积累率所许可的限度，合理选择投资结构和资金—劳动比率；要实现劳动就业量和劳动生产力的不断增长，保持充分就业或接近充分就业状态，保证人均消费水平的逐步提高；要保持社会总需求与总供给的基本平衡和两者在结构上的基本适应；要保持进出口贸易和对外收支的基本平衡。

陈仕强、陈耀先从制约因素、基本概念方面，较为全面地探讨了经济适度增长问题。① 他们认为，短期经济增长有六大制约因素：资源约束；资金约束；生产能力约束；需求约束；效益约束；产业结构和技术结构约束。陈仕强、陈耀先认为，短期内的超高速增长并不是国民经济的适度增长。原因在于超高速增长会造成六大问题：容易带来大起大落造成实际上的低速增长；不利于抑制投资需求；使财政负担加重；容易带来通货膨胀压力；不利于调整产业结构和产品结构；容易带来高投入低产出、高消耗低效益。陈仕强、陈耀先明确提出了短期经济适度增长的标准。他们认为，适度增长的标准应该包括两个方面：一个是质的标准，即指短期增长速度应符合的客观要求：一要保证国民经济的持续发展；二要保证国民经济长期稳定的增长；三要有利于实现国民经济的总量平衡；四要能够带来最大的国民经济效益。另一个是量的标准，即短期经济增长速度应该确定的适度增长区间。他们认为，短期经济增长与短期内的资源供应具有一定的相关关系；根据历史经验，认为我国工农业总产值每年增长 7%—9% 比较适当；短期增长速度应该以长期增长目标为依据。我国长期经济增长目标是 20 世纪末实现工农业总产值翻两

① 陈仕强、陈耀先：《论短期经济的适度增长》，《财贸经济》1987 年第 10 期。

番，大体需要每年增长7.5%—8%。依此三点，他们认为，短期经济增长速度在7.5%—10%。他们还提出了实现国民经济适度增长的六点对策：一是转换经济发展模式；二是既要防止再度滑坡，又要防止再度过热；三是防止经济增长在年度内的大起大落；四是深入开展增产节约增收节支运动，实现速度与效益的同步发展；五是调整生产结构和产品结构；六是重视农业生产和农业投资，确保粮食、棉花的稳定增产。

侯荣华深刻分析了我国国民经济长期比例严重失调的原因，研究了适度经济增长质的内涵和要求，提出了确立适度增长的基本途径。① 侯荣华认为，长期以来，由于经济建设中"左"的指导思想影响，对社会主义经济的高速度增长存在着严重的曲解。在20世纪60年代初，从理论上曾强调，社会主义经济的高速度发展，就是成倍地、几倍地以至几十倍地超过过去的中国和一切资本主义国家的经济发展速度。特别是从1958年起，发动了"大跃进"运动，提出工业总产值年平均增长速度达20%以上算跃进，达25%以上算大跃进，达30%以上算特大跃进。为实现"大跃进"，提出发展国民经济"以钢为纲"的方针。正是在这种理论和政策的指导下，造成了国民经济严重的比例失调。侯荣华认为，适度的经济增长应该符合下列要求：经济适度增长应该是经济实力的增强和现代化水平的提高；经济适度增长应该是在经济效益不断提高的条件下的较快的经济发展速度。1958年、1970年和1978年发生的三次发展经济大冒进，不仅最终使经济发展速度没上去，而且给经济发展造成了无法挽回的极大浪费。造成三次大冒进的思想根源，就是在处理经济发展速度和经济效益的关系上，强调经济效益服从经济发展速度。侯荣华认为，适度经济增长有丰富的质的内涵，即只有在经济效益不断提高、经济结构日益合理、技术水平不断提高、经济实力不断增强及保

① 侯荣华：《对经济适度增长的若干认识》，《中央财政金融学院学报》1989年第S1期（1988年增刊）。

证人民生活水平不断提高条件下的增长速度，才是真正的经济增长。而这样的真正经济增长速度就是适度的经济增长速度。影响经济增长的因素是多方面的，概括地说，就是上层建筑、生产关系、生产力和自然条件。这四个方面因素互相制约、互相联系，构成一个完整的制约系统。适度经济增长的确立要考虑五个方面：一是从国情出发和实事求是的指导思想；二是正确处理增长和稳定的关系；三是实行经济增长模式的转换；四是加强宏观计划控制；五是还应采取间接的经济调控手段，主要是实行正确的财政政策和货币政策。

王定坤从经济周期波动基本规律角度给出了适度经济增长的含义，进一步提出了判断适度经济增长的五个基本标准。① 王定坤认为，产生这种周期性波动的再生机制具有其存在的客观基础，是不可能人为地加以消除的。对于经济增长速度就应该有一个正确的认识，不能以为在社会主义条件下，就能实现经济的长期持续的高速发展。王定坤证明，那种认为经济运行在条件有利或环境适宜情况下就能永久持续地平稳增长，或是在基础阶段低中速，后来阶段高速、超高速的设想，是与经济发展实际不相符的。他举例说，实现 20 世纪末我国工农业总产值翻两番的目标，按数字计算每年的递增速度在 7.2%左右，并且一般的看法是前十年属于打基础阶段，经济增长速度相对于后面的年份而言要慢一些，后十年则是经济起飞阶段，经济将以很高的速度增长。但我国多年的经济增长速度的实际情况与这种看法相反：1979—1986 年的平均增长速度为 9.2%，其中 1983 年为 10.3%，1984 年为 14.7%，1985 年为 16.5%，1986 年为 9.1%，1987 年为 9.4%，早已远远超过 7.2%的平均水平。

王定坤认为，经济增长速度是否适度，因国家的不同或经济发展的

① 王定坤：《经济波动与经济的适度增长》，《财经科学》1989 年第 4 期。

阶段不同而不同。对一个国家来说是适度的经济增长，对另一个国家来说则可能是不适度的。适度的经济增长率不是一个确定的数量值，而是围绕一个数量中心在一定数量界限内波动的变化区间。只要经济增长速度在这一定的区间内，就应看成是适度的，反之，则是不适度的。一定的数量中心和数量界限也是相对于一定的经济发展阶段而言的，不同的发展阶段，其数量值和变化范围则可能完全不同。

王定坤认为，适度增长率的判断标准，至少应包括以下几个方面的内容：能够实现社会劳动和资源的合理配置和有效使用的增长率；能使国民经济各部门协调发展，特别是能使农业得到健康发展的增长率；能够保证人均消费水平得到提高的增长率；不以牺牲教育的发展为代价的增长率；具有相对的稳定性，波动幅度保持在一个合理的界限内的增长率。

王积业探讨了确定适度经济增长的标准，根据战略目标和社会需求估算出 20 世纪 90 年代我国经济适度增长率为 6%左右，认为要保持适度的经济增长率，就是使影响适度经济增长率的因素处于适度的状态。① 王积业认为，适度经济增长有质和量两方面的规定性。适度的经济增长，主要是针对当时的超高速增长而言的。这种超高速增长的特点是：一是靠大量投入和高消耗支撑的经济增长；二是主要指工业尤其是一般加工工业增长过快；三是指相对农业和基础工业无法承受的一般加工业的过快增长；四是工业超高速增长主要靠高积累来推动，其后果要么使人民生活得不到应有的改善，要么使整个经济处于不稳定的状态；五是超高速增长没有摆正经济效益的位置，还会掩盖经济效益不佳的真实情况。从超高速增长转向适度经济增长，是保持国民经济长期稳定和协调发展的需要，是社会主义扩大再生产正常运行的要求。

① 王积业：《论我国经济的适度增长》，《中国社会科学》1990 年第 6 期。

王积业提出了确定适度经济增长的标准。适度的经济增长是能够保证社会总供给和社会总需求大体平衡，是无通货膨胀或低度通货膨胀下的经济增长；需要研究“适度贷款规模”，该贷款规模既有利于经济的适度增长，又能保持较低的物价上升水平；要有利于产业结构向合理化方向调整，即有利于要素利用和配置效率的提高；适度的经济增长率是能逐步解决劳动力就业、保证人民生活水平逐步改善的经济增长率。

王积业认为，要保持适度的经济增长率，重要的是使影响适度经济增长率的因素处于适度的状态。一是积累率或投资率。王积业根据“七五”期间积累率保持在33%左右的高水平和现实经济发展实际，提出有利于保持国民经济的长期稳定增长的积累率应当在30%至32%之间。要避免投资率超过积累率的情况。从理论上说，投资来源于积累，所以投资额不超出积累额，投资率不超出积累率就成为确定适度经济增长率的重要界限。二是要促进农业发展，大力发展农业仍然是整个经济适度增长的基础。三是要发展以能源和原材料工业为代表的基础工业，提升加工业的支撑能力。四是工业生产对外依赖程度要适度，这已成为经济适度增长的外部重要因素。五是要适应这种新形势，用新的观点，采取新的方法，来解决新问题。从高度集中型的计划经济转向有计划的商品经济的过程中，需求对供给、消费对生产的导向作用日益增强，市场供求关系相应地发生同习惯想象有所不同的变化。

王积业从两个方面推算我国20世纪90年代的适度经济增长率即国民生产总值的年均增长率。一方面，依据20世纪末完成国民生产总值比1980年翻两番的预期目标，平均每年增长5.5%即可；另一方面，从社会需求的角度看，经济增长率又必须满足新增人口、剩余劳动力转移、人口老龄化的需要，要改善人民生活，增加基础工业和基础设施投入，扩大国家重要物资和外汇的储备，偿还到期的内外债本息。这些社会需求要求经济增长率高出根据发展战略目标测定的经济增长率5.5%。

兼顾上述两个方面,20世纪90年代我国的适度经济增长率应为6%左右。

著名经济学家熊映梧于1985年就提出了适度经济增长率问题，是最早研究“适度经济增长”并提出完整经济适度增长理论的经济学家。在《论产业结构优化的适度经济增长》一文中，熊映梧、吴国华等强调，我国产业结构存在严重中的偏离和错位，必须选择结构优化的适度增长。[①] 熊映梧、吴国华等通过与发达国家历史数据的对比分析得出基本结论：中国三次产业之间的劳动力结构高度，只相当于西方经济发达国家19世纪70年代的水平；中国三次产业之间的产值结构，大体与西方经济发达国家20世纪20年代的水平相近；中国的工业结构高度，已经达到20世纪70年代西方经济发达国家的水平。产业结构的非正常偏离度，是与结构效益成反比的。结构偏离度越大，劳动生产率在各个产业之间的分布便越不均衡。它反映了一国的高技术产业难以将高技术向低层次产业扩散，不利于整个产业技术的进步。

熊映梧、吴国华等认为，结构优化的适度经济增长是我国政府唯一明智的选择。产业结构和经济增长的组合中，最理想的状况是结构优化的高速经济增长，但很难达到；最糟糕的状况是结构恶化的高速度经济增长，例如“大跃进”，对经济破坏作用巨大。

熊映梧、孟庆琳、吴国华界定了“速度型”和“结构型”两种经济增长模式，认为我国必须选择结构优化的适度增长战略，采取正确对策思路。[②]

他们区分了两种类型的经济增长模式。一是“速度型”，即由于经济发展速度加快而引起的经济增长。新增加的投入大于或等于新增加的产出，虽然表面上按工农业总产值计算的经济增长率是增长了，实际上社会财富减少了或无增无减。只有新增加的产出大于新增加的投入，经

① 熊映梧、吴国华等：《论产业结构优化的适度经济增长》，《经济研究》1990年第3期。

② 熊映梧、孟庆琳、吴国华：《“适度经济增长”的理论与对策》，《经济问题》1990年第12期。

济发展速度加快才代表社会财富的实际增加。二是“结构型”，即由于技术结构、产品结构、产业结构的改善而引起的经济增长。

他们认为，结构和速度的区别有四：一是“速度型”再生产只是反映社会再生产过程中各个产业部门及其总体的数量变化，而“结构型”的再生产则是反映社会再生产过程中各个产业部门及其总体的质态变化。二是经济发展速度的快慢未必能够反映生产力的提高或降低，而经济结构的优化或恶化则明显地反映了生产力的升降。三是“速度型”的再生产可以在技术条件不变的情形下进行，而“结构型”的再生产则总是同技术条件的变化相联系的。四是“速度型”再生产量的增减直接与投入量的增减相联系，而“结构型”再生产的变化则不一定与投入量增减相关，而主要是依赖技术进步。

他们主张，在“速度型”经济增长模式与“结构型”经济增长模式的多种组合中，最佳状态是“结构优化的高速经济增长”；最劣状态是“结构恶化的高速经济增长”；次佳状态是“结构优化的适度经济增长”，应当作为我国经济发展战略。

为了实现结构优化的适度增长战略，应采取的对策包括：再生产理论（经济增长理论）的现代化与决策的科学化；从中国国情出发，确定适度的经济增长率。熊映梧、孟庆琳、吴国华从我国历史数据和世界各国相关数据的对比分析中得出了我国适度经济增长率为 7%—8%；科学地制定并坚决贯彻合理的产业政策；创造相应的体制、政策环境；把整改同转变经济发展战略结合起来。

汪海波于 1990 年探讨了“适度经济增长速度”的概念，并根据历史经验估测出 20 世纪 90 年代最佳适度增长率为 7%，适度增长区间范围在 5%—9%。[①] 汪海波强调，实现经济总量平衡的关键，是确定适度

① 汪海波：《论经济适度增长》，《经济管理》（Economic Management）1990 年第 9 期。

的经济增长速度。他认为适度经济增长速度包含三点内容：一是要尽可能地、最大限度地有利于提高经济效益。适度经济增长速度可以使国民经济持续、稳定地增长，从而使经济效益也持续、稳定地提高。二是要充分考虑我国经济非均衡增长的特点。汪海波认为，在经济均衡增长时，各产业部门的生产能力随着产量的增加而使每件产品固定成本趋于降低，当该固定成本分摊到每件产品上的成本达到最低时的经济增长速度，就是适度增长速度。而我国经济处于非均衡增长状态，要充分考虑长线产品和短线产品之间的缺口。让二者之间缺口不断缩小的经济增长速度是适度增长速度，这一缺口消失，表明经济增长处于均衡状态，则适度增长速度达到最大。三是要考虑体制过渡时期经济周期性波动的特点。汪海波认为，一个经济周期的平均增长速度就是适度的经济增长速度。

汪海波从历史经验出发，探讨了我国 20 世纪 90 年代适度经济增长速度的确定问题。汪海波依据我国改革开放前各个经济发展周期的平均速度即 8.6%，再计算 1979—1988 年这十年社会总产值与国民生产总值年平均增长速度的对比关系为 1 : 8.6，按此关系计算出 20 世纪 90 年代年国民生产总值增长速度为 7.4%。加之我国正处于经济体制转换时期，按以往经验，得出数值也偏高。因此，20 世纪 90 年代的适度增长速度为 7%。汪海波还根据工农业发展情况，认为经济增长速度高限为 9%；又根据人们物质生活水平及人口发展趋势，估测我国经济增长速度下限为 5%。根据汪海波的分析和推测，20 世纪 90 年代我国最大适度经济增长率的区间为 5%—9%，实际上是围绕平均经济增长速度 7%上下各浮动 2 个百分点。

刘利充实了适度增长的内涵和判断标准。[①] 刘利认为，国民经济增

① 刘利：《论国民经济的适度增长》，《岳阳大学学报》1990 年第 1 期。

长速度的适度，是指增长速度要适合国情和国力所提供的可能性的限度，是积极可靠又留有后备的增长速度，是以提高综合效益包括经济效益、社会效益和生态效益为中心的增长速度。一定要从这个基本国情和国力出发，使国民经济的增长与国民收入的增长速度和规模相适应；固定资产投资规模和结构与生产资料的可供量相适应；消费规模和结构与生活资料的可供量相适应；工业生产能力的增长与农业可能提供的粮食和农业原料相适应；加工工业的增长与基础工业的承受能力相适应。国民经济增长速度必须适度，为此，要正确处理消费与积累的关系，确定适度的积累率；要保持财政收入平衡；要保持价格总水平的基本稳定。

包锡盛从需要和可能角度探讨了适度经济增长的内涵，并依据历史经验和数据，提出了今后一段时期适度经济增长的区间范围，提出了适度增长的三个方面的对策思路。① 包锡盛认为，适度增长是指在一个较长时期内经济的增长保持一种既能达到，又能充分发挥潜力的速度，即这种速度是客观经济条件所允许的，又是满足人民生活水平正常提高所必需的。他认为，在我国统计工作中通常采用社会总产值、工农业总产值、国民收入、国民生产总值四个反映经济发展速度的综合指标中，以国民生产总值指标作为测定经济适度增长率的综合指标比较合适。

他认为，要从两个方面即需要和可能来确定我国经济的适度增长率。从可能性看，经济增长速度不能超过现存国力所能承受的界限。主要是两个：一是积累能力，即资金供应能力的限制。我国的历史经验表明，积累率以保持在25%—30%为宜。要不断改善影响积累效果的因素即积累规模、积累构成和积累的使用方向。二是瓶颈产业的承受能力，即物资供应能力的限制。从我国实际情况看，今后一个时期制约我国经济发展的瓶颈产业仍将是农业、能源、原材料和交通运输业。包锡

① 包锡盛：《保持适度增长促进经济稳定发展》，《计划经济研究》1990年第12期。

盛以历史数据和经验为依据，从农业、能源、原材料和交通运输业的承载力和发展速度出发，提出了我国适度经济增长的区间范围。例如，他根据历史数据和经验概括出：一般情况下，农业增长1%，工业增长2%。按此合理比例，工业的增长速度为8%—10%。与工农业增长速度相适应，国民生产总值的增长速度为6.1%—7.6%。能源和原材料能够支持的国民生产总值的增长速度为8.4%。

从客观需要看，国民经济的增长要满足人民物质文化生活提高的正常需要。这应是适度经济增长率的下限。1953—1988年，我国居民消费水平平均每年增长3.7%。今后一个时期，如果按照居民消费水平每年增长4%，人口增长14%匡算，在积累和消费的比例不变情况下，国民收入的增长速度应达到5.4%，国民生产总值的增长速度应为5.6%。

包锡盛根据这些分析认为，今后一个较长时期内，我国适度经济增长率的区间范围为5.6%—8.4%。

保持适度的经济增长率的对策有：一要坚持量力而行，稳步前进的方针。二要完善宏观管理格局。1988年工业增长20.8%中，加工工业增长23%，而能源、原材料工业分别只增长了5%和11%。在实行财政大包干体制的情况下，地方各级有了较多的财力和投资决策权，但是却没有承担相应的基础设施投资责任，致使地方盲目大上加工工业项目，而把基础设施和基础产业建设的重任甩给中央。解决这个问题，必须对现行的宏观经济管理格局进行改造。三要创造一个平等竞争的环境。

张培森认为，我国技术进步对经济增长贡献很低，技术进步可以减少经济增长波动幅度和次数，对适度经济增长有重要作用。①

经济增长存在不同类型：一是高投入低产出的经济增长，称为低效经济增长；二是高投入高产出的经济增长，称为消耗型增长；三是相对

① 张培森：《适度经济增长与技术进步周期》，《数量经济技术经济研究》1990年第12期。

低的投入（指资金、劳动相对低，但科技投入占比增加，结构发生了变化）相对高的产出，称为有效增长或适度增长。张培森通过历史数据对比分析证明，我国经济增长是属于高投入低产出型的经济增长，最明显的特征是经济增长主要依靠资金投入来推动。张培森的分析证明，我国的经济增长周期性波动与投资周期性波动完全一致；技术进步周期较长，而经济增长周期较短，波动大；结构性需求超过总量需求显示出技术进步的周期性；没有较高技术进步，经济增长只能通过高投资维持，这不是理想的选择。

张培森认为，缩短技术进步周期有可能减少经济增长波动与投资波动次数和幅度。中国要制定支持技术进步的政策，要从体制上保证这种政策的落实。

原毅军从理论上对适度经济增长做了比较深入的探讨。[①] 他认为，适度经济增长分为两种情况。

第一种是生产资源充分利用条件下的适度经济增长。适度经济增长是经济处于适度状态下实现的经济增长。一国经济只有在生产资源得到充分利用时才处于最适度状态，在这种状态下，适度经济增长决定于潜在国民产出的增长，潜在国民产出增长率就是适度经济增长率。包含四种含义：一是经济运行处于正常状态下的经济增长；二是经济周期中波峰和波谷之间某一适中的经济增长率；三是合理产业结构状态下的经济增长；四是稳定的经济增长。

第二种是生产资源未充分利用条件下的适度经济增长。在生产资源未得到充分利用情况下，适度经济增长率应高于潜在国民产出增长率的。因为，只有实际增长率高于潜在增长率，实际国民产出与潜在国民产出之间的缺口才会逐步缩小，生产资源才会逐步得到充分利用。

① 原毅军：《论我国经济的适度增长》，《经济研究》1991 年第 1 期。

其一，把高于潜在国民产出增长率的经济增长率称作适度经济增长率，是指在一定时期内，保持这种特殊的适度经济增长，目的是实现生产资源充分利用状态下的那种正常的适度经济增长。其二，当实际国民产出与潜在国民产出之间的缺口消失，特殊的适度经济增长率的使命就完成，继而代之的是由潜在国民产出增长决定的正常的适度经济增长率。其三，特殊的适度经济增长率可以在大于潜在国民产出增长率的区间选择不同值。其四，特殊的适度经济增长率要求社会总供给和社会总需求保持平衡，要求投资率与积累率、投资增长与积累增长都保持平衡。

积累率是影响经济增长的一种短期因素，积累率的高低对特殊的适度经济增长率的高低起决定作用，但对正常的适度经济增长率却不起作用。适度经济增长的条件包括两个方面：一是当实际国民产出偏离潜在国民产出时，如何促使经济达到潜在国民产出水平，即如何实现正常的适度经济增长；二是当实际国民产出等于潜在国民产出时，怎样把经济稳定在潜在国民产出水平上，即怎样保持正常的适度经济增长。

原毅军利用哈罗德模型对我国适度经济增长率进行了估计。第一，利用积累率和资金—产出率进行估计，适度经济增长率的估计值为6.6%。第二，利用增长周期的波峰位和波谷值进行估计，适度经济增长率估计值为6.25%。第三，根据国民收入的长期增长趋势进行估计，适度经济增长率的估计值是6.2%。该时期可分为两个阶段估计，即1952—1977年适度经济增长率的估计值是5.2%；1978—1989年适度经济增长率的估计值是8.9%。

张今声提出适度经济增长的四个判断标准；对我国经济增长的经验教训做了精当的描述；提出了适度增长的几点对策，其中较早提出了建立科学的评价经济增长绩效的指标体系及初步设想的建议。①

① 张今声：《论合理、适度的经济增长》，《辽宁大学学报》1991年第3期。

张今声认为，经济增长合理适度与否，要从四个方面考察与评价。一是量的考察——经济增长是否适度。适度的经济增长率，应是需求与现实可能的统一。从资源方面说，主要取决于一定时期诸生产要素拥有、投入、结合及其利用效率；从需求方面说，它取决于需求增长变化情况以及适应需求的能力。二是质的考察——经济素质与效益水平是否相应提高。包括：产品质量水平；技术水平；经济效益水平；经济结构的合理化水平。三是市场效应考察——满足市场需要的程度和有效供给能力是否相应提高。四是长期效应考察——经济系统的再生机能与循环形态。

张今声描述了我国经济增长的经验教训。一是大上之后必然大下；适度增长效益最佳。二是急于求成，欲速不达；稳步前进，形慢实快。三是协调发展是最大的节约，比例失调是最大的浪费。四是总量平衡，稳定运行；总量失衡，改革难成。五是质量第一，根本大计；重量轻质，本末倒置。六是科学管理，事半功倍；违背科学，事与愿违。

张今声提出了实现合理适度增长的五条对策建议。一是建立科学的评价绩效的指标体系。包括：完善评价社会经济活动综合成果的指标体系；建立评价地区经济绩效的指标体系；建立评价企业综合效益的指标体系。张今声还提出了这一指标体系的初步设想。二是促进经济增长模式的转化。三是通过深化改革，建立经济合理增长的有效机制。四是制定控制需求与促进有效供给的配套措施。五是增强宏观经济管理功能。

汤为本从实际总供给和潜在总供给关系角度界定了适度经济增长的概念，论证了“八五”至“九五”时期我国经济增长率定为6%的科学依据，提出了相应的对策。①

① 汤为本：《论适度经济增长》，《中南财经大学学报》1991年第6期。

汤为本认为，经济增长含义则包含两个方面，一方面是指潜在总供给的增长，即一国在一定时期内现有的社会生产能力；另一方面是指实际总供给的增长，即在同一时期内以一定方式和一定程度利用现有生产能力所提供的总产出。在一定时期内，实际总供给最终大于、等于或小于潜在总供给，取决于在这一时期内对现有资源或现有社会生产能力的“宏观利用程度”。而社会生产能力的“宏观利用程度”由社会总需求规模决定，不同的“宏观利用程度”又决定着实际总供给对潜在总供给的偏离程度，从而影响实际经济增长的状况，分三种情况：一是总需求大于总供给，“寅吃卯粮”，“宏观利用程度”过度，导致实际总供给大于潜在总供给，实际增长率高于潜在增长率。二是总需求小于总供给，部分资源处于闲置，“宏观利用程度”不足，导致实际总供给小于潜在总供给，实际增长率小于潜在增长率。三是总需求等于总供给，社会资源利用充分，“宏观利用程度”适度，使实际总供给等于潜在总供给，从而实际增长率也等于潜在增长率。

适度经济增长就是第三种情况的经济增长，即在不存在总供求缺口的条件下与潜在总供给相适应的实际总供给的增长。适度经济增长要求社会主义经济增长速度必须与国力相适应，国力是生产可能性边界，代表潜在总供给水平。这种制约表现在三个方面：首先是价值资源制约；其次是物质资源制约；最后是通信、交通运输等国民经济的基础设施的制约。

可以把一定时期的经济增长率的时间序列平均值当作“适度增长率”的高限。例如，我国1953—1987年的国民生产总值的年平均增长率为7.4%，考虑到我国由于传统的经济体制和经济战略的影响，社会总需求在多数年份中大于潜在总供给而处于过热增长的状态，这个7.4%的年平均增长率有些偏高。我国在《十年规划和八五计划纲要》中将今后10年国民生产总值年平均增长率定为6%，从我国投入产出的经验系数看，在今后 10 年中保持 30%左右的积累率，可以保 6%左右的国民生产总值年增长率，并有足够大的余力用来提高经济增长的质量和国民经济的整体素质。因此，6%作为促进适度经济增长的目标增长率是十分科学的，是与国力相适应的。

一方面，由于各种社会经济条件的变动，潜在总供给以及适度增长率本身都会发生变动；另一方面，由于总需求的变动会引起实际总供给的变动，实际增长率事实上并不可能始终与目标适度增长率吻合。一般来说，实际增长率与目标适度增长率的偏离程度可在 ±2%幅度之间。

靳新中运用数学模型从短线部门供给约束和就业压力角度对适度增长率进行了理论分析，依据理论模型确定的适度增长率的下限和上限分别为 0.94%和 6%左右。①

靳新中认为，增长速度的高低取决于经济增长的有效约束因素在多大程度上发挥作用。构成经济增长有效约束的因素不外有两大类：一是需求约束。例如，如果总需求不足，就会出现全面的生产过剩、生产萎缩，增长率下降。二是资源约束。一定的资源总量决定了经济增长中资源投入的规模，在增长效率一定的前提下，它只能支持一定的增长速度，此外，资源构成中如果大量存在“短线”和“长线”，资源约束还会以短线制约的方式影响增长速度。

在现实中，适度的生产能力利用值通常参考“短线”部门的供给能力及其增长率来确定。现实中适度增长速度还取决于需求约束的软硬度和需求水平，如果需求水平过高、需求约束硬度不足，经济增长速度就会偏高；如果总需求不足，而且需求约束较硬，经济增长速度就会偏低。

适度增长率不能仅仅是一个增长效益优化的增长率，它还应该是

① 靳新中：《论适度经济增长率》，《数量经济技术经济研究》1991 年第 9 期。

一个能够使国民经济经常维持相对均衡的增长率。根据数学模型分析，保持社会总供给与总需求相对均衡的经济增长率有两个要求：一是投资不得来源于扣除消费后的国民收入之外的其他任何方面，例如不得来源于过量的货币发行，否则会导致国民收入的超分配；二是投资如果小于扣除消费后的国民收入余额，也会导致产品积压和生产相对过剩的经济非均衡。在现实中，均衡增长率的决定还取决于国民经济部门比例关系、进出口关系、信贷、财政、物资的平衡关系等重要经济因素。

适度经济增长率在现实中是由多种因素决定的，因此，它不可能是一个“点”，而是一个由上限和下限构成的“带”。短线产业发展状况构成我国经济增长率上限。根据历史数据分析，短线产业能保证国民收入的年均增长率大约只有6%左右。

就业压力是制约我国经济增长速度的最重要因素，构成适度经济增长速度的下限。

靳新中对1952—1988年我国国民收入（Y）和社会劳动者人数（L）之间的关系做回归分析，得出结论，劳动力就业量每增长1%，国民收入需要增长0.2356%。我国国民经济中的“短线”产业或“瓶颈”产业主要是电力、煤炭、石油、钢材、木材、水泥、交通运输、基础化工原料等。短线产业能保证国民收入的年均增长率大约只有6%左右。1981—2000年，我国劳动力增长率平均每年将达到4%左右。现有的劳动力的就业水平（即既有的待业率不变），则国民收入年均增长率不得低于4% ×0.2356=0.94%。

李平认为，技术进步和需求的变化是经济结构变动的推动力量，这种结构变动将引致总需求偏离潜在的总供给，使经济实际增长率偏离适度增长的轨道。在这种情况下，需要调整制约结构变动的制度性因素，促进总需求和总供给的平衡。①

李平通过数学模型分析证明，只有把经济总量的适度增长与结构的动态演进结合起来考察，才能较完整地从理论和实践两方面把握经济适度增长问题。把经济增长与结构变化结合起来，主要有两个方法：一类是投入—产出模型，另一类是纵向合成模型（verticall yintegrated model）。

推动经济结构演进过程的基本经济力量是技术进步和需求的变化。技术进步不仅会导致大多数部门技术系数逐渐下降，而且经验表明它在各个部门是按照不同的速度运动的。技术进步通过收入的变化对需求也产生影响，从而使需求本身成为结构变化的另一个动因。在技术进步带动下，对各种商品需求的非比例性，必然引起纵向合成模型中消费系数的非比例变化，从而引起结构的变动。

在技术、需求变化率在各个部门不同的情况下，如果各个部门内部的需求变动率、生产消费品的劳动生产率的变动率和生产资本品的劳动生产率的变动率彼此相等，且相互抵消，那么一个初始均衡的位置在总量平衡的框架内仍可在增长过程中得以保持。但现实中这种情况几乎不存在，这就导致即使经济是从一个均衡的位置开始增长，技术进步（或劳动生产率）和需求在各部门非比例性的变动以及它们彼此以不同速率的变动，也必然要导致结构的变动。这种结构变动将引致总需求偏离潜在的总供给，使经济实际增长率偏离适度增长的轨道。由此李平认为，总量的短期波动实际上是结构动态变化及其复杂的调整过程的反映。在结构失衡情况下，需要及时拆除体制障碍促进结构调整。

谷书堂、刘迎秋从一个较新的角度分析了经济适度增长问题。② 他

① 李平：《经济适度增长与结构动态变化》，《经济学家》1992 年第 4 期。

② 谷书堂、刘迎秋：《论我国经济的适度增长与跳跃式发展》，《经济研究》1993 年第 1 期。

们认为，适度经济增长的定性包括：一是指波动周期较长、波幅较小和社会总供求大体平衡基础上的增长率。二是指能够实现产业结构动态协调和基本平衡的增长率。三是指国民收入的创造与分配、从而积累与消费保持合理比例的增长率。四是指能够促进经济效益提高、人民生活逐步得到改善的增长率。他们认为这样界定能够比较确当、完整地表述清楚适度经济增长的质的规定性，能够被理论界普遍接受。

他们阐明了自己的观点。第一，不能把适度经济增长率直接等同于长期平均增长率。第二，也不能把适度经济增长率等同于潜在国民产出增长率。第三，适度经济增长率不可能是一个固定不变的“点”，而只能是一个有某种弹性的“带”。即适度经济增长率是制度效率、组织效率、技术效率以及宏微观资源配置效率的综合结果。

所谓适度经济增长率的上限，笼统地说是指总供求关系和资源条件、技术条件以及制度条件所允许的最大可能增长率。适度经济增长率的上限首先不是偶然发生的最高增长率。它只能是在无非常规扰动情况下较长期内实际发生的最大可能增长率的平均值。例如，1978—1990 年我国 GNP 最大可能增长率均值为 10.9%，可将 10.9%视为今后一个时期我国适度经济增长率的最高限。只要实际经济增长率略低于 10.9%，就可视为处于适度增长的可置信区间。所谓适度经济增长率的下限，简单地说，就是资源、技术、制度等因素所允许的增长率的最低限。从发展的角度看，可以把过去一个时期（比如改革开放以来）实际经济增长率的平均值作为今后我国适度经济增长率的下限。只要实际经济增长不低于这个均值（它可以等于或大于这个均值），这种增长率就是适度的。例如，1978—1990 年我国 GNP 年均增长率为 8.1%。可将 8.1%视为今后一个时期我国 GNP 适度增长率的下限。下限 8.1%和上限 10.9%就是今后一个时期（比如到 2000 年）我国适度经济增长率的变动区间或者叫“变化带”。

所谓适度经济增长，实质上就是一种能够使国民经济发展保持动态合理比例、允许经济增长存在一定程度的波动的持续增长。跳跃式发展是经济适度增长规律的实现形式。所谓国民经济阶段性跳跃式发展，概要地说是指在某个阶段国民经济以超越常规的形式和相对较高的速度实现的持续增长。跳跃式发展的动力来自制度创新和技术创新，其核心内容则是经济结构的优化和进一步高级化。衡量跳跃式发展的最重要的综合性指标则是人均GNP。

许正卿提出适度经济增长是分阶段、分层次的，不同阶段不同层次应有不同的适度经济增长的确立标准和实现途径，还提出了阶段转移需要注意的问题。①

第一，适度增长分阶段。一是初级阶段——建立在本国现有经济状况、自然资源、技术条件等基础上的经济增长率。二是中等发达阶段——以中等发达国家为参照系的经济增长（应选择与本国经济结构较相似的中等发达国家）。三是发达阶段——以发达国家为参照系的经济增长。

第二，适度增长分层次。一是初级层次——总量适度经济增长。即GNP、国民收入等总量指标的适度增长。二是中级层次——三大产业适度增长、农轻重适度增长。三是高级层次——各部门适度经济增长，包括长线、短线、瓶颈等部门适度增长。

第三，阶段转移要考虑：社会生产力的发展水平，本国经济实力及科技水平；国内经济实力及国内外社会经济环境递阶逐步实现，不能超越任何一个阶段；适应社会生产力发展的高层次的管理体制；科技进步及其在经济领域的广泛应用。

叶祥松通过改革开放后两个经济周期经济效益差异情况的深刻分

① 许正卿：《分阶段多层次适度经济增长理论》，《求是学刊》1993年第3期。

析，揭示出我国经济由“高速增长型”向“适度增长型”转变的现实意义。[①]叶祥松认为，改革开放以来，我国经济增长经历了两个周期，即1979—1984年为第一个周期，1985—1990年为第二个周期。第二次世界大战后，主要资本主义国家经济增长率平均速度在2%—2.5%，我国经济增长速度从50年代到70年代年增长率高达9%以上，但我国经济发展水平与发达国家差距不是缩小而是扩大了。其原因在于我国经济增长效率很差，产业结构严重失衡，产品质量低下，技术进步十分缓慢，经济质量下降。造成这些后果又同我国选择的“速度型”增长模式有关系。叶祥松通过数据分析证明，1985—1990年的综合要素生产率、社会资源总配置效应、经济增长的波动程度、价格上涨幅度、产品质量等各项指标均不及1979—1984年这个时期，表明我国经济效益在下降。

叶祥松总结了两个经济周期结果不同的原因。第一个经济周期经济持续、稳定、协调增长的原因：一是在指导思想上比较注意经济的适度增长和协调发展，强调提高经济效益。二是农村改革解放了农村生产力，扭转了计划体制下用损害农业来发展工业所造成的产业结构的失衡的局面，由此也带动了第三产业的相应发展。三是党的十一届三中全会后，在产业政策的实施上对农业和轻工业倾斜。四是城市经济体制改革尚处在起步阶段，改革的主要内容是对工业企业的放权让利。

第二个周期超高速增长导致经济效益下降的原因在于：一是农村和城市改革带来企业经济实力的增强。在需求强有力的拉动下造成卖方市场，其结果是经济效益普遍下降，产品质量越来越差。二是改革的重点由农村转入城市，农村联产承包责任制政策效应推动农业发展的能量释放殆尽。而城市经济体制改革的深化，推动了工业的发展，加之

① 叶祥松：《改革以来我国经济周期波动的系统分析——兼论“适度增长”模式》，《中南财经大学学报》1994年第6期。

投资的扩张，重新加剧了产业结构的失衡，社会总资源的配置效应日益劣化。三是以承包制为主要内容的城市经济体制改革，未从根本上动摇计划经济体制基础及运行机制，以“投资饥渴”、“需求膨胀”和经济扩张为主要特征的速度型增长模式的惯性仍然是推动经济增长的主要动力。

叶祥松分析道，我们务必牢记历史的经验教训，保持清醒的头脑，坚定不移地推动我国经济由“高速增长型”向“适度增长型”转变，以使我国经济进入持续、稳定和协调发展的轨道。

朱建元通过经济增长和通货膨胀数量关系的探讨，概括出二者之间的一些规律性，可以根据经济增长对物价水平的影响程度以及对通货膨胀的可承受程度来判断适度经济增长率的高限。① 例如，如某一时期准备承受的总的通货膨胀率为10%以下，将由价格改革引起的通货膨胀率为5%左右，物价自发上涨2%左右，那么所能容许由经济增长引发的价格上涨只能为3%以下，相应的可选择的最高的适度经济增长速度为9%。

朱建元依据1979年以来的数据，通过建立一个价格模型，分析在剔除其他因素对价格的影响之后，纯粹由经济增长所引起的价格水平变化。假定农业和货物周转两个影响经济增长的国民经济各瓶颈部门增长率为：农业年均增长4%，货物周转量年均增长5.5%。分析结果显示，经济增长对价格水平影响存在正负两种效应，其分界点在增长速度5%—6%。分界点之下，经济增长对价格水平具有负效应；分界点之上，经济增长对价格水平具有正效应。具体表现为：（1）良性区（0—3%）。经济增长促使价格水平降低。（2）中性区（4%—6%）。经济增长对价格水平的影响是微弱的，影响幅度在正负1%之间。（3）温性区

① 朱建元：《适度经济增长是有效抑制我国通货膨胀的必然选择》，《上海综合经济》1994年第8期。

（7%—10%）。经济增长对价格水平的影响幅度尚在1%—3%。（4）恶性区（11%以上）。经济增长对价格水平的影响幅度在3.5%以上。

杨爱平在《经济发展模式和经济适度增长》一文中，对经济适度增长的内涵及确定进行了分析和讨论。[①] 杨爱平认为，经济适度增长是在现有技术条件和生产规模下，一个国家或地区使本地经济运行效益达到最大化的增长水平。在这种增长水平下，社会资源得到充分利用（在可能条件下），产出在当时生产要素投入是既定的情况下达到最大，并且不影响下一个周期社会再生产的顺利进行。那么，如何把握适度增长的“度”呢？杨爱平认为，可以从收入产出水平指标上予以确定。如：资金利润率、单位产值能源消耗量、资金周转率等，通过预测生产要素的供给状况，确定一个较为先进的投入产出水平指标，联系此类指标制订相应的增长率数值。也可以利用西方经济学中的“痛苦指数”（通货膨胀 + 失业率），根据公众实际生活水平的变化进行监测。

张连城从经济增长的阶段性理论出发，认为我国经济增长正处于高速增长阶段，把我国改革开放以来的经济增长平均速度作为趋势线，以上下浮动2%为标准，提出我国经济适度增长为7.8%—11.8%，并根据经济发展周期性趋势，提出各个不同五年规划时期的适度增长区间及宏观调控的方式方法问题。[②]

综上所述，可以这样概括，20世纪90年代，适度增长问题的研究形成了一个高潮，在定性和定量的研究方面，都达到了前所未有的高度。不仅对适度增长的量做分析和预测，更对适度增长的质进行深入细致的研究。适度增长的质实际就是经济增长的质量问题。

3、关于经济增长质量的衡量标准问题。

“七五”计划更加强调了各种经济结构的平衡和产品质量的提升问

① 杨爱平：《经济发展模式与经济适度增长》，《大同高专学报》1996年第4期。

② 张连城：《论经济增长的阶段性与中国经济增长的适度区间》，《管理世界》1999年第1期。

题。计划明确了五年经济发展的基本方针：“坚持社会总需求和总供给的基本平衡，保持国家财政、信贷、物资和外汇的各自平衡和相互间的综合平衡；坚持把提高经济效益特别是提高产品质量放到十分突出的位置上来，正确处理好效益和速度、质量和数量的关系；坚持适应社会需求结构的变化和国民经济现代化的要求，进一步合理调整产业结构；坚持恰当地确定固定资产投资规模，合理调整投资结构，加快能源、交通、通信和原材料工业的建设；坚持把建设重点转到现有企业的技术改造和改建扩建上来，走内涵型为主的扩大再生产的路子。”①

1987 年 10 月党的十三大报告进一步强调了经济增长中的效益和质量问题。党的十三大报告在第三部分“关于经济发展战略”中明确指出：“必须坚定不移地贯彻执行注重效益、提高质量、协调发展、稳定增长的战略。这个战略的基本要求是，努力提高产品质量，讲求产品适销对路，降低物质消耗和劳动消耗，实现生产要素合理配置，提高资金使用效益和资源利用效率，归根到底，就是要从粗放经营为主逐步转上集约经营为主的轨道。”②党的十三大报告还要求“使经济建设转到依靠科技进步和提高劳动者素质的轨道上来”。

郭克莎是我国改革开放以来最早从产品质量角度研究经济增长质量问题的学者之一。郭克莎首先从增长模式出发探讨经济增长质量问题。他依据模式特点和发展演化角度把经济增长模式划分成三种基本形式，即产值型与效益型经济增长模式；速度型与结构型经济增长模式；数量型与质量型经济增长模式。其中，产值、速度、数量反映了经济增长的外延量，效益、结构、质量则反映了经济增长的内含量。

① 《中华人民共和国国民经济和社会发展第七个五年计划（1986—1990）》，http://fzzx.zzuli.edu.cn/s/71/t/87/b9/dc/info113116.html。

② 即在 1987 年 10 月 25 日召开的中国共产党第十三次全国代表大会上，代理中央委员会总书记赵紫阳所作的《沿着有中国特色的社会主义道路前进——在中国共产党第十三次全国代表大会上的报告》。

二者之间相互联系，不可分割，但又相互区别，不可等同。郭克莎主张，在三种增长模式的转型中，应当把由数量型向质量型经济增长模式转变放在首位。他认为，质量型的经济增长需要把数量增长限制在适度的水平上。郭克莎强调了产品质量对经济增长质量的决定作用。社会简单再生产实现的两个条件平衡公式Ⅰ（c+v+m）=Ⅰc+Ⅱc和Ⅱ（c+v+m）=Ⅰ（v+m）+Ⅱ（v+m）之中，价值平衡的基础是实物平衡，而实物平衡则包括了数量平衡和质量平衡。如果仅仅数量上满足需要，而质量不能满足要求，社会简单再生产根本不可能实现。社会简单再生产如此，社会扩大再生产更是如此。郭克莎分析道，社会扩大再生产是一个循环系统，每种产品质量都构成这个系统的成品质量链条的一部分，任何一种产品质量不能满足整个系统的要求，都会对整个系统造成不良影响。①

郭克莎在《经济增长与质量》一文中，关于产品质量对经济增长的作用和影响论证得更为透彻。郭克莎认为，随着商品社会的不断发展，社会消费水平和生产水平不断提高，产品质量对增长的影响会越来越大。由于劳动质量和资本品质量的提高，劳动生产率和资本生产率的增长，资源配置状况的优化或有效再配置，规模经济效益和管理水平的上升，质量因素在经济增长中的作用占比是不断上升的，数量因素在增长中的作用占比则是相对下降的。表现为总产值和人均产值增长中由质量提高所带来的部分越来越大，由数量增加所带来的部分相对越来越小。质量提高的具体表现是产品功能的增加和产品品种的丰富。郭克莎梳理了推动经济增长的数量因素和质量因素。他认为，数量因素就是劳动和资本的增加。质量因素是指：作为教育或培训结果的劳动质量；资本品或（生产资料）质量的提高；技术进步或全要素生产率（包括劳动生产

① 郭克莎：《经济增长模式与产品质量问题》，《河北学刊》1987年第6期。

率、资本生产率、资源配置和再配置、规模经济、管理水平等等）；还有如结构关系、环境条件等与宏观机制相关的总体因素；经济体制的改革和经济机制的重构。郭克莎认为，质量因素对经济增长的作用是稳定而持续的，经济增长质量与增长稳定性成正比。①

郭克莎在《略论资源条件对经济增长的作用——数量与质量分析》一文中，详细分析和论证了物质资源和人力资源对经济增长的作用和影响。他以能否直接使用为标准把物质资源和人力资源分为两类：一类是直接物质资源和直接人力资源，一类是间接物质资源和间接人力资源。认为，上述四类资源，对经济增长来说，其质量比数量更为重要。四类资源交互作用，共同影响经济增长的数量和质量。我国人力资源数量大，但质量低，对经济增长制约明显。提高经济增长质量，就必须提高四类资源的质量水平，要以人力资源质量为突破口，摆脱资源质量低对经济增长的约束。②

1990 年 12 月 30 日中国共产党第十三届中央委员会第七次会议通过的《中共中央关于制定国民经济和社会发展十年规划和“八五”计划的建议》中强调经济工作要以“提高经济效益为中心”，它标志着党在社会主义经济发展问题上理论认识的深化。1991 年 4 月 9 日第七届全国人民代表大会第四次会议批准通过的《中华人民共和国国民经济和社会发展十年规划和第八个五年计划纲要》③中的基本指导方针之一就是“坚定不移地保持国民经济持续、稳定、协调发展，始终把提高经济效益作为全部经济工作的中心。要坚持经济总量的基本平衡，努力优化经济结构，加速科技进步，改善经济管理，千方百计提

① 郭克莎：《经济增长与质量》，《中国工业经济研究》1991 年第 7 期。

② 郭克莎：《略论资源条件对经济增长的作用——数量与质量分析》，《改革》1991 年第 4 期。

③ 《中华人民共和国国民经济和社会发展十年规划和第八个五年计划纲要》，中国网，http://www.china.com.cn/law/flfg/txt/2006-08/08/content_7064288.htm。

高经济整体素质和效益。”在基本任务方面提出：“努力保持社会总需求与社会总供给基本平衡，在控制通货膨胀的前提下，以提高经济效益为中心，促进经济的适度增长。”“所有行业都要大力改进产品质量，增加产品品种，降低能源、原材料消耗，降低产品成本，提高经济效益。”可见，“八五”时期，十分重视经济增长质量和经济增长的经济效益。

杜家远、刘先凡的论文《浅析经济增长的质量》提出了一个重要观点，即提升国民经济的整体素质是确保经济增长质量的重要条件。他们认为，国民经济素质主要包含三个方面内容：一是产业结构的合理和优化程度；二是职工整体的智力和技术结构状况；三是生产技术和管理水平进步程度。①

朱启财、罗剑梅从客观要求、度量标准、发展现状及机制构建方面，对我国走质量型经济增长轨道进行了比较深入的研究。朱启财、罗剑梅认为，质量型经济增长模式，是在“适度增长率”条件下，通过生产要素的利用效率和消费资料的消费效果的提高，随着产品结构、技术结构和产业结构的改善而引起的一种经济增长关系。即通过生产要素的宏观配置效率和微观的使用、产出效率提高，引起经济结构改善，最终提升经济增长质量。朱启财、罗剑梅认为，我国走质量型发展道路有其客观必然性，主要源于三个方面：一是由于我国生产目的是满足人民日益增长物质生活需要；二是由于速度型发展轨道受到部门发展不均衡、市场需求能力有限和结构复杂、资源成本不断上升的约束；三是由于粗放式经营的劣势日益突出。

朱启财、罗剑梅认为，衡量经济运行中社会生产力质量水平变化的主要标准是能够说明经济综合体的结构关系、对比效益关系和产品质量

① 杜家远、刘先凡：《浅析经济增长的质量》，《中南财经大学学报》1991 年第 4 期。

关系的指标。非结构性对比的总量指标，如工农业总产值、利税总额以及相应的增长速度等，只能从总体上把握经济的增长过程，不能反映结构变化和质量状况。

朱启财、罗剑梅用了三类指标来衡量经济增长质量状况。一是用“产业结构综合效益指数”来分析和评价产业结构的整体效益状况。他们计算了我国自新中国成立至1990年各个时期的“产业结构综合效益指数”大体在0.4—1.3，平均为0.7—0.8，指标显示，我国产业结构整体效益不高。

二是把投入（资金和劳动力）和产出（净产值、利税总额）的对比关系作为反映社会经济效益和体现经济增长质量的标准。分析结果显示，经济效益状况不容乐观。“六五”和“七五”时期，资金利税率和产值利税率都处于下降趋势，工业成本和物质消耗却在增加。

三是把消费效果和产品质量作为衡量经济增长质量的重要指标。他们提供了几个数字很能反映“七五”时期社会产品质量问题。由于质量水平而阻滞销售的产品约占40%，因产品质量而发生亏损的企业占总亏损面的46.2%，近90%的产品质量和性能只相当于国际20世纪50—70年代的水准。

基于以上分析，朱启财、罗剑梅提出了构造提高我国经济增长质量的经济机制的战略途径。战略指导思想上要“以质量为中心”；依靠技术进步推进结构优化，提高经济质量；通过优化就业结构、提升劳动力素质来提高就业质量；要解决国有企业大量冗员、收入相对于三资企业不高的问题，提高经济效益和调动员工劳动积极性。①

“八五”最后一年，时任国务院副总理的吴邦国在1995年全国企业管理工作会议上发表了一篇讲话，提出要深化改革，强化管理，着力提

① 朱启财、罗剑梅：《论经济增长质量——90年代我国经济发展模式的转换》，《财经研究》1991年第10期。

高经济增长的质量和效益。① 吴邦国指出我国企业粗放式经营的问题：一是产品结构不适应市场需求，能生产的难销售，有市场的难转产；二是劳动生产率低下；三是科技进步含量低，产品附加值低；四是物耗、能耗高。吴邦国强调，企业管理是企业一切工作的基础，要切实加强企业内部管理。据有关部门对 1993 年度 2000 多家亏损国有企业调查，其中政策性亏损占 9.9%，宏观原因亏损占 9.2%，经营管理不善造成的亏损约占 81%。吴邦国强调，要从以下几个方面加强企业管理：一是要面向市场；二是要优化产品结构；三是要加强企业资金管理；四是要加强成本管理；五是要解决好企业富余人员问题；六是要做好企业兼并破产工作；七是实现企业家市场化；八是要促进管理的现代化，即要有现代化的管理思想、现代化的组织管理制度、现代化的人才、现代化的管理方法、现代化的管理手段。

武义青在《经济增长质量的度量方法及其应用》一文中，认为一国或地区经济增长的质量，可以用投入要素的产出效率（生产率）来衡量。质量较高的经济增长，表现为以相同的投入量（消耗或占用），取得较多的产出量；或以较少的投入量（消耗或占用），取得相同的产出量。反之，经济增长质量较低。武义青运用数学方法确定了经济增长质量的度量公式并举例论证。②

综上所述，“六五”、“七五”、“八五”时期，总体处于计划经济的短缺时期，该时期的经济增长理论研究主要以经济效益为中心展开。从内容上看，探讨了速度、比例、效益之间的关系及其对国民经济循环的影响；分析各种经济结构例如产品结构、产业结构、投资结构、消费结构，社会总供给和社会总需求，积累和消费，长线产

① 吴邦国（国务院副总理）：《着力提高经济增长的质量和效益》，《中外管理》1995 年第 5 期。该文是吴邦国同志在 1995 年全国企业管理工作会议上的讲话摘要（标题为编者所加）。

② 武义青：《经济增长质量的度量方法及其应用》，《管理现代化》1995 年第 5 期。

品和短线产品，消费资料的生产和生产资料的生产即两大部类等等对经济增长的影响和作用；产品质量和要素质量对经济增长的作用和影响；对适度经济增长做了定量和定性的描述和分析。从方法上看，主要运用计划经济形成的理论概念，如综合平衡、按比例发展等；运用马克思主义理论和方法，例如劳动价值论、两大部类平衡理论等；结合经济发展数据统计、历史发展经验和实践总结。该时期对经济体制方面的研究明显不足，研究方法还比较单一，对比分析相对较少。

（二）从“两个根本转变”到“转变经济发展方式”（1995—2007 年）

专家学者对“适度经济增长”的充分关注，表明了经济增长质量始终是经济发展过程的现实和理论问题。人们发现，经济增长质量取决于多种因素，但最根本的是增长方式和经济体制问题。“九五”时期，中央政府结合当时的社会经济发展实际情况，恰当及时地调整了国家战略，在“九五”计划建议中提出了“两个根本转变”，并于 1999 年正式实施了西部大开发战略。

该阶段我国经济社会呈现出几个重要特征：一是 1994 年第四次税收制度改革成效开始显现；二是至“八五”时期结束，东部和中西部的差距扩大到最大，“八五”时期东部经济增速每年比西部快 5 个百分点。国家开始着手解决东西部区域差距问题，于 1999 年正式实施西部大开发战略；三是自 1996 年开始，我国经济开始由短缺走向过剩。实际上，我国的消费品行业部分产品的过剩问题在 20 世纪 80 年代末就开始出现，进入 20 世纪 90 年代，过剩的产品品种出现普遍化趋势。1995 年底开始的第三次全国工业普查显示，中国绝大部分工业生产能力处于过剩状态。在全国 433 种主要工业品中，除了卷烟之外，全部都供大于求或者供求平衡。[①]1996年，化妆品、手表、自行车、商品房、化纤地毯和机织地毯、塑料壁纸、汽车、家用电器如冰箱、彩电、洗衣机等，都出现了大量的库存和积压，许多行业出现开工不足。[②]四是“九五”时期，党中央从思想认识上解决了“姓公”“姓私”的问题。1997年9月，党的十五大召开。党的十五大在理论上有了新的突破，明确提出：“公有制为主体，多种所有制经济共同发展是我国社会主义初级阶段的一项基本经济制度。非公有制经济是我国社会主义市场经济的重要组成部分。”这一思想认识的突破被认为是改革开放后的第三次思想解放运动（第一次是关于“实践是检验真理的唯一标准”的大讨论，第二次是关于计划经济和市场经济姓资姓社的讨论），这次思想解放，解决了个体、私营经济“姓公”“姓私”的争论。[③]上述四个方面变化加上“两个根本转变”战略要求，基本显示出中国改革发展的方向和趋势，对中国经济社会发展影响深远。

从学术角度分析，该阶段对“转变经济增长方式”的内涵、障碍、原因及对策思路等的研究，无论是从研究的深度，还是广度，都大大深化和拓展了。“中国知网”数据库显示，把包含有“经济增长方式”作为篇名的学术文章，1979—1994年共有26篇，而1995年迅速上升到211篇，1996年更是达到2186篇。该阶段明显加强了对“经济体制”方面的研究，关于衡量经济增长质量和效益的研究内容、范围和方法都进一步完善和提高了。该阶段学术界最突出的成果是，许多学者尝试构建衡量“经济增长质量的指标体系”，这些指标体系关注的内容随着社会经济的发展也逐步丰富和完善。

我们从成千上万的论文中总体依据“被引频次”、不同时期、论

① 刘勇：《由“短缺经济”到“过剩经济”?》，《领导文萃》1997年第10期。
② 卢嘉瑞：《消费品过剩：原因和对策》，《中国软科学》1997年第8期。
③ 谢百三：《中国当代经济政策及其理论》，北京大学出版社2001年版，第273页。

文相关性程度、经济学名家这四个标准选取论文，对“经济增长质量”问题进行梳理和归纳。选取这些标准的原因是，根据经验和一般规律，“被引频次”高的论文，原创性高；按时间顺序大致不同时期的同样主题的论文，可以发现专家关注重点的一些变化；经济学名家常常会有一些独到的方法、原创性的思想和见解。

以下是我们对该问题的梳理和归纳。

1995 年 9 月 25—28 日召开的中共十四届五中全会通过的《中共中央关于制定国民经济和社会发展“九五”计划和 2010 年远景目标的建议》明确提出了“两个根本转变”。该建议在“主要奋斗目标和指导方针”中明确指出:“实现‘九五’和 2010 年的奋斗目标，关键是实行两个具有全局意义的根本性转变，一是经济体制从传统的计划经济体制向社会主义市场经济体制转变，二是经济增长方式从粗放型向集约型转变，促进国民经济持续、快速、健康发展和社会全面进步。”①

1996 年，著名经济学家李京文在其著作《快速发展中的中国经济》中提出，高质量的增长应符合这样一些特征:（1）经济增长主要不是靠投入数量的增加，而是靠科技进步的提高;（2）经济增长持续稳定，避免大上大下和剧烈的波动;（3）物价上涨率被控制在合理的限额之内;（4）经济增长伴随着产业结构的优化和总供需的大体平衡;（5）经济增长不以牺牲环境资源为代价。②

著名经济学家卫兴华和其学生黄桂田较早对“两个根本转变”进行了深入的分析和研究。他们分析了本源意义上的粗放经营和集约经

① 《中共中央关于制定国民经济和社会发展“九五”计划和 2010 年远景目标的建议》，中国改革论坛，http://www.chinareform.org.cn/special/2013/reform35/Market/201312/t20131219_183807.htm。

② 李京文:《快速发展中的中国经济》，社会科学文献出版社 1996 年版，第 233—236 页。

营，指出我国从根本上实现经济增长方式的转变，即从粗放型转变成集约型，不是本源意义上的农业粗放经营和集约经营，而是指要克服经济增长中盲目追求增长数量、忽视甚至放弃经济增长质量和效益的增长方式，将经济增长方式彻底地转变到注重质量和效益的轨道上来。

卫兴华、黄桂田进一步论证了技术进步和就业之间的关系。他们认为，从微观企业来看，随着资本有机构成的提高和新增企业及原有企业劳动生产率的上升，对劳动力的相对需求会有下降。但从宏观层次看，由微观企业技术进步、劳动生产率提高带来的总收入增长，会增加社会总资本的积累，转化为投资会创造更多的就业机会，特别是随着科技进步和新科技的发展，会出现许多新的经济部门和行业，会为商业服务行业即所谓“第三次产业”的发展提供新的需求和条件，这些新生部门和行业会吸收更多的劳动力。因而微观领域的集约增长，在宏观面上的总就业水平不会下降，而是会呈现上升趋势。

卫兴华、黄桂田认为，形成我国粗放型经济增长方式并长期难以改变的根本性原因在于我国的经济体制。“当各级官员的政绩以上了多少新项目、产值速度增长多高为标准来评价时，当对投资的结果缺乏责权利相对称的激励和有效制约机制时，当错误决策，盲目投资甚至是无效负效投资的行为得不到有力惩处时，争投资、争项目、追求这种忽视效益的数量扩张型增长方式，便会成为一种自然趋势。”他们提出了相应的对策：一是打破预算软约束的资金运行体制；二是改革投融资体制，从根本上解决投资的行业部门化和地方行政化的体制；三是加强竞争，切实使经济主体的决策和行为面向市场有效需求，促使企业重视技改、内部挖潜、加强经营管理、降低消耗、降低成本；四是彻底打破行业垄断、部门垄断、地区垄断，切实形成统一的竞争型市场，让资源在全国范围内合理流动和有效配置；五是彻底改变现有的行政考绩标准和制度以及用人制度。①

闻潜认为，经济增长是否适度，取决于国民生产总值（GNP）的规模与社会资源拥有量和市场商品容量的关系。所谓“适度”，一是指该经济增长率能够保证现有资源被充分利用；二是指所生产的商品量，能够被市场全部容纳。适度增长具有一些基本特征：一是在投入方面它注重合理利用资源，避免资源滥用和浪费；充分利用资源，避免资源闲置。二是在产出方面注重产品为市场所需要，并为市场全部容纳。三是投资和消费、消费和收入、投资和储蓄等关系和比例协调均衡。实现适度增长的生产条件是：一要促使粗放型经营向集约型经营转变；二要形成以内涵型为主体的生产结构，同时注重以先进技术为基础的外延型生产。实现适度增长还需要市场条件：商品供给和需求与货币供给和需求，都达到了平衡。有两种情况都不是适度增长：商品需求（总量）大于商品供给（总量），物价上扬；商品供给（总量）大于商品需求（总量），物价趋向跌落。要实现经济适度增长，就必须促使市场非均衡转化为市场均衡。适度经济增长具有合理区间，立足当时经济效益稳定而确定的经济增长率，是经济增长的下限。根据经济效益提高而决定的经济增长率，是经济增长的上限。宏观调控的目标，是争取经济增长从下限走向上限。②

李周为、钟文余认为，实现经济增长方式由粗放型向集约型转变，就是使经济增长由产值型、速度型和数量型增长向效益型、结构优化型和质量型增长转变。其主要特征是：宏观经济效益的提高，即社会资源综合利用效率的提高；合理、优化的经济结构；规模化经营；科技进步水平；市场化水平的提高；可持续发展水平的提高。他们依此定义，提

① 卫兴华、黄桂田：《提高经济增长质量和效益的若干理论与实践问题研究》，《学术月刊》1997 年第 1 期。

② 闻潜：《论经济适度增长》，《山东经济》1998 年第 6 期（总第 89 期）。

出了经济增长质量的测度评价指标体系，见表 1-1。①

表 1-1 李周为、钟文余经济增长质量的测度评价指标体系

要 素	测 评 指 标
集约化指数	计算出全社会劳动生产率、能源产出率、投资产出率、贷款产出率、工业增加值率等五个单项指标，取美国、日本、德国、英国和法国五个发达国家同样指标平均值，每一指标与平均值相比，就得到五项指标即劳动、能源、投资、贷款、工业的集约化指数，五项指标的算术平均数就是经济增长集约化的综合指数。这样，可以把集约化指数的数值范围分为四个区间，这一划分也适用于单项集约化指数。即集约化指数＜ 50：粗放；50 ≤集约化指数＜ 75：比较粗放；75 ≤集约化指数＜ 100：比较集约；集约化指数≥ 100：集约。
经济结构优化水平	三次产业构成；农林牧渔业产值占比；农村经济中非农产业占比；新产品产值率；工业品国内市场占有率；技改投资占总投资比；出口商品总值占国内生产总值比；经济外向依存度；财政收入占国内生产总值比；非国有经济占比。
规模经济水平	工业规模：经济规模企业占比；工业企业平均产出规模；大中型工业企业产值占比；工业生产集中度。农业规模：农业劳均耕地面积；农业劳均产粮；农业劳均产值。
科技进步水平	研究与发展（R&D）经费占国内生产总值比；科技进步贡献率；科技成果转化应用率；高新技术产业化率；各档次技术装备占比。
市场化水平	固定资产投资额中非国有经济占比；独立核算工业企业资产负债率；全部职工中合同制职工占比；城镇新就业人员中非国有经济占比；城乡集市贸易成交额占 GDP 比；工业总产值中股份制经济占比。
可持续发展水平	物价弹性系数；经济增长波动系数；能源消费弹性系数；专业技术人员占比；“三废”综合处理率；人口自然增长率。

杨长友尝试建构测评经济增长质量的指标体系，提出衡量经济增长质量的经济福利、激励机制、技术创新、供求结构、增长率利润率生产效率、稳定性六大向度并对其质的规定性进行了描述。② 见表 1-2。

① 李周为、钟文余：《经济增长方式与增长质量测度评价指标体系研究》，《中国软科学》1999 年第 6 期。

② 杨长友：《测评经济增长质量的六大向度》，《福建论坛（经济社会版）》2000 年第 1 期。

表 1–2　杨长友经济增长质量六大向度

向　度	质　的　规　定　性
经济福利	以增进人的经济福利为导向。例如人均国民生产总值。
激励机制	测评经济增长动力的向度。经济增长动力包括结构性动力和要素性动力两种。结构性动力主要包括意识形态和经济制度两个方面。意识形态动力主要是它对经济增长的促进或阻碍作用。经济制度动力主要是通过制度配置经济资源。要素性动力主要有两种形式：一种是经济要素数量的增加，一种是经济要素效率的提高。
技术创新	测评经济增长动力的向度。技术创新的动力源主要有三种：文化的诱导；市场的激发；政府的支持。包括自主创新和模仿创新两种。
供求结构	供求结构是测评经济增长实物形态的一个向度。经济增长由总需求拉动，由总供给实现。总供给结构是由提供产品的产业的结构所决定的。总需求主要包括三大部分：最终消费（总消费）、资本形成总额（总投资）和净出口（出口减进口）。总需求与总供给的均衡是经济增长的必要条件。
增长率、利润率和生产效率	增长率、利润率和生产效率是测评经济增长价值形态的向度。增长率指标可以衡量和考核国民生产总值的变动幅度；利润率指标可以衡量和考核国民生产总值中的新增价值量的大小；生产效率指标可以衡量和考核产出价值量与投入价值量的比值。
稳定性	测评经济增长过程的向度。现实增长率等于潜在增长率是经济增长保持稳定的根本条件。现实增长率是实际上所发生的增长率，也就是事后的增长率。潜在增长率是充分发挥各种经济资源的效率所能够达到的最大限度的增长率。

夏兴园、杨长友提出，知识欠缺是我国经济质量低下的主要原因，应当实施以知识为中心的整体推进战略。他们认为，衡量经济增长质量包括六大向度，即经济福利、激励机制、技术创新、供求结构、增长率利润率生产效率、稳定性。其中经济福利、供求结构、增长率利润率生产效率和稳定性，用于测度经济增长质量的最终结果；激励机制和技术创新，用于测度经济增长质量的形成原因。他们揭示了我国经济增长质量问题的表现：一是片面追求数量，质量难以保证；二是第三产业发展缓慢，净出口作用较小；三是增长方式粗放，产品附加值低；四是缺乏内在稳定机制，增长过程波动较大。他们认为，我国经济增长质量低的原因主要是知识欠缺：产业结构难以提升主要是因为新知识准备不充

分。产品国外市场小主要是因为知识含量小。经济增长低效率、低利润主要是因为知识的投入和作用不大。经济增长过度波动主要是因为缺乏持续稳定增长的知识力量。

他们强调，要彻底解决中国经济增长的质量问题，就要采取以知识为重心的整体推进策略，包括三个层次：一是建立知识与制度并存、知识先行的双重动力机制；二是坚持以知识经济为导向、多种经济形态并存的发展道路；三是加强在教育、科技、制度、经济全球化、产业结构和企业经营管理等方面的改革和建设，努力扩大知识存量，迅速提高知识更新能力，充分发挥知识的效用。①

贺清正、龚江南认为，经济增长质量应包括增长速度、经济效率、经济稳定、经济结构与环境质量五个方面，在指标体系的设计上，应当突出环境保护与环境质量的分析，更注重经济的可持续发展。见表 1–3②。

表 1–3　贺清正、龚江南经济增长质量评价指标

要　素	指　　标
经济增长速度	GDP 增长速度；财政收入增长速度；外汇储备的增长速度
经济效率	全要素生产率；单位 GNP 能源消耗
经济增长方式	科学技术进步贡献率
产业结构及协调度	第一产业占 GDP 的比例；第三产业占 GDP 的比例；产业协调度
经济的稳定程度	经济波动系数；通货膨胀率；失业率
环境保护与环境质量	环保费用占 GNP 的占比；森林覆盖率；国土面积沙漠化程度；单位 GNP“三废”排放量；“三废”处理率

① 夏兴园、杨长友：《知识短缺：中国经济增长质量的主要问题》，《长沙电力学院学报（社会科学版）》2000 年第 2 期。

② 贺清正、龚江南：《论经济增长质量的系统评价》，《南昌职业技术师范学院学报》2000 年第 1 期。

王积业认为，“九五”时期我国经济已由供给约束型转为需求约束型，城乡居民消费已由数量型转为质量型，靠原有的供给结构和经济增长方式，难以支撑和引导未来时期的经济增长；指望扩大外需或将部分不旺的内需转为外需，也将困难重重。提高经济增长质量，主要是提高投入产出质量、改进生产要素组合质量、提升生产要素效率质量、改善生产要素再配置质量。而要实现经济增长质量，还要扩大有效需求，培育成熟的市场主体。①

王文博从提高经济增长质量的途径等方面提出了衡量经济增长质量的指标体系。见表 1–4②。

表 1–4　王文博经济增长质量的指标体系

要　素	指　　标
集约型经济增长程度	集约增长率；单位经济增长率增加的生态 GDP
投入产出质量	每万元生态 GDP 消耗的能源；社会总资金总值率
生产要素组合质量	劳动力的技术装备程度；劳动生产率
提高生产要素效率	全要素生产率
提高生产要素再配置质量	国民储蓄投资系数
经济增长质量稳定程度	经济增长波动率；经济增长波动幅度；经济增长速度方差
市场创新生产能力	国民经济增长质量系数

王云琪进一步量化了评价我国经济增长适度与否的主要因素及其指标体系。主要因素包括 11 个要素，每个要素包含若干评价指标。每个评价因素及指标需要根据其对经济增长的重要程度赋予不同的权重系

① 王积业：《关于提高经济增长质量的宏观思考》，《宏观经济研究》2000 年第 1 期。

② 王文博：《经济增长质量统计指标体系研究》，《统计与信息论坛》2001 年第 1 期。

数。① 见表 1–5。

表 1–5　王云琪适度经济增长评价要素及其指标体系

要　素	具　体　指　标
宏观经济效益	社会劳动生产率；社会总成本利税率；社会总资金利税率；能源消耗系数；投资效果系数
经济增长方式	劳动投入增加的贡献率；资本投入增加的贡献率；全要素生产率贡献率
经济结构	第一产业增加值占 GDP 的比例；第二产业增加值占 GDP 的比例；第三产业增加值占 GDP 的比例；工业加工度；经济发展均衡度；区域经济加权变异系数
科技进步	高新技术产业增加值占 GDP 的比例；高新技术产品出口额占出口总额的比例；研究与开发经费占 GDP 比例；研究与开发经费增长率；每万人中专业技术人员数
居民生活水平	城镇居民实际人均可支配收入增长率；农村居民实际人均纯收入增长率；城镇居民消费实际增长率；农村居民消费实际增长率；城镇基尼系数；农村基尼系数；城乡居民收入差距；地区间居民收入差距；部门间职工收入差距
通货膨胀	商品零售价格指数上涨率；投资品价格指数上涨率；居民消费价格指数上涨率；GDP 平减指数
就业状况	城镇登记失业率；第一产业从业人员占比；第二产业从业人员占比；第三产业从业人员占比
人力资本	义务教育普及率；学龄儿童入学率；学生辍学率；人均受教育年限；每万人中大学生数；教育经费占 GDP 占比；教育投入年平均增长率；社会人均卫生事业费
财政收支状况	中央财政赤字占 GDP 的比例；国债余额占 GDP 的比例；中央财政债务依存度；财政收入占 GDP 的占比；中央财政收入占全国财政收入的比例；国际收支状况
国际收支状况	出口总额增长率；商品净出口额增长率；劳务净出口额增长率；投资净收益增长率；外债负债率；外债偿债率；外汇储备与进口总额的比例
经济体制变革	劳动力市场化程度；资金市场化程度；商品市场化程度

① 王云琪：《经济适度增长综合评价指标体系的确定》，《中央财经大学学报》2001 年第 1 期。

李岳平从经济增长的稳定性、技术进步的贡献、经济效益、经济结构、居民生活和经济增长的代价等六个方面试图构建衡量一国经济增长质量的评估指标体系。见表 1–6。[①] 李岳平运用定量方法对我国 1978—1999 年的经济增长质量进行分析，得出了几点结论：我国的经济效益正逐年好转；经济结构正逐年优化；居民生活水平有改善的趋势，但波动比较频繁；经济增长的质量基本上在逐年改善；经济增长速度快不一定经济增长质量就高，经济增长速度慢不一定经济增长质量低。

表 1–6　李岳平经济增长质量评估指标体系

要　素	指　　标
经济的稳定性	经济增长的波动系数、通货膨胀率、失业率
技术进步的贡献	全要素生产贡献率
经济效益	劳动生产率、工资创税率、固定资产投资效果系数、资金利税率、能源利用率、工业增加值率
经济结构	第二、第三产值贡献率，重工业化程度系数，经济发展均衡度，第三产业从业人员构成，出口贸易总额占世界贸易的比例
居民生活	居民消费水平指数、恩格尔系数、城乡居民差距比率、人均储蓄存款
增长代价	GDP 中环境污染损失的占比、生态环境破坏占比、自然资源浪费占比

单晓娅、陈森良认为，经济增长质量，属于工作质量范畴，它是指一定时期内一国或一地区在实现产品（包括服务）总量增长的活动（工作）中，其过程、方式、途径、效果及所达到目标等方面的优劣程度。他们从经济效益提高、经济结构优化、科学技术进步、环境资源保护、竞争能力增强、人民生活改善、经济运行稳定等 7 个方面出发，

① 李岳平：《经济增长质量评估体系及实证分析》，《江苏统计》2001 年第 5 期。

设计了由19项指标组成的经济增长质量综合评价的统计指标体系。见表1–7。①

表1–7　单晓娅、陈森良经济增长质量综合评价指标体系

要　素	指　　标
经济效益	全社会劳动生产率；投资效果系数；单位能耗产出率
经济结构	第三产业增加值占GDP比例；城镇化水平；工业产品销售率
科学技术进步	R&D占GDP比例；高技术产业增加值占比；每万名科技人员科技论文数
环境资源保护	工业废水排放达标率；工业废气处理率；工业固体废弃物综合利用率
竞争能力	出口总值占GDP的比例；外商投资额占比；人均邮电业务量
人民生活	人均GDP；城镇居民人均可支配收入；农民人均纯收入
经济运行	经济增长率波动系数

梁亚民认为，经济增长质量评价指标体系应由反映经济增长方式转变情况、经济增长过程健康状况、经济增长产出结果情况、经济增长潜能增强情况四大方面的21项指标所组成。见表1–8。②

表1–8　梁亚民经济增长质量评价指标体系

要　素	指　　标
经济增长方式转变	投入增长率、产出增长率和生产率增长指数。生产率增长指数属于核心指标
经济增长过程健康	经济增长波动系数、通货膨胀程度、劳动就业弹性系数、三次产业构成比、产业协调度、环境质量成本变动率。核心指标为经济增长波动系数

① 单晓娅、陈森良：《经济增长质量综合评价指标体系设计》，《贵州财经学院学报》2001年第6期。

② 梁亚民：《经济增长质量评价指标体系研究》，《西北师大学报（社会科学版）》2002年第2期。

（续表）

要　素	指　　标
经济增长产出结果	人均 GDP、新产品产值率、居民消费增长率、城乡居民收入比、投资效果系数、能源消耗系数。居民消费增长率属于核心指标
经济增长潜能增强	研究与发展（R&D）投入占比、生产能力利用率、专利授权指数、职工平均受教育年限、教育投入占比、劳动力技术装备程度。研究与发展投入占比为核心指标

戴武堂教授认为，针对我国劳动生产率低、就业矛盾大、居民生活水平低、收入差距大的问题，一要政府加强对经济增长质量的监控。可以采取劳动生产率、经济效益、就业率、人民生活水平和生活质量、收入差距合理化程度这五项指标对经济增长质量进行评价。二要走新型工业化道路。三要千方百计扩大就业，不断改善人民生活。四要深化分配制度改革，加强政府对收入分配的调节职能。①

河南师范大学的李变花认为，现存统计指标缺乏对经济增长质量的描述。李变花提出了八个维度，共计 21 项指标的经济增长质量指标体系。② 如表 1–9。

表 1–9　李变花经济增长质量指标体系

维　度	指　　标
经济增长水平	绿色 GDP；货币购买力平价测算的 GDP
经济效益综合指标体系	全社会劳动生产率；投资效果系数；单位能耗产出率
经济结构指标体系	第三产业增加值占 GDP 比例；城镇化水平；工业产品销售率
技术进步指标体系	R&D 占比；高技术产业增加值比例；每万名科技人员科技论文数

① 戴武堂：《论经济增长质量及其改善》，《中南财经政法大学学报》2003 年第 1 期。

② 李变花：《经济增长质量指标体系的设置》，《统计与决策》2004 年第 1 期。

（续表）

维 度	指 标
环境保护指标体系	工业废水排放达标率；工业废气处理率；工业固体废弃物综合利用率
竞争能力指标体系	出口总值比例；外商投资额比例；人均邮电业务量
人民生活指标体系	人均 GDP；城镇居民人均可支配收入；农民人均纯收入
经济稳定性	经济增长波动率

吉林大学的刘海英、赵英才、张纯洪通过实证研究证明，提高人力资本的“均化”程度，会使人力资本积累量上升，从而提高经济增长的质量。反之，人力资本分配不均将导致人力资本积累量下降，进而形成经济增长的“瓶颈”。在此分析基础上，他们提出了要重视教育均等化，增加人力资本积累量的政策建议。①

赵英才、张纯洪、刘海英从产出效率、产出消耗、产品质量、运行质量和生存环境质量五个不同方面 17 个指标构造了比较系统完整的经济增长质量评价指标体系。他们研究的结论是：中国的经济增长质量上升和数量扩张总体上是一致的，但具有非同步性，即经济增长质量上升相对缓慢，而数量扩张过快，经济增长质量总体不高，是投入性增长。② 见表 1–10。

① 刘海英、赵英才、张纯洪：《人力资本“均化”与中国经济增长质量关系研究》，《管理世界》2004 年第 11 期。

② 赵英才、张纯洪、刘海英：《转轨以来中国经济增长质量的综合评价研究》，《吉林大学社会科学学报》2006 年第 3 期。

表 1–10　赵英才等经济增长质量评价指标体系

要　素	指　　标
中国经济增长的产出效率指标	劳动生产率指数；资本生产（产出）率指数；增量资本产出率指数；劳动力技术装备程度指数；全要素生产率指数
中国经济增长的产出消耗指标	劳动力要素投入弹性指数；资本要素投入弹性指数；单位产出能耗水平指数；能源消费弹性指数；单位总产出成本率指数
中国经济增长的产出质量指标	产品合格率指数（用产品合格率表示经济产出质量）
中国经济增长的运行质量指标	经济波动率指数；第二产业产值份额指数
中国经济增长的生存环境质量指标	单位产出大气污染指数；单位产出污水排放指数；单位产出固体废弃物排放指数；治理污染的投资指数；环境质量成本指数

值得强调的是，在理论界对我国粗放的主要依靠投资拉动的经济增长方式普遍进行雷雨般的声讨之时，郑玉歆对资本积累问题提出了自己独立的思考和见解。

人们普遍认为，全要素生产率（TFP）是衡量经济增长质量的有效指标。测算全要素生产率所采用的方法不同，得出的结论有一定程度的差异，但根据学术界现有的研究成果，人们可以很容易得出一个基本的结论，即我国的全要素生产率对经济增长的贡献不高。例如：王小鲁认为，1979—1999 年全要素生产率增长率为 1.46%，对经济增长的贡献率为 14.9%。[①] 郑京海、刘小玄等通过对 1980—1994 年的 700 个国有企业样本的研究，结果表明：尽管生产率有所增长，但主要来源是技术进步而不是技术效率。[②] 胡鞍钢认为，我国劳动生产率在不断增长的同时，资本生产率增长率却一直呈负增长，1952—1978 年平均增长

① 王小鲁：《中国经济增长的可持续性与制度变革》，《经济研究》2000 年第 7 期。

② 郑京海、刘小玄：《1980—1994 期间中国国有企业的效率、技术进步和最佳实践》，《经济学（季刊）》2002 年第 4 期。

率为-2.95%；1978—1995 年为-1.21%。[①] 郭庆旺、贾俊雪的分析表明，1979—2004 年我国全要素生产率平均增长率为 0.891%，对经济增长平均贡献率为 9.46%。郭庆旺、贾俊雪将全要素生产率增长对经济增长贡献较低的原因归结为，技术进步对经济增长贡献率偏低、经济生产能力利用水平与技术效率低下以及资源配置不尽合理。[②]

针对上述结论和观点。郑玉歆提出了自己的看法和见解。早在 1999 年，郑玉歆在《全要素生产率的测度及经济增长方式的阶段性规律》一文中就揭示出“全要素生产率”的缺陷。他认为，第一，“全要素生产率”在发展中国家可能被低估。对 TFP 增长的估计是通过计算增长余值得到的，而影响“余值”大小的因素非常复杂，包括产出、要素投入、技术进步、制度的变动、宏观政策的变化、分析期的差异。例如，发达国家经济体制相对较稳定，计算余值可以忽略制度因素，但中国正在经历体制改革，计算余值就必须考虑制度因素的影响；发展中国家的经济结构变化迅速，固定资产实际折旧率高于经济折旧率及名义折旧率；价格指数不能充分反映出进口机器设备在质量、效率上的改进；用受教育年数来度量人力资本，在发达国家往往被低估，而在发展中国家往往被高估；发展中国家的设备利用率高估；等等，多种因素可能导致发展中国家的 TFP 被低估。

第二，经济增长方式转变具有阶段性。高速增长阶段是要素积累阶段，要素积累成为技术进步的物质条件和前提条件，对应的社会需求是稳定的大量的基本需求；低速增长阶段是前一个阶段的必然结果，该阶段是技术贡献逐步增大的阶段，要素投入质量逐步提高，对应的是个性化、多样化、变化快的社会需求。郑玉歆认为，TFP 提高和技术进步的动态是和经济发展的阶段相联系的，TFP 对经济增长的高贡献率一般只

① 胡鞍钢：《中国全要素生产率为何明显下降》，《战略与管理》2004 年第 2 期。

② 郭庆旺、贾俊雪：《中国全要素生产率的估算：1979—2004》，《经济研究》2006 年第 6 期。

有在进入经济增长减速的成熟期才会出现。①

郑玉歆在2007年发表的《全要素生产率的再认识——用TFP分析经济增长质量存在的若干局限》一文中，进一步阐述了自己的观点。他强调，TFP反映的只是生产要素即期的经济效果，忽视了资本积累的长期效益。根据定义，生产函数反映的是最大产出与有效投入之间的关系。TFP并不能反映存在多少非有效的投入。郑玉歆指出，资本积累非常重要，关键不在于是否是投资拉动，而在于投资的质量和资本积累的有效性。②

（三）“转变经济发展方式”的内涵丰富而深刻（2007年至今）

中国知网数据库显示，把包含有“经济发展方式”作为篇名的学术文章，从1982—2006年共有248篇，而2007年迅速上升到613篇，2008年为1011篇，2009年为880篇，2010年竟然达到6384篇。从追求数量、规模、速度的增长，到强调比例、效益、适度；从追求增长到强调发展；从追求经济扩张，到强调经济、政治、社会、环境、文化的一体化和谐发展，我国的发展战略随着国内环境和国际环境的发展变化而不断做出适当的调整。“转变经济发展方式”的提出，是我国经济建设从追求数量、引发问题，到解决问题、进一步发展的逻辑演进的必然结果。

改革开放以来，经济发展方式问题一直为党中央所关注。1982年党的十二大提出，把全部经济工作转到以提高经济效益为中心的轨道上来；1987年党的十三大提出，经济发展要从粗放经营为主逐步转上集约经营为主的轨道；1992年党的十四大提出，努力提高科技进步在经济增

① 郑玉歆：《全要素生产率的测度及经济增长方式的阶段性规律》，《经济研究》1999年第5期。

② 《全要素生产率的再认识——用TFP分析经济增长质量存在的若干局限》，《数量经济技术经济研究》2007年第9期。

长中所占的含量，促进整个经济由粗放经营向集约经营转变；1995 年党的十四届五中全会明确提出两个具有全局意义的根本性转变，即经济体制从传统计划经济体制向社会主义市场经济体制转变，经济增长方式从粗放型向集约型的转变；1997 年，党的十五大又明确提出："转变经济增长方式，改变高投入、低产出，高消耗、低效益的状况。""九五"时期成为改革开放以来我国经济增长质量最好的一个时期。但进入 21 世纪，经济增长速度再度加速，粗放增长有增无减。2003 年 10 月召开的中国共产党十六届三中全会提出了科学发展观，并把它的基本内涵概括为"坚持以人为本，树立全面、协调、可持续的发展观，促进经济社会和人的全面发展"，坚持"统筹城乡发展、统筹区域发展、统筹经济社会发展、统筹人与自然和谐发展、统筹国内发展和对外开放的要求"。2007 年 6 月 25 日，胡锦涛同志在中央党校省部级干部进修班发表的重要讲话中指出："实现国民经济又好又快发展，关键要在转变经济发展方式、完善社会主义市场经济体制方面取得重大新进展。"2007 年 10 月党的十七大隆重召开，报告明确提出："加快转变经济发展方式，推动产业结构优化升级。这是关系国民经济全局紧迫而重大的战略任务。"报告强调："实现未来经济发展目标，关键要在加快转变经济发展方式、完善社会主义市场经济体制方面取得重大进展。"从转变经济增长方式到转变经济发展方式，是我党对经济发展规律认识进一步深化的必然结果，是党和国家顺应世界经济社会发展潮流而做出顺势而为之举，是国家经济发展战略思路的重大调整。

党的十七大报告对转变经济发展方式作了明确的表述。报告把"转变经济发展方式"的内容概括为"两个坚持，三个转变"。这就是："要坚持走中国特色新型工业化道路，坚持扩大国内需求特别是消费需求的方针，促进经济增长由主要依靠投资、出口拉动向依靠消费、投资、出口协调拉动转变，由主要依靠第二产业带动向依靠第一、第二、第三产业协同带动转变，由主要依靠增加物质资源消耗向主要依靠科技进步、劳动者素质提高、管理创新转变。”

总体看法是，转变经济发展方式要比转变经济增长方式内涵广泛和深刻。

辽宁大学特聘教授黄泰岩认为，转变经济发展方式的内涵，不仅仅指从粗放增长向集约增长的转变或从外延增长向内涵增长的转变，还应该包括以下几项基本转变：向发展目标多元化转变，包括优化经济结构、公平分配和消除贫困、提高资源环境承载力、减少失业；向经济增长的质量和效益并举转变；向以人为本这一发展核心转变；向经济结构全面优化转变；向知识经济条件下的发展方式转变；向建设资源节约型、环境友好型社会转变。①

中国社科院的周叔莲、刘戒骄认为，经济发展的内涵比经济增长更广泛、深刻，经济发展包含经济增长，但经济增长不一定包含经济发展。经济发展不仅包含生产要素投入量和质的增加，而且包括发展的动力、结构、质量、效率、就业、分配、消费、生态和环境等因素的变化，涵盖生产力和生产关系、经济基础与上层建筑各个方面。经济发展不仅重视经济规模扩大和效率提高，更强调经济系统的协调性、经济发展的可持续性和发展成果的共享性。②

北京科技大学的白津夫认为，转变经济发展方式，是在探索和把握我国经济发展规律的基础上提出的重要方针；是从当前我国经济发展的实际出发提出的重大战略。白津夫强调，转变经济发展方式要结合世界产业变动的大趋势和我国经济发展的实际，突出以提高质量和效益为中心，重点在发展方式的转变上取得重大新进展。从“数量型”增长转向

---

① 黄泰岩：《转变经济发展方式的内涵和实现机制》，《求是杂志》2007 年第 18 期。

② 周叔莲、刘戒骄：《从转变经济增长方式到转变经济发展方式》，《光明日报》2007 年 12 月 11 日。

“质量型”增长；从粗放增长转向集约增长；从以生产为中心转向以消费为重点；从加工业优先转向服务业率先；从产业能力扩张转向产业体系建设；从解决就业转向积极创业；从实体经济为主转向实体经济与虚拟经济协调发展；从重积累转向重投资；从让利性开放转向互利性开放。①

中央党校的李省龙认为，1995年提出的两个根本性转变是我国国民经济的增长方式开始从粗放到集约的第一个历史性转变。党的十七大提出的转变经济发展方式是我国经济发展方式的第二次历史性转变，其实质在于提高经济发展的质量：即主要通过科技进步和创新，在优化结构、提高效益和降低能耗、保护环境的基础上，实现包括速度质量效益相协调、投资消费出口相协调、人口资源环境相协调、经济发展和社会发展相协调在内的全面协调，真正做到又好又快的发展。②

北京大学原校长吴树青教授认为，转变经济发展方式，不仅要求转变经济增长方式，还要求实现经济结构优化升级，实现经济社会协调发展，实现人与自然和谐发展及人的全面发展。③

在中央提出转变经济发展方式的初期大约1年时间内，讨论“经济发展方式”内涵的文章较多，此后的论文大多集中在“转变经济发展方式”的难点和对策上。

中央提出转变经济发展方式，并不意味着转变经济增长方式不重要，或者不需要再关注经济增长方式。从以上专家学者的讨论中，我们可以得出结论，转变经济发展方式，内在地包含着经济增长方式转变、结构优化和升级、人民生活的改善和就业水平的提高等等。本书侧重研究结构和经济增长以及就业之间关系的研究，故对转变经济发展方式的

① 白津夫：《加深对转变经济发展方式的理解——学习胡锦涛总书记在中央党校重要讲话的体会》，《经济研究参考》2007年第51期。

② 李省龙：《转变经济发展方式的内涵和意义》，《中国经济时报》2007年11月15日。

③ 吴树青：《转变经济发展方式是实现国民经济又好又快发展的关键》，《前线》2008年第1期。

问题不再赘述。

三、小结和启示

（一）适度增长的本质在于提高经济增长质量

适度增长不是目的，而是手段。从“适度积累”到“适度增长”，目的都是为了追求经济总体平衡。对前文的梳理可以发现，改革开放到“六五”计划结束，学者们更多地探讨“适度积累率”，积累率在不同时期具体数值有所不同，但都是为了追求生产和消费、积累和消费、消费增长和国民收入增长、经济发展和生活改善之间的平衡。“七五”时期开始，人们开始关注“适度增长率”，学者们区分了积累和投资的不同，强调适度积累，适度投资。“七五”时期，强调适度增长是为了确保产品质量和提高经济效益，为了生产资源利用最优化，避免浪费或紧张，为了人们生活水平的提高、总供给和总需求的平衡，等等。

适度增长是经济发展的内在规律。在产品短缺时代，经济增长速度过高，会对产品质量低劣、产销不对路的情况起到推波助澜的作用；会加剧各种加工业的盲目扩张，形成无效投资、低效投资，造成严重浪费；还会使各种原材料、能源、运输等瓶颈产业更加紧张，造成通货膨胀，严重影响人民生活等问题。而经济增长速度过低，则会使生产资源得不到充分有效的利用；还会影响人们就业，进而影响人们的收入水平，不利于人民群众积极性的充分发挥，妨碍经济的健康成长和社会多方面需要的应有满足。在产品过剩时代，经济增速过高，会使原有的过剩问题更加突出，由此引发经济衰退和萧条；经济增速过低，会严重影响就业水平，对居民生活改善造成不利影响。因此，在各个历史时期，经济增长都必须适度。

“八五”时期，“适度增长率”的研究，可以说形成了一个高峰。学者们主要是根据国家战略目标、历史数据、国际经验，或建立数学模型，或利用历史数据和具体要求设定高限和下限，得出自己的预测数据。学者们使用的方法，我们可以用三句话进行概括：

第一句话就是“以过去预测未来”。即用过去的历史数据和经验，推测未来的“适度增长”水平。

第二句话是“以承载力预测未来”。不管是短线产品的约束，还是通胀水平、就业水平的压力，都可视为承载力，以承载力为界限，预测未来经济增长的幅度。这种方法逻辑严谨，很有说服力，但预测结果往往最不准确。

第三句话是“以外国预测中国”。中国正在走的道路，发达国家已经走过，探讨相似阶段发达国家经济增长数据，可以作为中国经济增长速度的参考。例如熊映梧、孟庆林、吴国华对适度经济增长的研究，就充分借鉴了国外的历史数据。

表 1-11 是该时期学者们对未来一段时期“适度增长率”的预测依据及预测值。

表 1-11　学者对 1991—2000 年适度 GDP 增长率的预测值一览表

提出者	预测依据	预测值
王积业（1990）	战略目标和社会需求	6%
熊映梧、孟庆琳、吴国华（1990）	我国历史数据和世界各国相关数据的对比分析	7%—8%
汪海波（1990）	历史经验	最佳 7%；区间：5%—9%
包锡盛（1990）	历史数据：积累能力和瓶颈产业限制；客观需要：消费增长	5.6%—8.4%
汤为本（1991）	历史数据，积累率支撑	6%
靳新中（1991）	短线产业约束；就业约束	0.94%—6%

（续表）

提出者	预测依据	预测值
谷书堂、刘迎秋（1993）	历史数据：上限是最大值；下限为均值	8.1%—10.9%
朱建元（1994）	根据经济增长对物价水平的影响程度以及对通货膨胀的可承受程度来判断适度经济增长率的高限。经济增长对价格水平影响存在正负两种效应，其分界点在增长速度5%—6%。分界点之下，经济增长对价格水平具有负效应；分界点之上，经济增长对价格水平具有正效应。	(1) 良性区(0—3%)。(2) 中性区（4%—6%）。正负1%（3）温性区（7%—10%）。价格正1%—3%（4）恶性区（11%以上）。价格正3.5%以上。
张连城（1999）	历史数据的均值为趋势线，上下浮动两个百分点。2000年之后的未来20年，五年规划为一个周期，每个周期下降0.5个百分点	1998—2000年：7.8 % —11.8 %；2001—2020年：5.5%—11%。

说明：张连城教授的论文发表于1999年，文中对2001—2020年的适度增长速度进行了预测。其他学者主要针对20世纪90年代进行预测。

从“八五”和“九五”的实际增长率来看，总的来说都预测得比较保守，预测值都偏低。笔者认为，主要原因有二：一是重大事件对经济增长造成的影响难以估计。例如，党的十四大把建立社会主义市场经济体制作为改革目标；十四大还对经济发展速度作了大幅度的调整，决定将90年代我国经济的发展速度，由原定的国民生产总值平均每年增长6%调整为增长8%至9%。这些重大事件都对经济发展产生了重要影响。中外合作、中外合资、外商独资的“三资”企业迅猛增加，各个地方政府展开了筑巢引凤、招商引资的竞争。“八五”时期，经济增速平均达12.28%，但同时经济明显趋向过热，带来了严重的通货膨胀，1993、1994、1995连续三年的居民价格指数都超过了两位数，分别达到14.7%、24.1%、17.1%。二是这种预测多是根据过去的历史数据，针对过去出现的问题而提出的。“六五”、“七五”的问题是经济增长大起大落，“放乱收死”问题严重。为了避免此类问题的发生，让预测数值对经济增长起到一定的指导作用，学者的预测值大多以历史数据的均值为参考，针对上一周期出现的问题，把目标值适当向下调整一些。谷书堂和刘迎秋的论文发表于党的十四大召开之后的1993年，考虑到了党的十四大和速度指标的这些因素，预测相对还是最接近的。“八五”和“九五”经济增速最高为1992年的14.2%，最低为1999年的7.6%，整个十年的增速均值为10.45%。以经济增长速度的历史数据最高值10.9%为上限，把历史数据的均值8.1%作为下限，在当时经济处于走向过热期间，产品尚处于短缺的历史时期，这种方法有一定的合理性。

单纯从数量上讨论经济增速的适度性问题，南京审计学院的樊士德博士对经济增长适度的标准做了很好的归纳。他根据2008—2009年关于经济增长速度的争议，概括出经济增长适度性的六条标准：一是经验数据估计标准；二是加权测算标准，即依据年份远近加权；三是潜在GDP增长率测算标准。潜在经济增长率，是指各种资源在最优化和充分配置下所能达到的最大经济增长率。实际经济增长率长期等于潜在经济增长率就是适度；四是资源、能源消耗和环境标准，即资源、能源和环境的承载力；五是计量模型标准；六是“水涨船高”标准，即随经济增长的现实调整标准。樊士德通过研究认为，宏观经济增长速度适度性并不存在统一的内在范式，即统一的适度标准是不存在的。①

（二）适度增长包含着结构升级和人民生活改善

前文说过，适度不是目的。适度的目的总的来说是为了提高经济增长的质量。那么如何衡量经济增长质量呢？在不历史时期，人们对经济增长质量的认识和看法是有较大差异的。换句话说，人们的思想认识水平是随着物质文化生活水平的改善而逐步提高的。

---

① 樊士德：《中国宏观经济增长速度适度性的范式研究》，《中州学刊》2011年第2期。

一般来说，经济增长质量指标体系的构建是随着国内外经济、政治、社会、文化、生态环境的变化发展而不断丰富和完善的。我国处于社会主义计划经济体制向社会主义市场经济体制的过渡阶段，市场体制和机制等都还不是很健全，部分学者就把“市场化程度”作为衡量经济增长质量的指标；鉴于我国经济曾经历过大起大落而深受其害，部分学者把“经济的稳定性”作为衡量经济增长质量的指标；随着我国经济的快速发展，大气、水资源、土壤的污染日益加剧，在经济增长的指标体系中，不得不加入或者更加重视“环境保护”、“能源消耗”等等这样的指标体系，2000 年之后的专家学者提出的经济增长质量指标体系，明显反映出这个特征。

本书主要研究就业、增长和结构问题。依据前文专家学者构建的指标体系，我们看到，经济结构优化升级和人民生活的改善是学者们共同认可的衡量经济增长量的要素和指标。我们在此对 1996—2004 年学者们构建的经济增长质量相关指标体系做一简要小结。

表 1–12　结构升级和生活改善是经济增长质量提高的重要指标

提出者	结构优化	生活改善
李京文（1996）	经济增长伴随着产业结构的优化和总供需的大体平衡	
李周为、钟文余（1999）	经济结构优化系列指标	
杨长友（2000）	供求结构	
贺清正、龚江南（2000）	产业结构及协调度	
王云琪（2001）	经济结构升级系列指标	居民生活水平和就业状况
李岳平（2001）	经济结构升级系列指标	居民生活改善（居民消费水平指数、恩格尔系数、城乡居民差距比率、人均储蓄存款）

（续表）

提出者	结构优化	生活改善
单晓娅、陈森良（2001）	经济结构升级系列指标	居民生活改善系列指标
梁亚民（2002）	产业结构及协调度	居民消费增长率
戴武堂（2003）		就业率；人民生活水平和生活质量；收入差距合理化程度
李变花（2004）	经济结构升级指标体系	居民生活改善指标体系

（三）以人为本和结构升级是提升经济增长质量的根本之道

经济增长过程本身具有阶段性和层次性，遵循着由初级阶段到高级阶段、低端层次到高端逐步过渡的规律。

商品经济发展初期，一方面人们的收入水平低，需求层次不高。这种情况决定了人们需求的产品要具备“价廉物美”即实用、耐用、价格趋于大众化的基本特征。另一方面，机器生产的产品标准化程度高，质量稳定，性能可靠，满足人们基本需要能力强。消费者需要的产品随着收入的增加而不断升级换代，企业则在内在的利益驱动和外在经济压力下拼命地适应着产品市场的风云变化。

商品经济进入高级阶段，大众化的产品都是流水线、标准化生产，生产能力逐渐远远超出了人们的购买能力，生产过剩和消费不足的矛盾引发经济危机，迫使生产商进行创新，满足甚至引导消费者的新的各种各样需求。消费者群体由于收入的提高也开始发生各种分化。消费者开始变得越来越“挑剔”，需要的商品越来越“个性化”，由此导致社会需求的“多样化”、“小众化”，生产商们不得不去适应这种变化。

总体上看，生产和消费之间是相互影响、相互制约的。商品经济初期阶段，社会处于短缺经济状态，生产对消费制约作用更大一些，可以说生产决定消费。进入商品经济的高级阶段，消费对生产的制约作用更强一些，此时，生产需要随着消费结构的变化而不断进行结构升级。

消费者和企业这些微观主体的上述消费和生产活动的变化，决定着宏观经济增长的演进和发展轨迹。上述两个大的阶段的划分，根本不足以概括商品经济发展过程中消费者和企业之间互动的全貌，但足以说明经济增长的阶段性。

商品经济初期阶段，经济增长表现为标准化的工业体系的发展，必然是高速的和相对粗放的。主要原因是社会需求层次总体不高，需求相似度高，从众效应明显，需求侧重于人们基本生活资料的满足，人们对价格要求敏感，对产品质量的要求还不高。高度标准化的工业品正好满足了这种需求。对企业来说，只要产品能够卖出去，他就有理由扩大产量。凭借资本实力和企业规模，一些企业的产品赢得了消费者的信赖，这些企业逐渐成为工业时代的标志和象征。整个国民经济伴随着社会需求的扩大和生产能力的提高而高速增长。

经济运行过程中的交易、竞争秩序问题诸如假冒伪劣、食品药品安全等等，与经济活动相伴而生的外部性问题如大气、水资源、土壤等环境污染，不同群体的收入差别扩大等等，这些问题随着经济规模的扩大而日益显现。残酷的现实逼迫让人们思考和认识到经济增长的质量需要包含更广泛的内涵。

商品经济发展到更高级的阶段，面临着与初级阶段完全不同的问题。生产过剩的危机从局部走向全面，经济活动过程中形成的利益集团对经济的腐蚀作用和负面效应不断扩大，政府和市场的关系问题凸显，经济体制对经济发展的制约日益突出，生态危机和环境污染对人们生活水平提高形成严重障碍，人们的消费观念变化加速，消费个性化、多样化趋势显现，等等。各种深层次问题纷至沓来，让整个国民经济不得不依靠转变经济增长方式来加以应对。由此，社会才真正开始从实质上转变发展观念和认识，国民经济才真正开始依靠技术创新、管理创新、文化创新、制度创新，倡导节约、环保、生态、可持续的发展理念，推动产业结构转型升级，实现更高质量的经济增长。

人们对经济规律的认识水平是逐步提高和完善的。这种认识是在现有理论和方法基础上，通过借鉴先进理论方法和先进国家的经验教训，通过我国经济发展实践不断总结归纳，而逐步丰富和完善的。人们把提高了的思想认识通过制定和完善各项规划、制度和政策，再运用于社会主义市场经济实践，则会进一步提高经济增长的质量。

首先，在经济增长过程中，要把握经济规律，不断提高认识水平。例如，我党对商品经济的认识就是随着社会经济实践的发展而不断深化的。改革开放前，我国是完全的计划经济体制，整个生产体系要服从政府部门计划安排，从人财物到产供销，都由政府相关部门供给，所谓企业，只是执行政府部门计划任务的生产单位，不过是政府部门的附属物。计划体制从新中国成立到改革开放，运行了整整 30 年，其弊端越来越大。党的十一届三中全会后，我国开启了改革开放的历程，我党对商品经济的认识随着改革实践的发展而走向深入。

1981 年，党的十一届六中全会通过的《关于建国以来党的若干历史问题的决议》中明确指出，必须在公有制基础上进行计划经济，同时发挥市场调节的辅助作用。1982 年 9 月，党的十二大报告中进一步明确了“计划经济为主、市场调节为辅”的经济管理原则，指出:“正确贯彻计划经济为主、市场调节为辅的原则，是经济体制改革中的一个根本性的问题。我们要正确划分指令性计划、指导性计划和市场调节各自的范围和界限。”“主辅论”可以说是我党对商品经济认识上的重大突破。

1984 年 10 月 20 日，中国共产党十二届三中全会通过的《中共中央关于经济体制改革的决定》中明确提出，社会主义经济“是在公有制基础上的有计划的商品经济”。“有计划的商品经济论”是我党对商品经济认识再次深化的标志，同样是重大理论突破。

经过理论界对计划是否是社会主义经济的本质特征的争议和探讨，1992年初邓小平发表了重要的南方谈话，让人们彻底澄清了计划、市场和社会主义的关系问题。这一认识突破，扫清了关于商品经济上的思想障碍。在此基础上，中国共产党第十四次全国代表大会顺利提出中国经济体制改革的目标模式是社会主义市场经济体制。

其次，在尊重和认识经济规律的基础上，要未雨绸缪，以人为本，在实践中不断完善规划、政策和改革举措，积极推动社会进步和居民生活改善，稳步提高经济增长质量。经济增长的目的不是为了增长本身，而是为了更好地满足人民群众日益增长的物质文化生活需要，是为了强国富民。要处理好近期和远期、投资和消费、经济发展和社会建设、经济增长和生态环境之间关系。

第二章

产业结构规律性演进的决定因素

从适度增长过渡到增长方式转变，是经济发展的内在必然。适度增长的实质是经济增长的质量，而经济增长质量提高的表现是资源配置和资源利用达到了比较高的效率。商品经济对资源配置和资源利用高效率的追求，推动着产业结构有规律地变动和升级。产业结构的演进规律究竟由哪些因素决定呢？本章着重研究产业结构有规律演进的决定因素。

一、结构是什么？

结构，是组成事物的各个部分的搭配、排列和组合。结构中各个组成部分的性质特点、组合搭配、排列顺序等等，决定着事物的稳定性大小和功能发挥程度。

结构可以依据不同的标准进行划分，例如依据组成部分功能的不同，可以把一国的社会结构划分成经济、政治、文化、社会等具体几个部分。本书主要研究经济问题，因此侧重分析经济结构。什么是经济结构呢？

经济结构是经济系统的组成要素或部门的性质状态、构成比例及相互关系。经济结构可以从生产关系、生产力、地域范围等多个角度考察，本书从一国的国民经济整体层面研究经济结构。为了分析的方便，主要从生产关系和生产力角度进行分类，研究偏重于生产力角度。

从生产关系角度划分，主要指各种生产资料所有制即个体、私营、国有、外资等不同经济成分的构成和比例关系。

从生产力角度划分，包括产业结构，例如一、二、三次产业的构成，农业、轻工业、重工业，消费资料和生产资料等的构成及比例关系；分配结构，例如投资与消费的构成及比例关系；需求结构，指投资、消费和进出口之间的构成及比例关系；技术结构，指自主技术和引进技术等的构成和比例关系；要素结构，指劳动密集型、资本密集型、技术密集型等；物质生产和非物质生产部门结构，物质生产是指生产实物产品的部门或产业，非物质生产是提供服务产品的部门或产业。还可以根据具体情况进一步细分产业结构、产品结构、行业结构、组织结构等等。

二、分工深化和收入增长相互促进，引起产业结构规律性演进

人类生存和发展，就必须进行物质资料的生产。在物质资料生产过程中，想方设法以最少的花费获得尽可能多的物质产品几乎是每个人与生俱来的愿望，这种本能促使人们追求物质生产的高效率。人们对高效率的追求引起各种生产工具和生产技术的进步，导致人们之间的自然分工和社会分工，促使农业、畜牧业、手工业、商业等各个产业的逐步形成并使各产业及其内部的分工不断细化和深化。

分工不仅导致生产效率的提高，还引起交换的需要。人们在生产实践中早就发现，分工和交换能够使现有的劳动力、土地和资本等生产要

素得到最大化的利用。人们按照土地、劳动力等自然条件，发挥各自优势，就能够在拥有同样多的生产要素的条件下生产出更多的产品，再把这些产品通过市场交换到自己需要的其他产品。参与交易的双方都能获得分工带来的好处。这种通过分工来提高效率不仅对个人适用，对一个产品的各个环节同样适用。通过分工和交换来提高社会生产效率在原始社会表现为按照年龄、性别、体力等进行的自然分工，到后来逐步形成农业、畜牧业、手工业、商业等的产业分工。不同产品会形成分工，同一产品的不同环节会形成分工，这些分工如果跨越国界，就会形成国际分工，带来国际贸易。

农业社会主要是围绕着土地的产出，即各种各样的农产品、畜牧产品进行交换。产品结构以农产品为主体，产业结构以农业为主导，生产工具是各种各样用于农业生产的手工业品。

工业社会的产生同样是人们追求生产效率的结果。人们在生产过程中，逐渐认识到这样一个规律，即生产工具的效率决定生产的效率，生产能力的大小很大程度上取决于生产工具的能力大小。这就导致满足人们日常生活需要和各种生产需要的制造业进一步分工和发展，机器大工业应运而生。机器工业的产生让工业产品成为社会交换的主体，工业产业成为社会的主导产业。土地的产出——农林牧副渔产品和矿产品成为原材料，是初级产品，这些原材料经过加工成为工业制成品。工业产品对社会的满足程度更高，因而能够代替农产品成为社会交换的主体。

经济增长不过是一国在一定时期生产的产品价值的总和，从收入角度分析，经济增长实际是一定时期内一国国民总收入的增加。因此，经济增长对社会的影响和作用，我们可以从人们收入增长的角度进行进一步的分析和考察。

生产效率的提高，必然带来收入的增加，而收入的增加，必然引起人们需求层次的提高，人们需求层次的提高，最终会引导产业结构进入服务产品为主体、服务业为主导的社会发展阶段。

更深一步思考，人们收入增加对产业结构变化带来多方面的影响。一方面，人们作为消费者而言，其需求层次会随着收入的改善而有序地提高。美国的社会心理学家马斯洛（1908—1970 年）对人们的需求变化做了清晰的描述。马斯洛的理论揭示了人们需求变化的一般规律。马斯洛认为，人类价值体系存在两类不同的需要。一类是沿生物谱系上升方向逐渐变弱的本能或冲动，称为低级需要和生理需要。一类是随生物进化而逐渐显现的潜能或需要，称为高级需要。两种需要具体分为五个层次：生理需要、安全需要、爱与归属的需要、尊重的需要、自我实现的需要。人们的需要是由低层次一层一层向高层次递进，当低层次的需要满足时，人们会追求高层次需要。人们消费需求的逐步演进引导着产业结构做出适应性的调整或变革，推动着产业结构由农业为主到工业为主，再到服务业为主的有规律的演进变化。

另一方面，人们又是劳动者，在商品社会中，人们以劳动力作为生产要素参与社会生产。随着生活效率的提高和社会的进步，劳动力所需要的生活资料日益丰富，即劳动力的价值会不断提高，劳动力价值的货币表现——收入自然也要不断提高。因而人们收入提高之时，意味着作为生产要素的劳动力的成本相应地增加了。成本的增加，会引起相应生产该产品的产业向成本低的部门或地区转移，由此引发产业结构发生变动。

“配第—克拉克定理”对产业结构规律性的演化做了准确的表述：随着经济的发展和人均国民收入水平的提高，农业即第一产业国民收入和劳动力在三次产业总量中的占比逐渐下降；工业即第二产业国民收入和劳动力的占比上升；当经济进一步发展，国民收入上升到一定水平时，服务业即第三产业国民收入和劳动力的占比开始上升，直至占据主导地位。

出现这种演化规律，原因有二。一是农产品大多是生活必需品，需求收入弹性[①]低。需求收入弹性低，意味着随着人们收入的提高，人们用于该类产品的消费增长的幅度赶不上收入增长的幅度。而工业品和服务产品的需求收入弹性高，意味着随着人们收入的提高，人们用于工业品和服务产品的消费增长的幅度要比收入增长幅度更大。在收入不断提高的情况下，主导产业需求收入弹性低的部门向需求收入高的部门转移是必然趋势，亦即农业主导让位于工业主导，工业主导再让位于服务业主导是客观规律。

二是农业产品受自然条件限制大，生产周期长，技术进步缓慢，报酬递减规律明显。工业品生产不受自然条件制约，生产周期主要取决于技术和管理水平。相对于农业产品来说，工业产品生产周期大大缩短，技术进步迅速，产品形式和功能多样化，对人们的普遍性需求满足程度更高。工业品企业规模经济效应显著，达到最佳规模，报酬递减规律才会发生作用。马克思的经济学理论早就揭示出，在部门之间处于完全竞争状态时，必然出现平均利润率规律。当一个部门利润低于另一个部门时，投资就会从利润低的部门转向利润高的部门。这一规律导致投资会从农业部门持续不断地转向工业部门，工业替代农业成为主导产业是必然趋势，同理，随着个性化、多样化社会的到来和技术的迅速发展，服务业占据主导产业也是必然趋势。

三、技术进步和分工相互作用，推动产业结构升级

前文谈到，人们追求生产效率导致物质财富的持续增加，换句话说，经济增长是人们不断追求效率的结果。分工和技术进步是提高生产

① 需求收入弹性，简称为收入弹性，是指在一定时期内，假定消费者偏好不变，该种商品本身价格与相关商品价格不变，分析该种商品需求量对收入变动的反应程度。需求的收入弹性系数 = 需求量变动的百分比 / 收入变动的百分比。

效率的两种最有效的途径，两者有效组合共同推动着社会经济持续不断地发展和进步。

分工是生产组织形式的改变，是劳动力在生产过程中的组织管理和安排，其作用对象是劳动力，是劳动者。分工是社会发展过程中，各种生产组织形式产生和发展的前提。原始社会，分工的生产组织形式主要是以血缘关系为纽带的氏族公社；奴隶社会，分工的生产组织形式主要表现为奴隶主庄园；封建社会，分工的生产组织形式主要表现为地主的庄园、手工作坊、商业组织等；资本主义社会，分工的生产组织形式主要表现为各种各样的公司或者企业。

技术是产品生产过程中使产品性质和功能发生改变以适应消费需求的生产工艺、操作方法和技能等，其作用对象是生产流程和产品。分工解决的是人的管理问题；技术解决的是产品生产和产品性能问题。

分工有利于技术进步。分工能够从四个方面提高效率：一是有利于提高劳动者劳动熟练程度；二是节省由一种工作转到另一种工作的时间；三是有利于机械的使用和改良从而简化劳动和节省劳动；四是能够在专业产生的熟练度提高基础上，把经验上升为理论。

但分工程度又受多种因素制约，从经济角度看，主要受制于两种因素：

第一，交换能力或者说是市场需求。亚当·斯密在其著作《国民财富的性质和原因的研究》中明确指出："分工起因于交换能力，分工的程度，因此总要受交换能力大小的限制，换言之，要受市场广狭的限制。市场要是过小，那就不能鼓励人们终生专务一业。因为在这种状态下，他们不能用自己消费不了的自己劳动生产物的剩余部分，随意换得自己需要的别人劳动生产物的剩余部分。"① 手工业产品的大部分要用于

① 亚当·斯密：《国民财富的性质和原因的研究》，商务印书馆 1972 年版，第 16 页。

交换，故市场需求规模大小对手工业分工的影响很大。

第二，技术进步。技术进步对分工具有决定作用。

机器工业之前是手工业，其技术进步来源于物质生活资料的生产活动。技术进步表现为生产工具改进与劳动产品性能提高。这种技术主要依赖于生产者长期的生产经验积累与实践探索，对生产者的体力、智力依赖性强，例如从旧石器到新石器，再到青铜器，再到铁器时代等等。这一时期的生产、技术、科学之间的传导机制是从生产到技术，再从技术上升到科学。科学实际上是以经验为基本特征的零散知识的积累，对技术进步的推动作用十分有限。

但机器的发明必须以自然科学的进步为基础。16 世纪以前，整个欧洲都受到宗教神学和经院哲学的影响，科学技术的发展受到严重阻碍。从文艺复兴时期至 18 世纪，人们逐渐摆脱神学思想的束缚，科学主义价值观开始形成，自然科学不断取得重大成就。哥白尼发表了《天体运行论》这一划时代的巨著；在伽利略等人的努力下，物理学最先摆脱了神学而独立；到培根时代，以实验为基础的科学传统正式建立起来；在牛顿那里，物理学已相当成熟。这一时期，英国实验科学研究促使天文学、地理学、力学、数学获得了长足的进展。这些自然科学的成就为机器工业革命诞生和发展提供了理论前提。蒸汽机的发明所依据的就是物理学的原理，后来将其作为发动机运用到各种生产领域。蒸汽机的发明促使工业革命由棉纺织业扩展到了其他行业，出现了更加全面的机械化进程。这一时期，从生产到技术，再从技术到科学的传导机制逐渐让位于从科学到技术，再从技术到生产。科学对技术和生产的引领作用日益突出。从科学理论突破，到技术发明，再到实际应用的转化，伴随着新科学技术革命，其周期日趋缩短。

技术进步对产业结构有多方面的影响。

一是催生新产业。技术进步包含两类，一类是在原有技术基础的技术革新或技术改良，这类技术进步会促进产业结构的逐步演进和经济的稳定增长；一类完全是新工艺、新产品等创新性技术——技术革命，这类技术会引发新产业的产生和产业结构变革。从产业革命发展的历史来看，每一次大规模的技术进步——技术革命都会带来一批新的产业的诞生。例如，始于18世纪60年代第一次科技革命，瓦特蒸汽机的使用，带动着纺织机、鼓风机、抽水机、磨粉机，促使纺织、印染、冶金、采矿等产业的迅猛发展；始于19世纪70年代的第二次科技革命主要表现为电力革命，电力、电子、化学、汽车、航空等一大批技术密集型产业兴起；始于20世纪40年代末的第三次科学技术革命，以电子计算机、原子能、航天空间技术、微电子技术、生物工程技术、新型材料技术为标志，促使微电子技术、生物工程技术、航天技术、海洋技术等等一批高技术的新产业出现。

二是改造传统产业。新的技术应用到传统产业，会降低原材料或能源的消耗，提高产品生产效率或性能。例如，通过与信息技术融合，像钢铁等许多传统产业焕发出新的生机和活力，工人的工作环境极大地改善，产品质量和工作效率提高。

三是淘汰落后产业。新技术的产生让新产品的性能全面超越传统产品，使得生产那些传统产品的产业日趋没落。例如，燃气机对蒸汽机的取代，电话对电报的替代，无毒农药对有毒农药的淘汰，等等。

四、技术进步决定产业结构升级，体制机制决定技术进步

技术从来源角度可以划分为两类，一类叫自主技术或自生技术，是自己拥有独立的知识产权或者自己研发、自己享有所有权的技术；另一类叫引进技术或外生技术，指自己只是技术的使用者，没有技术的所有

权或者知识产权。两类技术对一国产业结构的影响是完全不同的。

一般来说，落后国家的技术进步都要经过技术引进、模仿消化、自主创新、技术出口这样几个阶段。

1978年改革开放之前，我国实行的是高度集中的计划经济体制，经济权力高度集中。政府是计划和指挥中心，企业是政府的附属物，企业的人财物、产供销都要受政府部门的行政命令安排。新中国一穷二白，十分落后，50年代中国的经济总量在世界排名20—30位。①为了应对来自资本主义世界制裁和战争的威胁，为了迅速发展社会主义生产，中央政府在区域发展政策上，采取了向落后的内地倾斜的政策，主要依靠进口技术和设备实现技术进步。20世纪50年代，世界政治格局形成了以美国为首的资本主义阵营和以苏联为首的社会主义阵营“两个阵营”，作为社会主义国家，我国主要引进社会主义苏联的技术和装备。1972年中美关系正常化后，我国主要引进西方发达国家的技术和装备。

这一段时期，除了“一五”平稳发展外，三年“大跃进”及“文革十年动乱”对国民经济造成严重损害，经济技术进步缓慢。据国家统计局的资料统计，1953—1978年，我国社会总产值的年均增速达7.9%。②相对于其他发展中国家，甚至与日本相比，这个速度并不慢。但由于人口增速很快，积累率长期居高不下，人们感受不到生活的改善。该时期增长最快的是能源行业，1966—1976年，石油、原煤、天然气、水电等，合计一次性能源折标准煤计算，年均增长达9.2%，其中石油增长19.6%。据世界银行的研究报告，在与发达国家和新兴经济体的比较中，这段时期我国经济增长中的全要素生产率的增速是最低的。例如，1955—1970年，巴西、韩国、日本的全要素生产率增速分别为2.1%、5.0%、5.6%；这一时期19个发展中国家的全要素生产率平均增速为

① 吴殿廷、武聪颖：《中国宏观经济的国际评价》，《世界地理研究》2001年第1期。

② 杨德才：《新中国经济史（1949—2009）》，经济科学出版社2009年版，第228页。

2.0%，12 个市场经济国家全要素生产率平均增速为 2.7%。而 1952—1975 年，我国的全要素生产率年均增速只有 0.3%。该时期，我国的技术进步十分有限，主要集中在军事工业领域。一是 1964 年 10 月 16 日原子弹爆炸试验成功；二是 1966 年 10 月 27 日，成功完成第一次导弹核武器试验；三是 1967 年 6 月 17 日，氢弹爆炸试验成功；四是 1971 年 9 月，第一艘核潜艇安全下水；五是 1970 年 4 月 24 日，第一颗人造卫星“东方红一号”发射成功。[①] 总体看来，1949—1978 年的 30 年间，涉及人民生活的农业、工业、服务业的技术进步缓慢，整个国民经济可谓是“有增长，无发展”。

1978 年 12 月召开的党的十一届三中全会，是中共党史上的历史性转折。这次会议决定把党的工作重心转移到“社会主义现代化建设”上来，改革经济管理体制，实行对外开放。这些决定拉开了我国改革开放的大幕，让我国的经济建设真正进入快速发展的轨道。

在 20 世纪 80 年代和 90 年代，我国引进了大量的成套装备，能源、冶金、石油化工、化学纤维、化肥、航空、机械、电子行业的技术进步显著，产业结构得以优化。

通过技术引进和成套设备进口加速我国的工业技术进步和产业结构的升级是我国经济发展道路选择的必然结果。改革开放过程中，公有制企业由于受制于体制机制因素，其自主创新能力非常薄弱；个体、私营经济的发展在一定程度上加强了商品经济的竞争，能够促进技术的进步，但这种促进作用由于个体私营企业的规模不足而十分有限；在政绩考核机制的作用下，地方政府发展经济的愿望迫切而强烈，具有不可遏制的投资冲动。这样，招商引资，“三来一补”，成为国有企业引进技术和成套设备的必然选择。

---

① 杨德才：《新中国经济史（1949—2009）》，经济科学出版社 2009 年版，第 230—233 页。

这一时期的我国技术进步主要通过三种方式推进。一是通过国际贸易直接引进新技术或专利；二是进口高技术商品、设备等资本品或吸引外商直接投资间接获得新技术；三是通过本国 R&D 支出直接资助本国企业和机构创新技术。前两种方式占据我国技术进步的主导地位，后一种的实施效果不尽如人意。①

引进技术和成套设备加速了我国生产资料和消费资料的升级换代，极大地改善了居民生活，也使我国的生产能力迅速提高，相对于过去技术进步可谓显著。但这种技术毕竟是外生技术，不是内生技术。依靠外生技术来发展经济，显然具有不可持续性。

一是技术不可能领先。只要能够获得超额利润，先进技术的所有者是不会轻易将技术转让的，最先进的技术是买不来的。在市场上交易和转让的技术一般都是产品生产能够标准化的技术，产品生产地区的选择主要考虑当地的劳动力成本是否最低。

二是如果不能形成引进—消化—创新的机制，产业就会陷入引进—落后—再引进的低水平恶性循环。引进的技术如果不能消化吸收再创新，则技术始终处于落后状态，只能通过再引进技术来解决，而引进的技术随着时间的推移仍然会处于落后状态，如此形成引进—落后—再引进的恶性循环。而且，转让的技术多是加工制造环节的成熟技术，致使一国或地区的产业过多集中在低端制造环节，利润微薄，还受制于人。

三是产业升级缓慢，经济增长乏力。由于主要依靠外来技术进行生产，当市场需求发生较大变化时，企业转型困难，难以随需求变化而迅速做出反应和调整；随着劳动力成本的提高，产品价格优势不再，企业转型困难，由此导致整个产业升级随之停滞，经济增长后劲不足。

纵观经济增长理论史，大多数经济学家都承认技术创新是发达国家

① 赵忆宁：《“技术引进”与“自主创新”的论证》，《瞭望新闻周刊》2003 年第 27 期。

获得长期持续经济增长的根本原因。落后国家如果只停留在技术引进的层次，短期内可能具有后发优势，经济增速超越发达国家，但长期由于技术差距始终存在，落后国家的人均收入始终不可能超越发达国家，甚至差距还会扩大。自工业革命后的两百多年里，发达国家的经济增长速度持续地超过了人口增长速度，但绝大多数欠发达国并没有能够缩小与发达国家的人均收入差距。①

因此，从可持续发展角度考虑，一国必须发展自主技术。自主技术的产生和发展又受制于许多因素，从我国的经济发展实际情况看，最重要的制约因素是制度，即体制机制问题。

我国的科技体制是政府主导的科技体制。新中国成立之初，中国科学院的建立标志着中华人民共和国科技体制走上了计划管理的道路；1958 年底，国家科委正式建立，各省、市、地、县的各级地方科委亦相继成立。国家科委的职能是负责全国科技工作的统一规划、协调和组织管理，它的成立，标志着新中国科技体制“集中型科技体制”真正形成。这一体制的典型特征是：计划分配，行政主导，科技体系和生产体系相分离。在科技研究与开发投入、科技重大项目实施过程中，政府占据绝对主体作用，课题任务靠政府部门下达，科研经费靠政府部门拨给，科研成果靠政府部门推广应用。企业和民间组织作用微弱，科研人员难以流动，造成科研和生产的“两张皮”。直到 20 世纪 80 年代初，这一科技体制没有发生根本性的变化。在 1958 年“大跃进”的热浪中，各种研究机构迅速膨胀，包括中科院及隶属机构、地方性科学院、隶属地方政府各个部门的科研机构、从中学到大学的科研机构，等等；中国科技协会的组织和会员遍布全国；许多工矿企业、人民公社，也建立了大量的研究、试验组织。“科学网”在全国迅速建立起来，奠定了“集

① 林毅夫、张鹏飞：《后发优势、技术引进和落后国家的经济增长》，《经济学（季刊）》2005 年第 1 期。

中型科技体制”的组织和制度基础。[①] 十年“文革”，这一科技体制遭到严重破坏，但党的十一届三中全会后，这一体制迅速得到恢复。这一体制在当时的历史条件下促进了我国科学技术的进步，尤其是在军事工业领域，但其固有的弊端即科技与经济的脱节、科技成果转化率低、束缚科技人员工作积极性等，随着我国商品经济的发展而日益显现。

计划体制下，计划者不可能获得完备的信息，因而有限资源的分配不可能合理；科研工作者吃集体大锅饭，对自己的“努力成果”没有“剩余索取权”；条块分割的体制让人员流动和部门合作障碍重重，这些使得计划经济体制下的“集中型科技体制”运行效率很低，导致我国科技进步整体缓慢。

1985 年 3 月召开的全国科技工作会议，正式公布了《关于科学技术体制改革的决定》，标志着科技体制改革正式启动。依据改革目标与政策重点把这段时期的改革分为四个阶段[②]：

第一阶段，1985 年至 1992 年。以 1985 年《关于科学技术体制改革的决定》为标志，这一阶段是科技体制全面改革的时期。政策供给集中在拨款制度改革、技术市场的建立、组织结构及人事制度的放活等方面，鼓励研究、教育、设计机构与生产单位的联合；支持和鼓励民营科技企业发展，建立高新技术产业开发试验区，加快科技成果的产业化。例如，1987 年国务院发布《关于进一步推进科技体制改革的若干规定》，其主要内容包括：简政放权，实行政研职责分开，国家对科研机构的管理由直接调控为主转变为间接管理；两权分离，科研机构全面实行所长

① 马来平：《中国科技体制的曲折发展：1958—1980》，《山东大学学报（哲学社会科学版）》1994 年第 1 期。

② 关于“1985 年作为科技体制改革的转折点”的观点，学术界普遍认同，后面几个阶段的划分则有分歧。除了方新、李建军的三个阶段划分外，还有寇宗来三个阶段的划分：1985—1996；1996—2006；2006 年至今。参见寇宗来：《中国科技体制改革三十年》，《世界经济文汇》2008 年第 1 期。本书综合了两种划分方法。

负责制，逐步实行所有权与经营管理权的分离，扩大研究机构的自主权，鼓励科研机构和科技人员以多种方式进入经济建设主战场，倡导有计划地组织科技人员从事各类技术经济活动。①

第二阶段，1992 年至 1998 年。以建立社会主义市场经济体制目标为标志，这一阶段是我国科技管理体制深化改革和宏观调控时期。政策供给集中在分流科技人才，调整科研结构，推进科技经济一体化的发展。这一阶段出台了大量的政策或法规：1992 年国家科委制定《关于分流人才，调整结构，进一步深化科技体制改革的若干意见》；1993 年 7 月，全国人大通过了我国第一部科学技术基本法《中华人民共和国科技进步法》。1994 年 2 月，国家科委、国家体改委联合发布《适应社会主义市场经济发展深化科技体制改革实施要点》；1995 年 5 月中央召开全国科学大会明确提出科教兴国战略并发布《关于加速科学技术进步的决定》；1996 年 9 月，国务院发布《关于“九五”期间深化科技体制改革的决定》。这一时期，科学技术体制建设的中心任务是通过宏观调控和资源分流，着力解决科技与经济“两张皮”的问题，实现科技与经济协调发展，加速推进科技与经济一体化。

第三阶段，1998 年至 2006 年。以大规模的科研机构转制为标志，这一阶段是科技体制改革获得突破性进展的时期。政策供给集中在促进科研机构转制、提高企业和产业创新能力、建立国家创新体系等方面。② 隶属政府各部门的科研机构大量进行企业化转制；1999 年，国务院办公厅转发科技部等七部委《关于促进科技成果转化的若干规定》、《关于深化转制科研机构产权制度改革的若干意见》、《关于进一步加强原始创新能力的若干意见》、《关于建立风险投资机制若干意见的条例》

① 李建军：《我国科技体制建设的基本历程及“路径依赖性”》，《湖南文理学院学报（社会科学版）》2005 年第 1 期。

② 方新、柳卸林：《我国科技体制改革的回顾及展望》，《求是》2004 年第 5 期。

等政策出台；科技型中小企业创新基金的设立；等等。相关的政策措施不断完善，使我国科学技术体制改革获得突破性进展。

第四阶段，2006年至今。以2006年2月9日国务院发布《国家中长期科学和技术发展规划纲要（2006—2020年）》为标志，这一阶段是鼓励自主创新和建设完善国家创新体系的时期。《纲要》确定了“自主创新，重点跨越，支撑发展，引领未来”的发展方略。《纲要》对科技体制改革和国家创新体系的建设做了深入的论述，主要包括：支持鼓励企业成为技术创新主体；深化科研机构改革，建立现代科研院所制度；推进科技管理体制改革；全面推进中国特色国家创新体系建设。《纲要》还给出了包括财税、政府采购、金融、产业、区域等创新体系的9个方面的若干重要的落实政策和措施。

经过三十年的探索和实践，科技体制改革取得了巨大的成就。一是大量应用型研究机构，通过股份制改造或公司化改造，科技机构的活力增强，科技系统结构和运行机制优化，形成了一批纯市场型的研究单位。二是科研经费来源多元化。除国家投入的专项经费、技术研究经费外，大量的研究经费来自企业，来自市场。三是科技人员数量扩大，质量也在提高。四是科研成果转化率有所提高。科技成果转化和高新技术产业化发展迅猛，市场机制在科技运行和资源配置中的决定性作用日益突出。

但不容否认的是，科技体制的“路径依赖问题”仍然存在，科技与经济“两张皮”、科研人员流动、科技成果转化等问题没有得到根本解决。

五、小结和启示

以上的讨论可以证明，经济增长的质量与产业结构效率关系密切，产业结构效率取决于分工、收入和技术进步等多种因素，这一切因素又源于人类对自身生活改善的良好愿望和不懈追求。

产业结构效率决定于分工。分工可以看成是人们为了提高生产效率而采取的一种组织形式。随着人们使用工具的进步，人们改造自然的能力越来越强，分工也日益走向深化。私有制既是分工的结果，又是分工的原因。分工提高了生产效率，让劳动产品有了剩余，使得私有制有了物质基础；私有制刺激了拥有生产资料——土地和劳动者的人持续扩大其产量，使用更先进的工具，这又进一步加速了分工的深化。随着商品经济的发展和对外贸易的扩大，手工业逐步向机器大工业过渡，在西方这一过程伴随着农村手工业的衰落、圈地运动——羊毛业的兴起、城市手工业的勃兴、城市的扩张、资本主义的确立等等。

分工也可以看成是人们在生产过程中形成的秩序和相互关系。从这个角度看，组织内部分工是组织管理、组织制度产生的前提，组织之间分工是社会组织和经济组织管理、社会经济制度和法律制度产生的前提。随着商品经济在社会生产体系中逐步占据主导地位，分工日益细化和深化，组织形式和组织制度日益健全和完善，社会的法律法规体系也逐步健全。由此看来，分工与社会制度结构又有密不可分的关系。社会制度结构形成以后，由于利益集团的作用，对分工又有一定程度的限制或阻碍。

产业结构效率取决于收入。一般而言，收入结构决定需求结构，需求结构决定供给结构，供给结构决定于产品结构，产品结构决定于产业结构。因此，收入的变化，必然影响到产业结构的效率。收入低时，用于生活必需品的费用占比较高；随着收入的提高，人们需求就开始多样化起来，需求也变得越来越挑剔，需求的层次越来越高，除了满足人们衣食住行的物质产品的需求，对满足人们健康、精神愉悦、真善美、实现自我价值需求的诸如保健品、休闲娱乐、艺术品、奢侈品、电影、歌剧、音乐等等，需求量会越来越大。这些需求大多又是极富个性的，产品结构和产业结构必须适应这种需求的变化。

产业结构要适应这种变化，就必须在技术上不断地创新。以前如果需要的是标准化、大批量、低附加值的产品和标准化的服务，现在就需要非标准化、小批量、高附加值的产品和个性化的服务，技术必须适应这种变化趋势。

但技术创新受到两个因素的制约：一是科技体制。本质上就是如何解决政府主导的科技资源分配与企业需求相脱节的问题。解决这一问题的关键又不在科研体制本身，而在于社会保障制度和相关政策在各地区、各部门，在事业单位和企业单位的待遇一致与顺利衔接。因为集中型科研体制和经济脱节矛盾的根源在于束缚了生产要素尤其是科技人员的流动，而科技人员的流动性高低取决于社会保障政策的互联互通、顺利过渡和待遇一致。

二是竞争机制。我国正处于计划经济体制向市场经济体制的转轨过程中，大型国有企业具有许多“天然”的优势：一是和政府是父子关系；二是占据了几乎所有重要的产业和部门，例如能源、交通、金融、保险、通信、邮政、烟草、钢铁、汽车、家电等等，进入世界500强的多是国有大型企业；三是中小国有企业基本都进行了公司制改组、改制、重组、并购等改革，目前剩下的都是资产规模和销售收入位居各行各业前列的大型国企。国企内部已经形成足以影响政府决策的利益集团，行业垄断确实存在。地方政府的GDP考核机制，国企与政府之间的父子关系使得政府职能错位和越位，国企和民企的公平竞争秩序难以形成。国企的技术创新风险大于收益，国企缺乏相应的激励机制。上述问题的存在，最终导致国企整体创新动力不足。

因此，综合看来，影响产业结构的因素很多，但重要因素不外四个：收入、分工、技术、制度。

第 三 章

经济增长、就业增长和产业结构

前面两章主要讨论了“适度经济增长”和影响产业结构效率的重要因素问题。我们认识到，“适度经济增长”内在地包含着人民生活改善和经济结构的优化升级。人均收入水平、分工的广度和深度、技术创新能力、制度的激励和约束等四大因素对产业结构的演进和变化有着决定性的作用。在此基础上，我们加入“就业”问题，通过历史数据的梳理和分析，揭示三者之间的关系和变化规律。

一、人均收入、劳动力流动和产业结构变动的一般规律

（一）农村（农业）劳动力向城市（工业）流动的一般规律

理论分析证明，生产要素尤其是劳动力要素总是从效率低的部门向效率高的部门流动，由此带来农村的农业部门和城市的工业部门的比例和结构优化。在市场经济条件下，所有的生产要素都在追求自我价值的最大化，都在努力实现自己的经济利益。从宏观经济角度看，正是市场中各类要素在不同产业部门间的流动，最终让各个产业部门所需要的各

类生产要素在数量和结构上达到了平衡。市场经济这种自我调节的机制被亚当·斯密称为“看不见的手”。“看不见的手”的原理充分描述了市场机制的基本功能。“每个人都试图用他的资本，来使其生产品得到最大的价值。一般来说，他并不企图增进公共福利，也不清楚增进的公共福利有多少，他所追求的仅仅是他个人的安乐，个人的利益，但当他这样做的时候，就会有一双看不见的手引导他去达到另一个目标，而这个目标绝不是他所追求的东西。由于追逐他个人的利益，他经常促进了社会利益，其效果比他真正想促进社会效益时所得到的效果为大。”①

马克思用“平均利润率”这一概念让这一原理更为理论化。马克思认为，只要各个部门之间是公平竞争的，每个部门中的微观主体或生产要素都会向价高利大的部门流动，流动的结果必然会使各个部门的利润率趋于平均，当各个部门都实现平均利润率之时，各个部门也就实现了数量比例和质量结构的均衡。

劳动力是最活跃的生产要素，这种要素在市场经济条件下同样是有价格的，其价格就是劳动力市场价值的货币表现，也就是劳动力的报酬。劳动力通过从价格低的部门向价格高的部门流动，实现自身价值和利益的最大化。一般来说，工业部门的劳动生产率比农业部门更高，其要素价格自然也高。劳动力从传统农业部门向现代工业部门流动是必然规律。同样，商业的效率比工业更高，劳动力能够获得更高的报酬，只要条件具备，劳动力必然向商业领域流动。产业结构就是这样逐步得到优化和升级的。发展经济学家建立许多模型对这一规律进行解释。

刘易斯模型。诺贝尔奖获得者刘易斯认为，一国经济发展中，存在着农村传统农业和城市的现代化工业这样两个部门，这是一种二元结构。打破这种二元结构的关键，就是农村中从事农业的劳动力不断向城

---

① 亚当·斯密：《国民财富的性质和原因的研究》下卷，商务印书馆 1988 年版，第 27 页。

市的工业与部门流动。在农村劳动力严重过剩，即大量的农业劳动力的边际生产力为零的情况下，工业部门所需的劳动力可以源源不断地从农村获得。由于农业部门生产率低于工业，劳动力从工业部门获得报酬不变也不高，但高于农业的生存收入（农业劳动力的人均产出水平）。这样，农业劳动力不断从农业部门流向工业部门，即从低生产率部门转移到高生产率部门，劳动力要素得到更加有效的配置和利用，整个社会的总生产率也得到提高。工业部门的物质资本不断积累，引起工业部门持续扩张，导致更多的农村劳动力向工业部门转移，直至农村边际生产力为零的劳动力——剩余劳动力被吸收完为止，这一点被称为刘易斯拐点。当农业剩余劳动力转移完以后，农业的边际劳动生产率就会提高，农业劳动力的收入也会提高。此时，工业部门的劳动力就会变得稀缺，劳动力的报酬也会提高。这样，城市和农村的收入逐渐接近，城乡二元结构转化为一元结构。

拉尼斯—费景汉模型。20 世纪 60 年代初，在刘易斯模型基础上提出的两部门劳动力流动模型。该模型认为，劳动力是否向工业部门转移以及转移多少，主要取决于农村劳动力的数量和农业剩余的多少。决定农业剩余的因素有二：一是农业部门的生产率；二是农业部门的劳动力总量。人均农业剩余的数量（人均剩余 = 农业剩余除以转移出来的劳动力数量）对劳动力是否向工业部门转移具有重要影响。人口转移到一定程度，人均剩余减少，粮食短缺，开始出现短缺点；当所有边际生产力为零的劳动力转移之后，农业和工业两部门的工资水平由市场决定（产业化点）。此时，农业部门和工业部门必须均衡发展。

乔根森模型。1961 年由美国经济学家乔根森（D.W.Jorgenson）依据新古典经济学方法创立。乔根森认为，消费结构的变化引起农业人口向非农业部门转移；农业人口向工业部门转移的唯一变量是农业剩余；农业劳动力向工业部门转移的前提是其工资水平高于农业部门。乔根森认为，农业剩余指农业部门产品的增长快于人口的增长，主要指人均粮食供给增长率大于人口增长率。农业剩余产生之前，农业劳动力的边际产出不为零。刘易斯的剩余劳动假设就不成立了，不变工资假设也不存在了。在农业劳动力边际产出不为零的情况下，转移农村劳动力，必然造成农业部门总产出的减少。农业没有剩余，工业不可能发展，农业剩余是决定工业部门经济增长的唯一变量。

托达罗模型。1969 年和 1970 年，美国经济学家托达罗（Todaro）先后发表了经典性论文《欠发达国家的劳动力迁移模式和城市失业问题》和《人口流动、失业和发展：两部门分析》，提出了农村和城市劳动力流动模型。该模型是劳动力流动的“三部门模型”：农业、工业、非正规部门。农村劳动力是否向城市流动以及流动多少，取决于城乡预期收益的比较，预期收入越大，流向城市的农村劳动力必然越多。预期收入又取决于实际收入和就业概率。农村劳动力在城市的就业概率取决于城市传统农业部门就业人数和城市现代部门新创造的职位数是否匹配。城市的劳动力也会失业，城市失业者会到非正规部门就业，而农村劳动力刚进入城市的初期阶段，也会在非正规部门就业，这就会加剧城市失业者就业的困难。因此，城市劳动力失业对农村劳动力向城市的转移会起到抑制作用，即农村劳动力在城市获得工作机会的概率与城市的失业率成反比。如果城乡收入差距过大，农业劳动力数量向城市的迁移增长超过城市新创造的职位数，就业机会就会降低，城市失业必然加剧。托达罗得出结论：第一，增加城市就业机会无助于解决城市失业问题。因为城市就业机会的增加导致城市预期工资水平上升，从而促使更多农村劳动力迁入城市。第二，大力发展农业经济是解决城市失业问题的根本出路。发展农村经济，提高农民收入，促进农业和工业同步发展，这样会减少城乡预期收入差距，延缓农村人口向城市的转移，有利于降低城市失业率，使城市和农村均衡发展。

马克思说：“一切发达的，以商品交换为媒介的分工的基础，都是城乡的分离。可以说，社会的全部经济史，都概括为这种对立的运动。”①上述发展经济学的理论正是从城乡对立运动中寻找劳动力流动与产业结构变化规律的。刘易斯揭示出了农村劳动力向城市工业部门流动的基本规律；拉尼斯—费景汉模型证明了农村农业和城市工业均衡发展的重要性；乔根森进一步论证了消费结构变化和农业剩余对城市工业发展的决定作用；托达罗则从城市本身也有失业的现实出发，指出城市和农村的收入差距扩大无助于解决城市失业问题，解决问题的根本之道在于发展农村经济，缩小城乡差距。

下面这些理论是在三次产业理论的基础上，侧重从数量角度论证和描述人均收入、劳动力流动和产业结构之间的相互关系。

（二）人均收入、劳动力流动和产业结构变动的一般规律

配第—克拉克定理。威廉·配第对17世纪英格兰和荷兰进行深入研究后，发现了就业增长和产业结构变动的基本规律。他认为，劳动力在产业部门之间流动的原因是由于部门之间相对收入上的差异。随着收入的提高，从事农业的人数相对于从事工业的人数趋于减少，而从事工业的人数相对于从事服务业的人数趋于减少。英籍新西兰经济学家费希尔1935年在其出版的《安全与进步的冲突》一书中，首次提出三次产业分类法。在前人研究，尤其是威廉·配第和费希尔研究的基础上，英国经济学家科林·克拉克在其1940年出版的《经济进步的诸条件》一书中，对收入、就业和产业结构变动的规律做了更为细致的描述。他指出，不同产业间相对收入的差异，会促使劳动力从收入低的部门向收入高的部门流动。随着人均收入水平的提高，农业劳动力在各产业

① 马克思：《资本论》第1卷，人民出版社1975年版，第390页。

劳动力总量中的占比会逐步降低，从不发达时期的 80% 下降到发达国家的 7%—8%；第二产业劳动力占比逐步提高，但在达到一定比例时（40%—50%），一般会趋于稳定；第三产业收入弹性较高，吸纳劳动力的数量会不断上升，最终成为吸收劳动力的最重要的部门。

库兹涅茨定理。美国经济学家西蒙·库兹涅兹在 1941 年的著作《国民收入及其构成》一书中，把第一次、第二次、第三次产业分别称为“农业部门 A”、“工业部门 I”、“服务部门 S”，收集和整理了 10 多个国家国民收入和劳动力在产业间分布结构的大量统计数据，通过时间系列分析和横断面分析，进一步论证了劳动力在三次产业中的产值占比和就业占比的变化规律。库兹涅兹指出，随着收入的增长，农业劳动力就业占比和产值占比都出现了明显的下降，而且产值占比下降更快；工业部门产值占比出现了明显的上升，就业占比略有上升或大体不变；服务部门就业占比绝对上升或相对上升，显著高于其产值占比的上升，产值占比总体略有上升或大体不变。

钱纳里“世界发展模型”。20 世纪 70 年代，霍利斯·钱纳里通过对 101 个国家 1950—1970 年相关数据的统计分析，提出“世界发展模型”。钱纳里认为，人均收入和各产业的产值分布结构有一定的规律。人均收入处于不同的发展阶段，各产业的产值结构与之是相适应的。例如，人均收入在达到 400 美元时，农业的产值占比为 22.8%；工业为 27.6%，服务业为 41.1%。随着人均收入的提高，农业产值占比下降，工业产值占比上升，服务业产值占比上升更快。农村劳动力转移与工业化、城市化是一体化的互动过程。在工业化初期，农业为城市工业提供积累，促进工业发展；在工业化中期，工业为农业部门提供现代化生产手段，提高农业生产效率，工业和农业共同发展；在工业化后期，工业经过长期积累和发展，有实力对农业进行反哺。

钱纳里—塞尔奎因就业结构转换滞后理论。1989 年，经济学家钱纳里和塞尔奎因进一步研究了发展中国家和发达国家的就业和产值结构变化规律，他们发现，在发达国家工业化的过程中，农业产值和劳动力就业向工业的转换基本上是同步的，即农业产值在总产值中的占比下降，农业劳动力在总劳动力中的占比也会同步下降。这些劳动力转移到了工业，工业的产值占比和就业占比因此同步提高。但是在发展中国家，产值占比要明显快于就业占比。钱纳里和塞尔奎因指出，在工业化起点时，产值占比快于就业占比约 25%；人均国民生产总值达到 1500 美元以后，产值占比和就业占比才能同步发展。发展中国家产业结构与就业结构的失衡，主要表现在现代工业部门产值高，而就业人数少。其原因有二：一是节约劳动的先进技术在工业部门广泛应用，导致工业部门扩张带来的就业数量增加始终赶不上其创造产值的速度；二是发展中国家普遍存在的不合理工业品和农产品贸易条件，即工业品价格偏高、农产品价格偏低，工业所需要的资本积累，是以剥夺农业为代价的。

二、就业增长与产业结构——以产业结构偏离系数为工具

（一）采用的方法

产业结构偏离系数，又称产业结构偏离度，是衡量产业结构均衡性高低的一种方法，具体指劳动力占比结构与产值占比结构之间的偏离程度。从理论角度分析，当各产业中的所有劳动力的收入平均相等时，三次产业在产值占比和就业占比的结构才是均衡的。因为收入差异是决定劳动力流动的根本因素，只要三次产业的收入相对均等化了，这种流动就停止了，三次产业也就达到了均衡状态。但实际上这种状态是不可能存在的。因此，可以这样看，产业结构偏离系数越大，说明劳动力占比结构与产值占比结构越不对称，说明产业结构的不均衡性越强。反之，

产业结构偏离系数越小，说明劳动力占比结构与产值结构越接近，说明产业结构的均衡性越强。如果偏离系数为正，表明该产业就业占比大于产值占比，该产业劳动生产率比较低，其劳动力具有向劳动生产率的其他产业流动的趋势；如果偏离系数为负，表明该产业就业占比小于产值占比，该产业相对劳动生产率较高，有吸引其他产业劳动力流入的趋势。

计算结构偏离系数有两种方法。

第一种方法是：结构偏离系数=|某产业比较劳动生产率-1|。即结构偏离度系数就是某次产业的比较劳动生产率减去1后的绝对值，某产业的比较劳动生产率=某产业产值占比/某产业就业占比。

第二种方法是，结构偏离系数=某产业就业占比-某产业产值占比。

两种方法的逻辑实质是一样的。第二种方法更为直观简便，我们采用第二种方法。

假定：Y_i为第i产业劳动力占全社会劳动力占比，X_i为第i产业产值占国内生产总值的占比，E为结构偏离系数。则有：

$E=|Y_i-X_i|$，i=1，2，3。

在此我们采取把我国的“五年规划”作为一个周期计算算术平均值的方法。这种方法好处有二：一是五年规划对我国经济社会发展影响巨大，五年为一个周期有合理性；二是五年规划周期时间长度适中，特别有利于分析发展趋势。计算均值能够化难为易，五年均值可以排除一年数据和一年数据相比较的琐碎和干扰，比较容易把握数据的趋势和背后的内涵。例如1978年农业的产值占比为28.2%，1985年该占比为28.4%。依此数据判断，我们会认为农业产值几乎没有变化。但如果用“五年规划均值”方法，会发现从“五五”到“六五”农业产值占比是上升的，而且上升了1.9%。下面我们就利用“五年规划均值法”对就业结构和产值结构进行分析。

（二）关于各个时期的分析

表 3–1　各产业结构偏离系数表

年份	第一产业			第二产业			第三产业		
	产值占比（%）	就业占比（%）	偏离系数	产值占比（%）	就业占比（%）	偏离系数	产值占比（%）	就业占比（%）	偏离系数
1978	28.2	70.5	0.423	47.9	17.3	0.306	23.9	12.2	0.117
1979	31.3	69.8	0.385	47.1	17.6	0.295	21.6	12.6	0.090
1980	30.2	68.7	0.385	48.2	18.2	0.300	21.6	13.1	0.085
“五五”均值	29.9	69.7	0.3977	47.7	17.7	0.3003	22.4	12.6	0.0973
1981	31.9	68.1	0.362	46.1	18.3	0.278	22.0	13.6	0.084
1982	33.4	68.1	0.347	44.8	18.4	0.264	21.8	13.5	0.083
1983	33.2	67.1	0.339	44.4	18.7	0.257	22.4	14.2	0.082
1984	32.1	64.0	0.319	43.1	19.9	0.232	24.8	16.1	0.087
1985	28.4	62.4	0.340	42.9	20.8	0.221	28.7	16.8	0.119
“六五”均值	31.8	65.9	0.3414	44.3	19.2	0.2504	23.9	14.8	0.0910
1986	27.1	60.9	0.338	43.7	21.9	0.218	29.1	17.2	0.119
1987	26.8	60.0	0.332	43.6	22.2	0.214	29.6	17.8	0.118
1988	25.7	59.3	0.336	43.8	22.4	0.214	30.5	18.3	0.122
1989	25.1	60.1	0.350	42.8	21.6	0.212	32.1	18.3	0.138
1990	27.1	60.1	0.330	41.3	21.4	0.199	31.5	18.5	0.130
“七五”均值	26.4	60.1	0.3372	43.0	21.9	0.2114	30.6	18.0	0.1254
1991	24.5	59.7	0.352	41.8	21.4	0.204	33.7	18.9	0.148
1992	21.8	58.5	0.367	43.5	21.7	0.218	34.8	19.8	0.150
1993	19.7	56.4	0.367	46.6	22.4	0.242	33.7	21.2	0.125

（续表）

年份	第一产业			第二产业			第三产业		
	产值占比（%）	就业占比（%）	偏离系数	产值占比（%）	就业占比（%）	偏离系数	产值占比（%）	就业占比（%）	偏离系数
1994	19.9	54.3	0.344	46.6	22.7	0.219	33.6	23.0	0.106
1995	20.0	52.2	0.322	47.2	23.0	0.242	32.9	24.8	0.081
“八五”均值	21.2	56.2	0.3504	45.1	22.2	0.2250	33.7	21.5	0.1220
1996	19.7	50.5	0.308	47.5	23.5	0.240	32.8	26.0	0.068
1997	18.3	49.9	0.316	47.5	23.7	0.238	34.2	26.4	0.078
1998	17.6	49.8	0.322	46.2	23.5	0.227	36.2	26.7	0.095
1999	16.5	50.1	0.336	45.8	23.0	0.228	37.8	26.9	0.109
2000	15.1	50.0	0.349	45.9	22.5	0.234	39.0	27.5	0.115
“九五”均值	17.4	50.1	0.3262	46.6	23.2	0.2334	36.0	26.7	0.0930
2001	14.4	50.0	0.356	45.2	22.3	0.229	40.5	27.7	0.128
2002	13.7	50.0	0.363	44.8	21.4	0.234	41.5	28.6	0.129
2003	12.8	49.1	0.363	46.0	21.6	0.244	41.2	29.3	0.119
2004	13.4	46.9	0.335	46.2	22.5	0.237	40.4	30.6	0.098
2005	12.1	44.8	0.327	47.4	23.8	0.236	40.5	31.4	0.091
“十五”均值	13.3	48.2	0.3488	45.9	22.3	0.236	40.8	29.5	0.113
2006	11.1	42.6	0.315	47.9	25.2	0.227	40.9	32.2	0.087
2007	10.8	40.8	0.300	47.3	26.8	0.205	41.9	32.4	0.095
2008	10.7	39.6	0.289	47.4	27.2	0.202	41.8	33.2	0.086
2009	10.3	38.1	0.278	46.2	27.8	0.184	43.4	34.1	0.093
2010	10.1	36.7	0.266	46.7	28.7	0.180	43.2	34.6	0.086

（续表）

年份	第一产业			第二产业			第三产业		
	产值占比（%）	就业占比（%）	偏离系数	产值占比（%）	就业占比（%）	偏离系数	产值占比（%）	就业占比（%）	偏离系数
“十一五”均值	10.6	39.6	0.2896	47.1	27.1	0.1996	42.2	33.3	0.0894
2011	10.0	34.8	0.248	46.6	29.5	0.171	43.4	35.7	0.077
2012	10.1	33.6	0.235	45.3	30.3	0.150	44.6	36.1	0.085
2013	10.0	31.4	0.214	43.9	30.1	0.138	46.1	38.5	0.076
“十二五”均值	10.0	33.3	0.2323	45.3	30.0	0.1530	44.7	36.8	0.0793

资料来源：中华人民共和国国家统计局：《中国统计摘要 2014》，中国统计出版社 2014 年版，第 22、38 页。

1.“五五”和“六五”时期

也就是 1978—1985 年，第一产业结构偏离系数由 0.3977 下降到 0.3414，表明农村产业结构开始优化和农业劳动力向非农产业的有效转移。改革后的“五五”到“六五”，是我国农业产值占比最高的历史时期，也是改革开放至今唯一农业产值占比没有下降、反而略有提升的时期。这段时期我国体制改革重点在农村，主要包括两个方面：一是实行了家庭联产承包责任制，把土地长期承包给农民，赋予农民生产经营权；二是取消了人民公社制度，实行政社分立，恢复了农村三级所有、队为基础的集体经济结构。这些改革极大地激发了农民的劳动积极性，农业产量明显提高。我们从表 3–1 的数据中也能发现这种变化。该时期农业就业占比下降较快，从“五五”时期的 69.7%下降到“六五”时期 65.9%，下降幅度为 3.8%。但该时期农业产值占比不仅没有降低，反而提高了。“六五”时期农业产值占比均值 31.8%，比“五五”时期的 29.9%，高出 1.9%。一降一升，充分说明该时期是一个农业劳动力增长相对城市劳动力增长较慢，但农业产值增长相对城市较快的一个时期。表3–2说明，“五五”和“六五”两个时期，第一产业的年均[①]就业增长率分别为1.410%和1.354%；同一时期，第二产业的年均就业增长率分别为5.354%和6.179%。第二产业的就业增长率显著高于第一产业。

再进一步分析我们会得出这样的结论：农业的产值占比不变，就业占比下降，农村的人均收入必然增加。实际情况的确如此。1978年，农民人均纯收入为134元；1984年，农民人均纯收入为355元。1984年是1978年的2.65倍，年均增长17.63%，这种情况在历史上几乎是“空前绝后”的。1978—1985年，农民收入和消费增长分别为169%和94%，而城镇居民的收入和消费增长为98%和47%。城乡居民收入比从2.57 : 1下降到1.86 : 1，城乡居民消费水平之比由2.93下降到2.31 : 1。[②]该时期是农民收入增长的黄金时期，也是改革开放以来我国城乡收入差距最小的时期。

该时期的第二产业产值占比有所下降，就业占比有所提高。第二产业产值占比从“五五”时期的年均47.7%下降为“六五”时期的年均44.3%，下降幅度为3.4%；工业就业占比从“五五”时期的年均17.7%上升到“六五”时期的年均19.2%，上升幅度为1.5%。产值占比下降，就业占比上升，说明第二产业的人均产值处于下降状态。这与我国改革开放后实行工业化战略调整有关。改革开放以前，我国长期实行重工业优先的工业化战略，这使得我国工业内部结构长期处于轻重比例不均衡的状态。改革开放后，党中央开始调整工业化发展战略，强调市场需求导向，优先发展包括以农产品和非农产品为原料的轻工业，例如食品、服装、家用电器等与人民生活密切相关的生活资料。

① 本章中“均值”是指五年规划周期的算术平均数。

② 杨德才：《中国经济史新论(1949—2009)》，经济科学出版社2009年版，第348—350页。

该时期的第三产业的产值占比和就业占比同时上升。第三产业的产值占比从“五五”时期的年均22.4%提高到“六五”时期的年均23.9%，就业占比相应从12.6%提高到14.8%，分别上升了1.5%和2.2%。服务业的发展与我国城市中改革分不开。该时期党在对商品经济的认识上开始承认商品经济，处于“计划经济为主，市场调节为辅”的主辅论阶段；同时城市中存在大量的知识青年就业问题。政策对个体经济放开，让个体经济的迅猛发展，很快就出现了私营企业。①

轻工业和个体私营经济的发展，让该时期的就业增长十分迅速。“五五”和“六五”时期，第二产业的就业增长分别达到了5.534%和6.179%；同时期第三产业更是分别达到了6.363%和8.808%。

2.“七五”时期

该时期农业的产值占比和就业占比开始双双下降。年均农业产值占比从“六五”时期的31.8%下降到了“七五”时期的26.4%；年均农业就业占比从“六五”时期的65.9%下降到了“七五”时期的60.1%，分别下降了5.4%和5.8%。

“七五”时期，第二产业的产值占比和就业占比继续延续上个周期的趋势，即产值占比略有降低而就业占比有所提高。第二产业的产值占比从“六五”时期的44.3%下降到“七五”时期的43.0%，下降了1.3%；就业占比由从“六五”时期的19.2%提高到了“七五”时期的21.9%，提高了2.7%。

“七五”时期，第三产业的产值占比和就业占比双双上升，和“六五”时期一样，处于最好的发展阶段。第三产业的产值占比从“六五”时期的23.9%提高到了“七五”时期的30.6%，提高了6.7%；就业占比从“六五”时期的14.8%提高到“七五”时期的18.0%，提高

① 当时认为，雇工超过8人即为私营企业，私营企业和个体户的政策待遇是不一样的。

了3.2%。

“五五”、“六五”、“七五”三个时期，涵盖了20世纪70年代末两年和整个20世纪80年代，是我国农村改革取得重大突破、服务业发展最快、轻工业稳步发展的历史时期。这一时期的改革最早是从城市国有企业开始，从扩权让利，到承包制，再到转换经营机制，国有企业产权关系发生了重要变化，但始终没有形成科学合理的治理结构，改革总体上陷入困境。农村改革是由农民自发启动并取得成功，再得到政府肯定并向全国推广。这种改革遵循着“核心—外围”的规律，中国计划经济体制的核心始终在城市，包含着财政、金融、投资、医疗、住房、社会保障、劳动人事等一系列体制机制，是一个十分复杂的系统工程，绝非短时期可以“毕其功于一役”。而农村的集体经济计划性相对薄弱，又长期受到城乡二元结构对其利益的侵蚀，土地承包、包产到户的改革相对简单容易，农民改革的意愿远比城市国有企业的职工强烈。因此，计划经济的链条首先在农村得以突破。城市的改革在国有企业和部门难以取得实质性突破的情况下，同样遵循了“核心—外围”的规律，即先从计划体制外的领域开始改革，被称为“体制外改革”战略或“增量改革”战略。这样，以个体户、私营企业为代表的非国有经济迅速发展起来，极大地推动了与人民生活息息相关的餐饮、娱乐、批发、零售、运输等生活和商贸等服务业的发展。

上述这些改革，有力地推动了三次产业的发展，三次产业在量的增长和结构优化上，都得到了提高。相对于“五五”时期，整个80年代，三次产业的农业产值占比从29.9%下降到了26.4%，下降了3.5%；就业占比从69.7%下降到了60.1%，下降了9.6%。农业的绝对就业人数还在增加，但远没有非农产业增加的幅度大。同时期，第二产业产值占比从47.7%下降到43.0%，下降了4.7%；就业占比从17.7%上升到21.9%，上升了4.2%，表明该时期的劳动密集程度增加了，这一结构的变化应当是优化，轻重工业的比例相对协调了，人民生活的满足程度提高了。同时期第三产业产值占比从 22.4%上升到 30.6%，上升了 7.2%；就业占比从 12.6%上升到 18.0%，上升了 5.4%。服务业发展严重滞后的问题得到初步缓解。

3.“八五”时期

该时期农业领域有一个重大变化，即农业的就业人数达到了改革开放以来也是新中国成立以来的最高点。1991 年第一产业就业人数为 39098 万人，整个“八五”时期年均就业人数是各个五年规划时期之最，为 37527 万人。20 世纪 60 年代到 70 年代初我国生育高峰时期的人口，在“八五”时期的农村，达到了自然增长的峰值，此后，农村的就业总人数就进入了下降通道。事实正是如此。“八五”之后，从五年规划周期的年均就业人数来看，始终处于下降状态。该时期的农业产值占比和就业占比继续下降，其中产值占比从“七五”时期的 26.4%下降为“八五”时期的 21.2%，下降了 5.2%；就业占比则从 60.1%下降到 56.2%，下降了 3.9%。

该时期第二产业发展明显增快。其产值占比从“七五”时期的 43.0%上升为 45.1%，增加了 2.1%；就业占比略有增加，从 21.9%提高到 22.2%，仅增加了 0.3%。

该时期第三产业增速稳步增加。其产值占比从上个时期的 30.6%增加到 33.7%；就业占比从 18.0%提高到 21.5%，分别比“七五”时期提高了 3.1%和 3.5%。

除了农业就业人数达到最高峰之外，该时期还创造了“两个第一”：一是该时期的第二产业的发展速度达到了改革开放以来的最高，其年均产值增速为 17%，但其就业增速相对于“七五”时期显著降低，从 6.088%降低到 2.476%。这种产值增速和就业增速不匹配的情况，是造成该时期“高增长，低就业”现象的根本原因，也是导致 1993、

1994年严重通货膨胀的原因。"五五"、"六五"、"七五"的就业偏离系数总体是下降的，分别为0.3003、0.2504、0.2114，到"八五"时期，工业的就业偏离系数有所升高，为0.2250。

二是该时期第三产业就业人数第一次超过第二产业。1994年，第三产业就业人数为15515万人，第二产业就业人数为15312万人，第三产业就业人数超出第二产业203万人。1994年，第三产业产值为19978.5亿元，第二产业的产值为22445.4亿元。第三产业以相当于第二产业89%的产值，比第二产业吸收了更多的就业人数。第三产业的产值直到2013年才超过第二产业。

4."九五"时期

相对于"八五"时期，农业的产值占比和就业占比双双下降。农业产值占比从21.2%下降到17.4%，下降了3.8%；就业占比从56.2%下降到50.1%，下降了6.1%。

第二产业的产值占比和就业占比处于小幅上升状态。第二产业的产值占比从45.1%上升到46.6%，上升了1.5%；就业占比从22.2%上升到23.2%，上升了1%。工业的劳动密集程度基本和上个时期一样。

第三产业产值占比和就业占比仍处于上升趋势。其中产值占比从33.7%上升到36.0%，上升了2.3%；就业占比从21.5%上升到26.7%，上升5.2%。

"九五"时期初期，为了解决通胀，中央实行的是紧缩政策。1997年东南亚金融危机爆发，为了应对金融危机带来的影响，我国于1998年实行扩张政策。这些政策明显发挥了积极的作用。从经济增长的质量指标看，"九五"时期是改革开放以来增长质量较好的一个时期。

"八五"和"九五"这十年，是我国建立社会主义市场经济体制的第一个十年，是外汇管理、财政税收、住房制度、社会保障、劳动人事等各项体制及国有企业等国有部门大力改革的历史阶段。该时期是我国经济发展的重要阶段，从1996年开始，我国经济彻底告别了“短缺经济”，商品过剩开始成为我国经济中的普遍现象。其实，“过剩”问题早在20世纪80年代就已经存在，当时政策只要一放开，各地的许多加工业就一哄而上，造成生产能力局部过剩。到90年代，商品生产能力越来越强，到“九五”时期，一般商品的生产能力相对于我国人民的购买力来说已经普遍过剩了。同时，这段时期是我国东西部区域发展差距和城乡收入差距迅速扩大的时期。

总的来说，我国的产业结构在升级，处于优化发展时期。农业的产值占比和就业占比与80年代的“七五”时期相比，其产值占比从26.4%下降到17.4%，下降了9%；就业占比从60.1%下降到50.1%，下降了10%。这十年比上个十年的下降幅度更大。“八五”农业就业人数达到历史高峰后，农业就业人数开始不断向非农产业转移，这种转移的数量已经超过农业劳动力自然增长的数量，是农业劳动力的净流出。下一个十年，农业劳动力的净流出速度明显加快了。

第二产业的产值占比从43.0%上升到46.6%，上升了3.6%；就业占比从21.9%上升到23.2%，上升2.3%。相对于上个时期，该时期工业的吸收劳动的能力明显下降，说明该时期我国工业的资本密集化程度开始加深了。

第三产业的产值占比从30.6%上升到了36.0%，上升了5.4%；就业占比从18.0%上升到了26.7%，上升了8.7%。20世纪90年代与20世纪80年代相比，第三产业的就业上升幅度比产值上升幅度更大。

5.“十五”时期

相对于“九五”时期，农业的产值占比下降较快，从17.4%下降到13.3%，下降了4.1%；就业占比下降十分缓慢，为改革开放以来所有五年规划时期的最低值，即从50.1%下降到48.2%，仅下降了1.9%。

第二产业的产值占比和就业占比双双下降。产值占比从46.6%下降到45.9%，下降了0.7%；就业占比从23.2%下降到22.3%，下降了0.9%。

第三产业的产值占比和就业占比延续以往的上升趋势。第三产业的产值占比从36.0%上升到40.8%，上升了4.8%；就业占比从26.7%上升到29.5%，上升了2.8%。

6.“十一五”时期

农业的产值占比和就业占比继续下降。其中产值占比下降幅度较慢，而就业占比下降幅度相对较大。该时期农业产值占比从13.3%下降到10.6%，下降了2.7%；就业占比从48.2%下降到39.6%，下降了8.6%。

第二产业的产值占比和就业占比双双上升。其中产值占比从45.9%上升到47.1%，上升了1.2%；就业比重从22.3%上升到27.1%，上升了4.8%。第二产业吸收就业的能力相对增强了。

第三产业的产值占比和就业占比继续上升。其中产值占比从40.8%上升到42.2%，上升了1.4%；就业占比从29.5%上升到33.3%，上升了3.8%。

“十五”和“十一五”这十年，是我国经济持续高速增长、进出口贸易迅速扩大、工业化程度进一步深化的十年。2001年我国的“入世”，无疑加速了我国经济与世界经济相互融合的进程，对我国经济结构的提升总体是有益的。

新世纪的第一个十年，我国的产业结构得到进一步提升，同时有些固有的矛盾也更突出了。农业的产值占比和就业占比延续上个十年的趋势，继续大幅下降。相对于“九五”时期，农业产值占比从17.4%下降到10.6%，下降了6.8%；就业占比从50.1%下降到39.6%，下降了10.5%。农业劳动力向非农产业的转移速度进一步提高了。

第二产业吸收就业的能力不仅没有下降，反而有所增强。第二产业产值占比从46.6%提高到47.1%，仅提高0.5%；但就业占比从23.2%提高到27.1%，提高了3.9%，这一幅度应当是比较高的。这一情况的出现，既与我国实行的西部大开发、东北振兴、中部崛起等一系列区域发展战略有关，也与我国经济发展出现梯度化有关。我国东部具备天时地利的优势，改革开放后，在政策的支持下，率先发展起来。20世纪80年代的珠三角，90年代的长三角，新世纪的京津冀，东部地区已成为我国经济发展的先行区和示范区。但同时，东部地区开始出现"民工荒"、"技工荒"，这种劳动力短缺的现象从局部逐步走向普遍，与此同时，各种资源的价格也开始攀升。这迫使一些劳动密集型产业向中西部转移，这种转移或许是带动就业的重要因素。另外，1998年之后，我国工业再次出现重工业化的趋势。1998年，我国取消了福利分房制度，住房开始成为每一个家庭的最大一笔消费。住宅建设市场化和住房消费货币化，开启了房地产市场开发的新纪元，房地产业的迅速发展，带动钢铁、水泥、玻璃、电解铝、矿产、能源等一系列重工业的发展。这一轮重工业化趋势与新中国成立后的"重工业优先"的人为战略有所不同，工业化和城镇化同步发展，有着巨大的内在需求。重工业化延长了工业分工的链条，拓展了工业分工的范围，使得分工的专业化更强，这也是该时期工业吸引就业能力增强的原因。

相对于工业，这十年的第三产业发展仍然是滞后的。第三产业的增速仍然略慢于第二产业。与上个十年一样，第三产业的产值占比和就业占比仍然是上升趋势。产值占比从36.0%上升到42.2%，上升了6.2%；就业占比从26.7%上升到33.3%，上升了6.6%。相对于上个十年，第三产业吸收就业的能力有所下降。后面我们继续分析其背后的原因。

7."十二五"时期

该时期的统计数据只有三年，但能够反映一些基本的趋势。农业的产值占比和就业占比维持下降趋势。与“十一五”时期相比，农业产值占比从10.6%下降到10%，下降了0.6%；就业占比从39.6%下降到33.3%，下降了6.3%，就业占比保持了较快的下降速度。

第二产业吸收就业的能力继续增强。其产值占比从47.1%下降到45.3%，下降了1.8%；就业占比从27.1%上升到30.0%，上升了2.9%。

第三产业发展增速开始出现超越第二产业的发展态势。其产值占比和就业占比保持上升之势。产值占比从42.2%上升到44.7%，上升了2.5%；就业占比从33.3%上升到36.8%，上升了3.5%。

近年来，第三产业的发展非常值得关注。表3–2显示，2011年，第三产业就业人数为27282万人，农业就业人数为26594万人，第三产业就业人数比农业多688万人，第三产业历史上第一次超过农业成为我国就业的第一大产业。表3–3显示，2013年，第三产业产值为262203.8亿元，第二产业产值为249684.4亿元，第三产业产值比第二产业多出12519.4亿元，第三产业第一次超越第二产业，成为我国创造产值最大的部门。2012、2013连续两年，第三产业的产值增速都超过第二产业；2013年这一年，第三产业就业增速更是远远超过了第二产业。

表3–2　三次产业就业人员及增长率

年份	第一产业		第二产业		第三产业	
	人数（万人）	增长率（%）	人数（万人）	增长率（%）	人数（万人）	增长率（%）
1978	28318		6945		4890	
1979	28634	1.116	7214	3.873	5177	5.869
1980	29122	1.704	7707	6.834	5532	6.857
“五五”均值	28691	1.410	7289	5.354	5200	6.363

（续表）

年份	第一产业		第二产业		第三产业	
	人数（万人）	增长率（%）	人数（万人）	增长率（%）	人数（万人）	增长率（%）
1981	29777	2.249	8003	3.841	5945	7.466
1982	30859	3.634	8346	4.286	6090	2.439
1983	31151	0.946	8679	3.990	6606	8.473
1984	30868	−0.908	9590	10.497	7739	17.151
1985	31130	0.849	10384	8.279	8359	8.011
“六五”均值	30757	1.354	9000	6.179	6948	8.708
1986	31254	0.398	11216	8.012	8811	5.407
1987	31663	1.309	11726	4.547	9395	6.628
1988	32249	1.851	12152	3.633	9933	5.726
1989	33225	3.026	11976	−1.448	10129	1.973
1990	38914	17.12	13856	15.698	11979	18.264
“七五”均值	33461	4.541	12185	6.088	10049	7.600
1991	39098	0.473	14015	1.148	12378	3.331
1992	38699	−1.021	14355	2.426	13098	5.817
1993	37680	−2.633	14965	4.249	14163	8.131
1994	36628	−2.792	15312	2.319	15515	9.546
1995	35530	−2.998	15655	2.240	16880	8.798
“八五”均值	37527	−1.794	14860	2.476	14367	7.125
1996	34820	−1.998	16203	3.500	17927	6.203
1997	34840	0.057	16547	2.123	18432	2.817
1998	35177	0.967	16600	0.320	18860	2.322
1999	35768	1.680	16421	−1.078	19205	1.829
2000	36043	0.769	16219	−1.230	19823	3.218

（续表）

年份	第一产业		第二产业		第三产业	
	人数（万人）	增长率（%）	人数（万人）	增长率（%）	人数（万人）	增长率（%）
“九五”均值	35330	0.295	16398	0.727	18849	3.278
2001	36399	0.988	16234	0.092	20165	1.725
2002	36640	0.662	15682	−3.400	20958	3.933
2003	36204	−1.190	15927	1.562	21605	3.087
2004	34830	−3.795	16709	4.910	22725	5.184
2005	33442	−3.985	17766	6.326	23439	3.142
“十五”均值	35503	−1.464	16464	1.898	21778	3.414
2006	31941	−4.488	18894	6.349	24143	3.004
2007	30731	−3.788	20186	6.838	24404	1.081
2008	29923	−2.629	20553	1.818	25087	2.799
2009	28890	−3.452	21080	2.564	25587	1.993
2010	27931	−3.319	21842	3.615	26332	2.912
“十一五”均值	29883	−3.535	20511	4.237	25111	2.358
2011	26594	−4.787	22544	3.214	27282	3.608
2012	25773	−3.087	23241	3.092	27690	1.495
2013	24171	−6.216	23170	−0.305	29636	7.028
“十二五”均值	25513	−4.700	22985	2.000	28203	4.044

资料来源：中华人民共和国国家统计局：《中国统计摘要 2014》，中国统计出版社 2014 年版，第 38 页。

表 3–3　三次产业产值及其增长率

年份	第一产业		第二产业		第三产业	
	产值（亿元）	增长率（%）	产值（亿元）	增长率（%）	产值（亿元）	增长率（%）
1978	1027.5	4.1	1745.2	15.0	872.5	13.8
1979	1270.2	6.1	1913.5	8.2	878.9	7.9
1980	1371.6	–1.5	2192.0	13.6	982.0	6.0
“五五”均值		2.9		12.3		9.2
1981	1559.5	7.0	2255.5	1.9	1076.6	10.4
1982	1777.4	11.5	2383.0	5.6	1163.0	13.0
1983	1978.4	8.3	2646.2	10.4	1338.1	15.2
1984	2316.1	12.9	3105.7	14.5	1786.3	19.3
1985	2564.4	1.8	3866.6	18.6	2585.0	18.2
“六五”均值		8.3		10.2		15.2
1986	2788.7	3.3	4492.7	10.2	2993.8	12.0
1987	3233.0	4.7	5251.6	13.7	3574.0	14.4
1988	3865.4	2.5	6587.2	14.5	4590.3	13.2
1989	4265.9	3.1	7278.0	3.8	5448.4	5.4
1990	5062.0	7.3	7717.4	3.2	5888.4	2.3
“七五”均值		4.2		9.1		9.5
1991	5342.2	2.4	9102.2	13.9	7337.1	8.9
1992	5866.6	4.7	11699.5	21.2	9357.4	12.4
1993	6963.8	4.7	16454.4	19.9	11915.7	12.2
1994	9572.7	4.0	22445.4	18.4	16179.8	11.1
1995	12135.8	5.0	28679.5	13.9	19978.5	9.8
“八五”均值		4.2		17.5		10.9
1996	14015.4	5.1	33835.0	12.1	23326.2	9.4

（续表）

年份	第一产业		第二产业		第三产业	
	产值（亿元）	增长率（%）	产值（亿元）	增长率（%）	产值（亿元）	增长率（%）
1997	14441.9	3.5	37543.0	10.5	26988.1	10.7
1998	14817.6	3.5	39004.2	8.9	30580.5	8.4
1999	14770.0	2.8	41033.6	8.1	33873.4	9.3
2000	14944.7	2.4	45555.9	9.4	38714.0	9.7
“九五”均值		3.5		9.8		9.5
2001	15781.3	2.8	49512.3	8.4	44361.6	10.3
2002	16537.0	2.9	53896.8	9.8	49898.9	10.4
2003	17381.7	2.5	62436.3	12.7	56004.7	9.5
2004	21412.7	6.3	73904.3	11.1	64561.3	10.1
2005	22420.0	5.2	87598.1	12.1	74919.3	12.2
“十五”均值		3.9		10.8		10.5
2006	24040.0	5.0	103719.5	13.4	88554.9	14.1
2007	28627.0	3.7	125831.4	15.1	111351.9	16.0
2008	33702.0	5.4	149003.4	9.9	131340.0	10.4
2009	35226.0	4.2	157638.8	9.9	148038.0	9.6
2010	40533.6	4.3	187383.2	12.3	173596.0	9.8
“十一五”均值		4.5		12.1		12.0
2011	47486.2	4.3	220412.8	10.3	205205.0	9.4
2012	52373.6	4.5	235162.0	7.9	231934.5	8.1
2013	56957.0	4.0	249684.4	7.8	262203.8	8.3
“十二五”均值		4.3		8.7		8.6

资料来源：中华人民共和国国家统计局：《中国统计摘要 2014》，中国统计出版社 2014 年版，第 20、21、23 页。

三、经济增长与就业增长——以就业弹性系数为工具

（一）采用的方法

结构偏离系数主要研究各次产业的产值结构和就业结构之间的平衡关系。就业弹性系数主要反映一国的经济增长和就业增长之间的关系，也可以反映各个产业的产值增长和就业增长之间的关系。

关于经济增长和就业之间的关系，早在1962年，美国著名经济学家阿瑟·奥肯就提出了著名的“奥肯定律”。该定律认为，失业率与国民生产总值增长率二者呈反方向变化的关系。即高增长率会降低失业率，低增长率则会提高失业率。他认为，美国的失业率与国民生产总值缺口之间的比率是1∶2.5，即失业率每增加1%，则实际国民生产总值会减少2.5%左右。

毫无疑问，经济增长和就业之间具有密切的关系。经济增长或者说产出的增长是一国国民收入增长的前提，收入增长推动着需求不断提高和变化，由此进一步推动经济增长。国民收入的重要组成部分就是劳动力的工资及福利，而劳动力的工资和福利不过是劳动力在市场经济条件下的市场价值的货币表现。因此，经济增长的来源之一就是劳动力。一国经济如果由于需求或其他原因制约增长缓慢或停滞，必然对就业产生不利影响；如果增长迅速，要么会使劳动力收入增加，要么会增加劳动力需求。即使仅是收入增加，也会间接增加劳动力需求。总之经济快速增长的结果必然引起人们就业的增加。但任何增长都要有度，增长过快，带来的损失会远远大于就业增长带来的利益，经济增长就得不偿失。下面我们就利用就业弹性系数这一工具来分析我国的经济增长和就业增长之间的关系。

就业弹性系数是指就业的增长率与经济增长率之间的比例，其计算

公式为：就业弹性系数＝就业人数增长率 ÷ 经济增长率。经济增长率就使用《中国统计年鉴》最新公布的数据。就业增长率根据公布数据计算。就业增长率如果用 L 表示，则某年度的就业增长率可以表示为：第 n 年度的就业增长率 =（l_n-l_{n-1}）/l_{n-1}，例如，2013 年的就业增长率 =（76977/76704）-1=0.36%。分析经济增长和就业的关系问题，也有必要分析经济增长带来的就业人数增长的绝对数。

如果需要了解经济每增长一个百分点就业人数实际增加的数目，则其公式可以表达为：该年度经济每增长一个百分点的就业人数增加额 = 该年度实际就业人数增加额 / 该年度的年均经济增长率 =（该年度实际就业人数-上一年度实际就业人数）/ 该年度年均经济增长率。例如，2013 年，经济每增长一个百分点的就业人数增加额 =（76977−76704）/7.7=35.45（万人）。即在 2013 年，经济每增长一个百分点，就可以相应带动就业人数增加 35.45 万人；“十一五”时期的经济增长率年均为 11.22%，就业人数增加额年均为 291.6 万人，则在“十一五”期间，GDP 年均每增加一个百分点，带动的就业人数为：291.6/11.22=26.00 万人。

（二）数据显示的四个现象和趋势

如表 3-4 所示，我们可以发现数据表现出的一些现象和基本趋势。

表 3-4　改革开放以来历年及五年规划周期就业弹性系数

年份	GDP 及增长率		就业人数及增长率		就业弹性系数
	产值（亿元）	增长率（%）	人数（万人）	增长率（%）	
1978	3645.2	11.7	40152		
1979	4062.6	7.6	41024	2.2	0.29
1980	4545.6	7.8	42361	3.3	0.42

（续表）

年份	GDP 及增长率		就业人数及增长率		就业弹性系数
	产值（亿元）	增长率（%）	人数（万人）	增长率（%）	
“五五”均值		7.70	1104.5	2.75	0.36
1981	4891.6	5.2	43725	3.2	0.62
1982	5323.4	9.1	45295	3.6	0.40
1983	5962.7	10.9	46436	2.5	0.23
1984	7208.1	15.2	48197	3.8	0.25
1985	9016.0	13.5	49873	3.5	0.26
“六五”均值		10.78	1502.4	3.32	0.31
1986	10275.2	8.8	51282	2.8	0.32
1987	12058.6	11.6	52783	2.9	0.25
1988	15042.8	11.3	54334	2.9	0.26
1989	16992.3	4.1	55329	1.8	0.44
1990	18667.8	3.8	64749	17.0	4.47
“七五”均值		8.95	2975.2	2.60	0.29
1991	21781.5	9.2	65491	1.2	0.13
1992	26923.5	14.2	66152	1.0	0.07
1993	35333.9	14.0	66808	1.0	0.07
1994	48197.9	13.1	67455	1.0	0.08
1995	60793.7	10.9	68065	0.9	0.08
“八五”均值		12.28	663.2	1.00	0.09
1996	71176.6	10.0	68950	1.3	0.13
1997	78973.0	9.3	69820	1.3	0.14
1998	84402.3	7.8	70637	1.2	0.15
1999	89677.1	7.6	71394	1.1	0.14

（续表）

年份	GDP 及增长率		就业人数及增长率		就业弹性系数
	产值（亿元）	增长率（%）	人数（万人）	增长率（%）	
2000	99214.6	8.4	72085	1.0	0.12
“九五”均值		8.62	804.0	1.18	0.14
2001	109655.2	8.3	72797	1.0	0.12
2002	120332.7	9.1	73280	0.7	0.08
2003	135822.8	10.0	73736	0.6	0.06
2004	159878.3	10.1	74264	0.7	0.07
2005	184937.4	11.3	74647	0.5	0.04
“十五”均值		9.76	512.4	0.70	0.07
2006	216314.4	12.7	74978	0.4	0.03
2007	265810.3	14.2	75321	0.5	0.04
2008	314045.4	9.6	75564	0.3	0.03
2009	340902.8	9.2	75828	0.3	0.03
2010	401512.8	10.4	76105	0.4	0.04
“十一五”均值		11.22	291.6	0.38	0.03
2011	473104.0	9.3	76420	0.4	0.04
2012	519470.1	7.7	76704	0.4	0.05
2013	568845.2	7.7	76977	0.4	0.05
“十二五”均值		8.23	290.7	0.40	0.05

资料来源：中华人民共和国国家统计局：《中国统计摘要 2014》，中国统计出版社 2014 年版，第 20、23、38 页。

1. 总体看来，我国经济增长与就业增长是同步发展，但经济增长带动就业增长的能力有逐渐降低的趋势

五年规划周期的年均就业弹性系数最能反映出经济增长和就业增长

的变化趋势。“五五”、“六五”、“七五”、“八五”、“九五”、“十五”、“十一五”、“十二五”共计八个周期的年均就业弹性系数总体呈下降趋势，分别为0.36、0.31、0.29、0.09、0.14、0.07、0.03、0.05。

2.20世纪90年代是一个转折点，就业弹性系数迅速下降

20世纪80年代，就业弹性系数平均在0.30以上，到了“八五”时期，迅速下降到0.09，此后基本没有大的反弹。

3. 在各个周期中，经济增长速度最高和最低的年份，就业弹性系数总体呈相反方向变化

经济增速最高的年份有1992、1993、1994、2005、2006、2007，经济增速分别为14.2%、14%、13.1%、11.3%、12.7%、14.2%，对应的就业弹性系数分别为0.07、0.07、0.08、0.04、0.03、0.04，经济每增长1%带动的就业人数[①]分别为46.5万、46.9万、49.4万、33.9万、26.1万、24.2万。

经济增速最低的年份为1998、1999、2000、2001、2002，经济增速分别为7.8%、7.6%、8.4%、8.3%、9.1%，对应的就业弹性系数分别为0.15、0.14、0.12、0.12、0.08，经济每增长1%带动的就业人数分别为104.7万、99.6万、82.3万、85.8万、53.1万。

如表3–5所示，以十年为一个分界线，各个规划周期也显示出这种规律，即经济增速低的时期，每1%增长带动就业人数反而多。20世纪80年代，“七五”经济增速相对低，为8.95%，但其每1%的增长率带动就业人数为332.4万人；90年代，“九五”增速低，为8.62%，但其每1%的增长率带动就业人数为93.3万人；21世纪头十年，“十五”增速低，为9.76%，但其每1%的增长率带动就业人数为52.5万人。

① 此数据根据表3–4计算整理。

表 3–5　各时期年均 GDP 每增长 1%带动的就业人数增加额

周期	年均就业增加额（万人）	年均 GDP 增长率	GDP 每增长 1%带动的就业人数增加额（万人）
“五五”	1104.5	7.70	143.4
“六五”	1502.4	10.78	139.4
“七五”	2975.2	8.95	332.4
“八五”	663.2	12.28	54.0
“九五”	804.0	8.62	93.3
“十五”	512.4	9.76	52.5
“十一五”	291.6	11.22	26.0
“十二五”	290.7	8.23	35.3

数据来源：根据表 3–4 数据计算得出。

4. 20 世纪 90 年代后，各个五年规划周期的就业人数增加额，总体前两年高，后三年低

我们按各个周期的年度顺序排列每年的就业人员增加数，会发现这一特征十分明显。

“八五”时期：742 万、661 万、656 万、647 万和 610 万；

“九五”时期：885 万、870 万、817 万、757 万和 691 万；

“十五”时期：712 万、483 万、456 万、528 万、383 万；

“十一五”：331 万、343 万、243 万、264 万、277 万；

“十二五”：315 万、284 万、273 万。

（三）关于四个现象和趋势的分析

为什么会出现上述四个现象和趋势？

1. 为什么经济增长带动就业的能力趋于下降，即就业弹性系数总体呈下降趋势

笔者认为，最根本的原因有二：

一是资本有机构成提高的必然结果。资本有机构成是马克思在《资本论》中提出的概念。马克思认为，资本有机构成是由资本技术构成决定的资本价值构成。劳动力和资本的比例关系由技术条件决定，反过来说，劳动力和资本的比例关系可以反映技术水平及其变化。单位劳动力推动的资本数量越小，技术水平越低；单位劳动力推动的资本数量越大，技术水平越高。

资本积累或积聚过程中，资本有机构成会不断提高，劳动需求相对减少，就业弹性系数因而呈现下降趋势。马克思在论述资本主义积累的一般规律时认为，随着工人劳动生产率的增长，工人用来进行劳动的生产资料的量会不断增加，而劳动的量相对于它所推动的生产资料的量会趋于下降。马克思说："劳动生产率的增长，表现为劳动的量比它所推动的生产资料的量相对减少，或者说，表现为劳动过程的主观因素的量比它的客观因素的量相对减少。"①马克思还认为，资本的积累、积聚和集中互相促进，使得资本有机构成提高，劳动的相对需求更为减少。马克思说："在正常的积累进程中形成的追加资本，主要是充当利用新发明和新发现的手段，总之，是充当利用工业改良的手段。但是，随着时间的推移，旧资本总有一天也要从头到脚的更新，要蜕皮，并且同样会以技术上更加完善的形式再生出来，在这种形式下，用较少量的劳动就足以推动较多量的机器和原料。由此必然引起对劳动需求的绝对减少，不言而喻，经历这种更新过程的资本越是由于集中运动而大量聚集，对劳动需求的绝对减少也就越厉害。"②因此，在资本积累过程中，资本有

① 马克思：《资本论》第 1 卷，人民出版社 1975 年版，第 683 页。

② 马克思：《资本论》第 1 卷，人民出版社 1975 年版，第 689 页。

机构成会趋于提高，劳动需求相对减少，就业弹性系数必然呈现下降趋势。

其实，新技术的应用对于就业会产生两种效应。一种是减少就业。这是比较直接的效应，新技术往往是人们追求生产效率的结果，新技术效率比旧技术高，带来直接效应就是劳动力直接需求减少。另一种是增加就业。新技术的应用往往会催生许多伴生产业——伴随新技术而生的新产业，这种新产业对吸收就业的作用是巨大的。

从整个人类发展的历史来看，主要看某段时期哪种效应占优。在一段时期如果就业减少效应大于就业增加效应，整体经济就会表现为失业增加；如果就业增加效应大于就业减少效应，整体经济的就业水平就会处于较高状态。

二是边际生产力递减规律作用的必然结果。就业增长不能随着经济增长同步扩大的根本原因在于经济活动中始终存在的边际生产力递减规律。经济增长需要各种要素的投入，随着产量的增加，要素价格会上升，造成生产成本上升，同时，污染成本上升更快，导致产出总收益到一定产量就达到了该时期的极限。这种规律表明，经济增长速度在一定的区间内，速度、质量、效益能够得到较好的统一，但超出一定的区间，高速度的结果，只能以牺牲质量和效益为代价。

2. 为什么 20 世纪 90 年代就业弹性系数迅速下降

笔者认为是在于“两个滞后”：工业的就业增长严重滞后于产值增长；各种原因导致的第三产业产值增长滞后于第二产业。

根据表 3-2 数据计算，1980—1990 年，第二、第三产业分别吸收就业人数分别达到 6642 万人、6802 万人[①]。20 世纪 80 年代的就业水平较高，主要是第二产业和第三产业的发展吸收了较多的劳动力，尤其是

① 用 1990 年的就业总人数减去 1979 年的就业总人数即为 1980—1990 年新增就业总人数。

第三产业。这种情况与该时期较高的就业弹性系数是完全一致的。如表3-6所示，“六五”和“七五”时期，第二产业的年均就业弹性系数分别达到0.87和1.18；同时期，第三产业年均就业弹性系数分别达到0.56和1.93。

表3-6　三次产业就业弹性系数(E)

年份	第一产业			第二产业			第三产业		
	就业增长率（%）	产值增长率（%）	E1	就业增长率（%）	产值增长率（%）	E2	就业增长率（%）	产值增长率（%）	E3
1978		4.1			15.0			13.8	
1979	1.116	6.1	0.18	3.873	8.2	0.47	5.869	7.9	0.74
1980	1.704	−1.5	−1.14	6.834	13.6	0.50	6.857	6.0	1.14
“五五”均值	1.410	2.9	−0.96	5.354	12.3	0.49	6.363	9.2	0.94
1981	2.249	7.0	0.32	3.841	1.9	2.02	7.466	10.4	0.72
1982	3.634	11.5	0.32	4.286	5.6	0.77	2.439	13.0	0.19
1983	0.946	8.3	0.11	3.990	10.4	0.38	8.473	15.2	0.56
1984	−0.908	12.9	−0.07	10.497	14.5	0.72	17.151	19.3	0.89
1985	0.849	1.8	0.47	8.279	18.6	0.45	8.011	18.2	0.44
“六五”均值	1.354	8.3	0.23	6.179	10.2	0.87	8.708	15.2	0.56
1986	0.398	3.3	0.12	8.012	10.2	0.79	5.407	12.0	0.45
1987	1.309	4.7	0.28	4.547	13.7	0.33	6.628	14.4	0.46
1988	1.851	2.5	0.74	3.633	14.5	0.25	5.726	13.2	0.43
1989	3.026	3.1	0.98	−1.448	3.8	−0.38	1.973	5.4	0.37
1990	17.12	7.3	2.35	15.698	3.2	4.91	18.264	2.3	7.94
“七五”均值	4.541	4.2	0.89	6.088	9.1	1.18	7.600	9.5	1.93

（续表）

年份	第一产业			第二产业			第三产业		
	就业增长率（%）	产值增长率（%）	E1	就业增长率（%）	产值增长率（%）	E2	就业增长率（%）	产值增长率（%）	E3
1991	0.473	2.4	0.20	1.148	13.9	0.08	3.331	8.9	0.37
1992	−1.021	4.7	−0.22	2.426	21.2	0.11	5.817	12.4	0.47
1993	−2.633	4.7	−0.56	4.249	19.9	0.21	8.131	12.2	0.67
1994	−2.792	4.0	−0.70	2.319	18.4	0.13	9.546	11.1	0.86
1995	−2.998	5.0	−0.60	2.240	13.9	0.16	8.798	9.8	0.90
“八五”均值	−1.794	4.2	−0.38	2.476	17.5	0.14	7.125	10.9	0.65
1996	−1.998	5.1	−0.39	3.500	12.1	0.29	6.203	9.4	0.66
1997	0.057	3.5	0.02	2.123	10.5	0.20	2.817	10.7	0.26
1998	0.967	3.5	0.28	0.320	8.9	0.04	2.322	8.4	0.28
1999	1.680	2.8	0.60	−1.078	8.1	−0.13	1.829	9.3	0.20
2000	0.769	2.4	0.32	−1.230	9.4	−0.13	3.218	9.7	0.33
“九五”均值	0.295	3.5	0.17	0.727	9.8	0.05	3.278	9.5	0.35
2001	0.988	2.8	0.35	0.092	8.4	0.01	1.725	10.3	0.17
2002	0.662	2.9	0.23	−3.400	9.8	−0.35	3.933	10.4	0.38
2003	−1.190	2.5	−0.48	1.562	12.7	0.12	3.087	9.5	0.32
2004	−3.795	6.3	−0.60	4.910	11.1	0.44	5.184	10.1	0.51
2005	−3.985	5.2	−0.78	6.326	12.1	0.52	3.142	12.2	0.26
“十五”均值	−1.464	3.9	−0.26	1.898	10.8	0.15	3.414	10.5	0.33
2006	−4.488	5.0	−0.90	6.349	13.4	0.47	3.004	14.1	0.21
2007	−3.788	3.7	−1.02	6.838	15.1	0.45	1.081	16.0	0.07

（续表）

年份	第一产业			第二产业			第三产业		
	就业增长率（%）	产值增长率（%）	E1	就业增长率（%）	产值增长率（%）	E2	就业增长率（%）	产值增长率（%）	E3
2008	-2.629	5.4	-0.49	1.818	9.9	0.18	2.799	10.4	0.27
2009	-3.452	4.2	-0.82	2.564	9.9	0.26	1.993	9.6	0.21
2010	-3.319	4.3	-0.77	3.615	12.3	0.29	2.912	9.8	0.30
“十一五”均值	-3.535	4.5	-0.80	4.237	12.1	0.33	2.358	12.0	0.21
2011	-4.787	4.3	-1.11	3.214	10.3	0.31	3.608	9.4	0.38
2012	-3.087	4.5	-0.69	3.092	7.9	0.39	1.495	8.1	0.18
2013	-6.216	4.0	-1.55	-0.305	7.8	-0.04	7.028	8.3	0.85
“十二五”均值	-4.700	4.3	-1.12	2.000	8.7	0.22	4.044	8.6	0.47

资料来源：根据表 3-1 和表 3-2 计算整理。

但进入 90 年代后，情况就发生了比较大的变化。如表 3-6 所示，第二产业的产值增长十分迅速，“八五”时期达到了历史最高水平 17.5%，大大高于同时期 12.28%的 GDP 平均增长速度。“九五”时期下降到 9.8%，但仍大大高于同时期 8.62%的 GDP 平均增长速度[①]。第二产业的就业增长迅速下降，导致其就业弹性系数“八五”时期为 0.14，“九五”时期为 0.05。

第三产业产值增长相对于第二产业趋缓。“八五”时期产值增长 10.9%，比第二产业 17.5%的增速低了 6.6%，而且这一数字也低于该时期 GDP 的平均增长速度。“九五”时期第三产业年均产值增长为 9.5%，仍然低于第二产业同时期 9.8%的平均增长速度。但第三产业的

① 参阅表 3-4 和表 3-6。

就业增长还保持一个较高的水平，“八五”和“九五”其就业弹性系数分别为0.65和0.35。

根据表3–4，1990—2000年，第二产业的吸收就业人数总量为4243万人，增加人数比80年代大大减少。而且，第二产业的就业人数在1998年达到阶段高点16600万人后，1999、2000、2001、2002、2003连续五年每年的就业人数总量都是下降的。这种情况主要是因为东南亚金融危机对我国制造业的影响远甚于其他产业。我国的制造业中有一半以上属于加工贸易，和国际市场关系密切，因此一旦国际市场有重大变化，首当其冲的就是制造业。

1990—2000年，第三产业吸收的就业人数总量为9694万人，增加就业人数远远超过80年代。

上述情况反映了这样的事实：20世纪90年代就业弹性系数相对于80年代迅速下降，其根本原因在于“两个滞后”。

第一个滞后是第二产业就业增长相对于产值增长明显滞后。表3–6显示，“六五”、“七五”时期的就业增长速度年均分别为6.2%和6.1%，产值增速分别为10.2%和9.1%，分别滞后4%和3%。“八五”、“九五”时期的年均就业增长速度分别为2.5%和0.7%，产值增速分别为17.5%和9.8%，分别滞后15%和9.1%，滞后程度远远超过80年代。

第二个滞后是第三产业的产值增速相对于第二产业产值增速长期滞后。从表3–6可知，“六五”、“七五”时期，第三产业的产值增速分别为15.2%和9.5%，同时期第二产业的产值增速分别为10.2%和9.1%，两个周期第三产业增速均高于第二产业。但进入90年代后，情况就彻底转变了。从“八五”到“十二五”，第三产业的产值增速每个五年周期的均值都低于第二产业。

第三产业发展滞后，这是从改革开放以来一直强调要努力解决的问题，但至今结果不尽如人意。

1992年6月，中央就出台了《中共中央、国务院关于加快发展第三产业的决定（1992年6月16日）》。在该文件中，主要阐述了关于加快第三产业发展的一系列精神和原则，包括：加快发展第三产业的重大战略意义；加快发展第三产业的目标和重点；加快发展第三产业的主要政策和措施。明确指出："争取用十年左右或更长一些时间，逐步建立起适合我国国情的社会主义统一市场体系、城乡社会化综合服务体系和社会保障体系。九十年代，要在发展第一、第二产业的同时加快发展第三产业，促进国民经济每隔几年上一个新台阶。为此，第三产业增长速度要高于第一、第二产业，第三产业增加值占国民生产总值的比重和就业人数占社会劳动者总人数的比重，力争达到或接近发展中国家的平均水平。"

2007年3月27日，国务院又出台《国务院关于加快发展服务业的若干意见（国发〔2007〕7号）》，该文件进一步明确了"十二五"时期服务业发展的量化指标："到2010年，服务业增加值占国内生产总值的比重比2005年提高3个百分点，服务业从业人员占全社会从业人员的比重比2005年提高4个百分点，服务贸易总额达到4000亿美元；有条件的大中城市形成以服务经济为主的产业结构，服务业增加值增长速度超过国内生产总值和第二产业增长速度。到2020年，基本实现经济结构向以服务经济为主的转变，服务业增加值占国内生产总值的比重超过50%，服务业结构显著优化，就业容量显著增加，公共服务均等化程度显著提高，市场竞争力显著增强，总体发展水平基本与全面建设小康社会的要求相适应。"

但20年来的实际发展情况如何呢？1991—2011年，第二产业年均增长12.5%，第三产业年均增长10.7%，第二产业增速平均每年快于第三产业1.8个百分点。若从2001年算起，至2011年，第二产业年均增速11.4%，第三产业年均增速11.0%，第二产业增速平均每年仍然快于第三产业0.4个百分点。2005年服务业产值比重和就业比重分别为40.5%和31.4%，2010年服务业产值比重和就业比重分别为43.2%和34.6%，“十一五”时期关于服务业发展的指标最终也没有实现。

在国际范围内对比，我国的服务业更为滞后。2009年，全球平均服务业增加值占GDP的比重已超过60%。服务业从业人员占全部就业人员的比重，发达国家的平均水平在72%以上，发展中国家的平均水平为40%以上。表3–7显示，世界主要国家（不包括中国）2009—2012年的就业结构的整体平均水平为13.8 : 22.7 : 63.5，我国2011年的就业结构为34.8 : 29.5 : 35.7，第三产业就业占比低于这些国家的平均水平27.8%。这些情况表明，在全球已经进入服务经济时代的情况下，我国的第三产业发展明显滞后于世界平均发展水平。

表3–7　世界主要国家就业结构平均水平

国家	年份	第一产业（%）	第二产业（%）	第三产业（%）
印度	2012	47.2	24.7	28.1
印度尼西亚	2012	35.1	21.7	43.2
以色列	2009	1.7	20.4	77.1
日本	2010	3.7	25.3	69.7
哈萨克斯坦	2012	25.5	19.4	55.1
韩国	2010	6.6	17.0	76.4
马来西亚	2012	12.6	28.4	59.0
巴基斯坦	2013	43.7	21.5	33.2
菲律宾	2012	32.2	15.4	52.5
新加坡	2009	1.1	21.8	77.1
斯里兰卡	2012	39.4	17.7	41.5
泰国	2012	39.6	20.9	39.4

（续表）

国家	年份	第一产业（%）	第二产业（%）	第三产业（%）
埃及	2011	29.2	23.5	47.1
南非	2011	4.6	24.3	62.2
加拿大	2008	2.4	21.5	76.5
墨西哥	2011	13.4	24.1	61.9
美国	2010	1.6	16.7	81.2
阿根廷	2012	0.6	23.4	75.3
巴西	2011	15.3	21.9	62.7
委内瑞拉	2012	7.7	21.2	70.7
捷克	2012	3.1	38.1	58.8
法国	2012	2.9	21.7	74.9
德国	2012	1.5	28.2	70.2
意大利	2012	3.7	27.8	68.5
荷兰	2011	2.5	15.3	71.5
波兰	2012	12.6	30.4	57.0
俄罗斯联邦	2009	9.7	27.9	62.3
西班牙	2012	4.4	20.7	74.9
土耳其	2012	23.6	26.0	50.4
乌克兰	2012	17.2	20.7	62.1
英国	2012	1.2	18.9	78.9
澳大利亚	2009	3.3	21.1	75.5
新西兰	2009	6.6	20.9	72.5
上述国家	2009—2012 均值	13.8	22.7	63.5
中国	2011	34.8	29.5	35.7

数据来源：根据《中国统计摘要 2014》第 175 页数据计算整理。

服务业发展滞后对我国经济发展造成重要影响，主要表现在就业领域。服务业发展滞后对就业的具体影响又表现为两个方面：

一是生产性服务业发展滞后，导致高端劳动力例如大学生就业困难，使教育大众化与经济高速增长的不协调进一步加剧。生产性服务业，主要是指为保持工业生产过程的连续性、促进工业技术进步、产业升级和提高生产效率等提供保障服务的行业，是与制造业直接相关的配套服务业。我国第三产业落后，主要是生产性服务业落后，特别是知识密集型和技术密集型的生产性服务业，包括研发、设计、技术服务、信息服务、咨询服务等行业发展落后。据统计，2009 年，我国生产性服务业增加值占 GDP 比重仅为 20%，生产性服务业增加值占服务业产值不到 47%；发达国家生产性服务业增加值占 GDP 比重为 43%，生产性服务业增加值占服务业产值约 70%。以服务外包产业为例，主要发包国为美、日、欧，其中美国占近一半。印度作为最大的接包国，所承接的服务外包额，约占全球服务外包总额的 34%。我国作为承接服务外包的后起者，目前占全球服务外包的份额不足 4%。根据中国物流与采购联合会的数据，总体而言，中国的运输成本约占中国 GDP 的 18%，比经济发达国家高出一倍。生产性服务业发展的不足，极大地阻碍了高素质脑力劳动者的就业，使得产业发展、经济发展与全国高等教育大众化不协调的矛盾日益突出。这一矛盾，对我国国民经济发展的影响巨大而且持久。

二是生活性服务业发展滞后，阻碍各种低端劳动力就业，例如农村劳动力向城市的转移，延缓消费结构的升级。相对于实物消费，服务消费会不断增加，将逐步成为消费的主导。在发达国家，服务消费已占消费总额的 70%以上。我国“十一五”期间，服务消费大约只占消费总额的 37%，而且城乡发展不均衡，城镇服务消费大约占消费总额的 43%，农村占 33%。我国城市的社区服务业、家庭生活服务业、养老服务业发展严重滞后，大大阻碍了大批农业剩余劳动力向第三产业转移，抑制了城市生活质量的提高和消费结构的转型升级。据报道，西安家政市场上的保姆实际需求量高达10万人，但保姆的供给量不足5万人。2010年，一名高级月嫂的价格为每月3000元左右，特级月嫂为4000元。2012年初级月嫂的报价为4000多元，高级、特级月嫂报价为6000—8000元。这种情况让城市中那些工作时间不长、刚有孩子的白领阶层，倍感生活的压力。① 另据有关部门调查，我国城市中，单是家庭服务业，就缺少劳动力2900万人，其中，养老护理员至少缺600万人。养老服务业的潜在产值达万亿元，却尚未开发，原因是没有相应的企业去组织、培训、安排和管理。至于农村的生活服务业，不论是文化生活服务业，还是物质生活服务业，发展就更加落后。

那么，是什么原因导致服务业发展滞后呢？

笔者认为主要有四个原因：

一是GDP和财政收入作为考核机制的作用。

GDP和财政收入作为考核指标，是地方政府官员升迁的主要依据。温家宝总理在2012年两会期间回答记者提问时指出，转变发展方式最难的是转变GDP增长观念以及创新机制和干部考核的标准。政府对第二产业的偏好由来已久。计划体制时期，“唯计划化、唯工业化、唯资本化”的三化思想对国家战略影响深远。该阶段我国实施生产资料优先战略，通过农产品和工业品价格的剪刀差，积累发展资金，大力推进我国的工业化可谓是我国政府的一个历史情结。随着中国改革开放的不断深入，尽管产业结构调整是大势所趋，但这一历史情结仍然有发挥作用的环境和土壤。GDP和财政收入作为政绩评价主要指标，对政府激励作用巨大，投资密集型、装备密集型、资本密集型的项目能够迅速增加

① 边峰：《西安月嫂月薪近万一人难求 白领阶层望子兴叹》，2012年11月25日，来源：中国新闻网，http://news.xinhuanet.com/2012-11/25/c_123999648.htm。

当地的GDP，故这类加工业的迅速发展就成为必然的选择。

不得不承认，GDP考核机制在中国的工业化和经济建设进程中发挥了巨大的作用。目前，我国已经成为世界制造业第一大国，超过了持续110年之久的世界制造业第一大国美国；世界工业品出口的第一大国；造船世界第一大国，2012年1—8月造船完工量占全球的41.4%；汽车产量第一大国，2011年生产汽车1840万辆，占据全球汽车产量的23%；海运世界第一大国，等等。全球500多种主要工业品之中，有220种我国的产量居世界第一。

但同样需要承认，GDP考核机制也给我国经济带来了不小的负面影响。

这一机制是造成我国许多产业例如钢铁业、煤化工、水泥业、平板玻璃、船舶业、汽车业、光伏产业、风电产业、铜产业、铁合金、电解铝等产能过剩的基本原因。

以钢铁业为例。根据《经济观察报》2012年9月7日的报道：中国的粗钢产能已经超过9亿吨，产能过剩超过1.6亿吨，但是产能仍在持续增加。2012年底前要建成的高炉还有58座，还将新增产能8440万吨。作为地方经济的支柱产业，中国的钢铁业已被政府GDP和税收指标绑架。①

电解铝产业亦是如此。按照2012年1月工信部发布的《有色金属工业“十二五”发展规划》，到2015年，我国的电解铝产能要控制在2400万吨。但截至目前，中国电解铝年产能已超过2500万吨，预计年底新疆将形成220万吨/年的产能，电解铝产能已经严重过剩。未来三年内，在考虑到有440万吨以上的落后产能淘汰出局的情况下，中国仍然可能达到3300万吨以上的电解铝产能。

---

① 庞丽静、张向东、种昂：《钢铁业被GDP和税收指标绑架 一停产政府就上门》，《经济观察报》2012年9月7日。

二是税收制度不合理。营业税属地方税种，但税负过重，抑制了第三产业的发展。中国国际经济交流中心常务副理事长、中国工业经济学会会长、中央政策研究室原副主任郑新立认为，第三产业普遍实行营业税，工业实行增值税，营业税比增值税平均起来要重1/3，过重的税负限制了服务业的发展。国家统计局原副局长许善达也认为，营业税5%的实际税负比增值税17%的实际税负要高，因为它是一个环节一个环节重复征，多一项服务就多一道税。在此税制下，服务业想要发展得快是不可能的。

三是服务业领域仍然存在比较严重的垄断。垄断降低了竞争的压力，抑制了创新需求；垄断造成分配不均，加大行业收入差距；垄断让中小企业的发展困难重重；垄断让流通领域运行成本增加；垄断阻碍了部门之间平均利润率的形成。在金融、保险、邮电、通信、交通等许多服务领域，至今仍然存在比较严重的垄断。中国企业500强中，排在前列的基本都是国有大型企业，这些企业都处于行业的核心地位，具有相对或绝对垄断优势。垄断使这些领域享受着优质的资源，但提供着并不优质的服务；垄断使这些领域有较高的人均收入，形成了庞大的利益群体，例如，根据报道，2008年，尽管中国电力行业出现全局性亏损，但该行业员工的人均工资却比最低行业人均工资高出4倍还多；垄断使这些领域退出的成本高昂，进入的代价昂贵；垄断使外围的中小企业只能在夹缝中生存和发展。可见，垄断是阻碍服务业发展不充分的又一原因。

四是自主创新能力的不足。从发达国家的经验来看，技术在不断进步，但就业的总人数是在持续上升的。从中国发展情况看，30年来，中国技术进步是不言而喻的，但中国的总人口数不断上升，从1978年的96259万人，增加到2013年的136072万人；总就业人数也是在不断上升的，从1978年的40152万人增加到2013年的76977万人，年均增加 1052 万人。这些数据说明，技术进步的就业增加效应总体大于就业减少效应。但中国长时期在知识产权方面保护力度不够，加之政府偏好及垄断利益因素的作用，使得我国自主创新能力不足，技术上对外依赖比较严重，致使我国产业升级转型缓慢，产业结构总体上仍然处于世界产业链的低端，高端的生产性服务业和低端的生活性服务业均发展滞后。

3. 就业弹性系数和经济增速呈现相反方向变化

经济增速越高，就业弹性系数反而变小。笔者认为主要原因是经济增长内在规律的作用和影响。

一是生产要素的边际生产力递减规律的作用。边际生产力递减规律表明，经济增长始终存在一个“度”或者是“界限”。这个“度”在不同的历史时期高低的标准并不相同，但却伴随经济发展过程的始终。经济增长一旦超过这个度，带来许多负效应，要素的生产效能为零甚至为负，环境污染加剧，社会运行成本急剧上升，最终整个经济效益下降。

二是各个部门比例平衡规律的作用。在市场经济条件下，经济发展的各个部门有一个内在的比例要求，这种比例要求主要是依靠市场的竞争机制、价格机制、供求机制的共同作用来完成的。当经济增速过高之时，就会使一些部门增长过快，而另一些部门在短期内跟不上这些发展快的部门的增长速度。这种不平衡会通过巨大的浪费、过剩的危机、飞涨的成本等各种现象表现出来，并通过这些现象对经济进行修复，促使恢复到经济所需要的各部门之间的比例平衡。

我国地方经济发展即 GDP 考核指标“指挥棒”的作用，常常会使经济超高速增长，从而破坏三次产业之间、各次产业内部结构的平衡状态，使经济增长付出比“适度增长”更大的代价。

4. 各个五年周期的前两年就业人数相对于后三年一般增加更多

为什么会这样？笔者认为主要是我国经济发展五年规划以及 GDP

考核机制的巨大引导作用。我国正处于计划经济体制向市场经济体制转轨的阶段，国家经济发展规划从调研、研讨、编制到颁布，历经多年，凝聚了学术界、企业界、政府和社会等各界精英和各个部门的智慧，反映了社会经济总体的诉求和愿望，代表着社会经济发展的一般趋势。因此，经济发展过程中，政府、企业和社会的各类组织必然十分重视“五年发展规划”，这是“五年规划”能够有效发挥引导作用的关键所在。五年规划的引导，再加上 GDP 考核机制和税收制度的作用，让投资增长出现周期性的变化。这种投资往往在五年规划前两年更高，后三年有所减弱，由此引起就业人数增加额前两年高，后三年降低的现象。

四、小结和启示

本章主要探讨就业增长和产业结构、就业增长和经济增长之间关系及演化问题。

通过分析我国的结构偏离系数，我们发现，我国的就业结构和产业结构之间关系和演化过程总体上完全符合本章提到的经典作家的描述。

农业的产值占比和就业占比总体上呈下降趋势。从表 3–1 可知，农业的产值占比从“五五”时期的年均 29.9%下降到“十二五”时期的 10.0%，下降幅度为 19.9%，平均每五年下降 3.3%；就业占比从“五五”时期的年均 69.7%下降到“十二五”时期的 33.3%，下降幅度为 36.4%，平均每五年下降 6.1%。农业就业占比与产值占比的接近，说明 30 多年来，农业部门相对于制造业和服务业部门总体是在向均衡化、更高的生产效率方向发展。

农业部门的就业人数有两个转折点。第一个转折点在 1991 年，农业的就业总人数达到历史的峰值 39098 万人。原因有二：一是达到劳动力年龄的人口自然增加；二是 1989 年末开始到 1991 年的宏观调控，让乡镇企业发展受到明显影响。

第二个转折点在2003年，该年度农业就业人数为36204万人，此后农业劳动力一直处于负增长的状态，且呈现加速度的态势。2003年农业就业占比为49.1%，与1980年的68.7%相比，20年降低19.6%；2013年为31.4%，10年降低17.7%。2003—2013年，农业就业占比10年下降的幅度仅比1980—2003年20年下降的幅度少1.9%。

第二个转折点的发生，与我国工业化程度加深有关。我国改革开放前实行的是重工业优先的工业化战略。改革开放后，由于轻重工业比例严重失衡，工业化战略开始转向重视和鼓励轻工业的发展。经过将近20年的发展，我国轻工业产品短缺状况得到根本改善。伴随着人均收入的提高，社会的消费结构也不断升级。1998年住房商品化方向的改革，开启了房地产业10年的快速增长之路；汽车也越来越多地进入普通家庭；制造业投资增速快于服务业投资增速；加入世贸组织使我国进出口贸易进一步扩大。进入新世纪后，在房地产业、汽车业、家电业的带动下，钢铁、水泥、化工、机械制造、能源等迅速发展。制造业、建筑业的发展，为服务业的发展创造了条件。制造业、建筑业、服务业的快速增长，对农业劳动力的转移形成巨大的拉力。制造业的进步，让农业的生产资料效率进一步提高，由此对农业劳动力形成推力。“拉力”和“推力”两种力量促使农业剩余劳动力更加快速地向非农产业转移。

农业部门一定程度上还起着调节过剩劳动力的“蓄水池”作用。农业的剩余劳动力总体方向是向非农产业转移的，但当经济过热，国家进行反周期调控时，第二产业和服务业的发展都受到抑制，农业劳动力的转移明显放慢。例如，1978—1988年，农业就业占比从70.5%下降到59.3%，10年间下降了11.2%，这一速度是空前的。但随之而来的1988—1991年的治理整顿，让农业就业占比徘徊不前，1989、1990、1991连续三年维持在60%左右（参见表3-1）。1992—1997年，随着第二产业的高速扩张，农业的就业占比再次进入下降周期，从 58.5%下降到 49.9%，5 年下降了 8.6%，速度同样是空前的。1997 年，东南亚金融危机的爆发，对我国经济造成重大影响。1998—2003年，连续5年，农业的就业占比徘徊在 50%附近。2003 年转折点的到来，农业的就业占比又一次进入下降周期，这次的速度到目前为止，同样是空前的。

第二产业的产值占比略有起伏，变化不大；就业占比总体呈上升趋势。第二产业的产值占比最高的时期是“五五”时期，达到 47.7%，这是我国计划经济体制时期“重工业优先”的工业化战略的结果。最低时期是在“七五”时期，产值占比为 43.0%，该时期是我国轻工业大发展，也是个体户和私营企业迅速增加的历史阶段。进入 90 年代之后，产值占比在各个五年周期有升有降，起伏不大，都在 45.1%—47.1%。就业占比除了“十五”时期略有下降外，其他各个时期都是上升的。总体从“五五”时期的 17.7%上升到“十二五”时期的 30%，上升了 12.3%，平均每五年上升 2%，对于制造业来说，这个速度是不慢的。总的来看，第二产业资本密集程度没有提高，而是有所降低。笔者认为，30 余年来，不是我国的制造业技术没有进步。恰恰相反，我国制造业总体技术水平一直在持续进步，只不过技术进步在我国产生的就业增加效应总体大于就业减少效应。

第三产业的产值占比和就业占比总体上处于持续上升趋势。从“五五”时期到“十二五”时期，第三产业的产值占比从 22.4%上升到 44.7%，上升了 22.3%，大约每五年上升 3.7%。同时期，就业占比从 12.6%上升到 36.8%，上升了 24.2%，每五年上升 4%。

但这种上升趋势在各个阶段的差异较大。我们以十年为一个周期来进行分析。1980 年，产值占比和就业占比分别为 21.6%和 13.1%；1990 年，产值占比和就业占比分别为 31.5%和 18.5%，1980—1990 年这 10 年间产值占比和就业占比的升幅分别为 9.9%和 5.4%。2000 年，产值占比和就业占比分别为 39.0%和 27.5%，1990—2000 年这 10 年间产值占比和就业占比的升幅分别为 7.5%和 9.0%。2010 年，产值占比和就业占比分别为 43.2%和 34.6%，1990—2000 年这 10 年间产值占比和就业占比的升幅分别为 4.2%和 7.1%。2013 年，产值占比和就业占比分别为 46.1%和 38.5%，2010—2013 年这 3 年间产值占比和就业占比的升幅分别为 2.9%和 3.9%。以上数据显示，除了 20 世纪 80 年代产值占比增速高于就业占比增速，之后的各个时期就业占比增速都高于产值占比增速。“十二五”时期，第三产业的产值占比和就业占比都有所提高，第三产业的产值增速已经连续两年超过第二产业，笔者认为，这是我国产业结构开始进一步优化的重要表现。

通过分析我国的就业弹性系数及各个产业的就业弹性系数，我们发现了就业弹性系数表现出的四个问题并一一分析了其根源。在此需要强调的三个问题：一是我国的服务业至今还未摆脱“滞后”的困境，需要深化改革和发展。根据美国著名经济学家钱纳里对 101 个国家 1950—1970 年发展过程中劳动力配置数据的回归分析，第二产业就业占比为 20.6%—23.5%时，第三产业就业占比为 30.4%—32.7%是比较合适的。[①]1985 年我国第二产业的就业占比就到达 20.8%，2005 年为 23.8%；而 1985 年第三产业的就业占比仅为 16.8%，直到 2005 年才达到 31.4%。我们是否可以据此推断，我国第三产业相对于工业发展滞后了“20 年”？这种推断显然不够科学，但足以说明，我国第三产业的确是严重滞后了。

二是“外向型”—“出口导向”战略的制造业，其就业受国际市场变化影响显著，需要技术创新作为升级转型的驱动力，更需要扩大内需作为可持续发展的支撑。

① 夏杰长：《我国劳动就业结构与产业结构的偏差》，《中国工业经济》2000 年第 1 期。

三是农业作为调节“剩余劳动力”的“蓄水池”作用表明，农村的发展对就业同样重要。改革开放后，农村公共服务、基础设施等公共产品的供给明显短缺，如何改善农村公共产品严重短缺的现状，是启动内需，缓解大城市病，从根本上提高就业水平的最佳途径之一。

第四章

经济增长与其他结构

第一章主要研究“适度经济增长”，第二章集中探讨影响产业结构效率的主要因素，第三章侧重讨论就业、经济增长和产业结构的变化规律。前文在分析“结构”的内涵时，曾经提出结构的分类问题。笔者认为，要素结构、技术结构、需求结构和经济增长，乃至就业都有密切的关系，本章集中探讨经济增长和三大结构之间的关系及面临的现实问题。

一、经济增长与要素结构

各种要素的配置、组合、利用最终生产出产品和服务，推动社会经济持续进步和发展。推动经济增长的要素很多，包括物质要素和非物质要素，物质要素指劳动力、土地和资本。非物质要素指管理、技术、文化、信息等。随着社会经济的发展，产出增长过程中的非物质要素越来越重要。本章为了分析的简化和方便，主要探讨物质要素和经济增长之间的关系。

（一）劳动力

1. 劳动力数量和经济增长

人是自身劳动力的载体，人们为了生存和发展而进行物质财富的生产是推动经济增长的根本原因。但另一方面，经济增长的规模和速度也限制着劳动力的就业规模和增长速度。

劳动力对经济增长的推动作用首先表现在数量上。人口数量和劳动力数量成正比。我国的劳动力是指那些能够提供生产劳动和服务的 16 岁或 16 岁以上的人口。

劳动力数量增长对于经济增长具有阻碍和促进两种作用。当劳动力的数量远远超过经济增长所需要的数量时，超量的失业不可避免，由此还会引发贫困、盗窃等一系列社会问题。

马尔萨斯早在 18 世纪（1798 年）就提出了其著名的“人口原理”。他认为，在无妨碍情况下，人口会以几何级数（即 2，4，8，16，32，64，128）等增加，而生活资料只能以算术级数（即:1，2，3，4，5，6，7 等）增加。只有自然原因（事故和衰老），灾难（战争、瘟疫及各类饥荒），道德限制和罪恶（马尔萨斯所指包括杀婴、谋杀、节育和同性恋）能够限制人口的过度增长。实践证明，马尔萨斯的人口按几何级数增长的论断是错误的，人口增长几乎从未呈指数方式；马尔萨斯关于生活资料以算术级数增长也是不正确的。社会和农业技术的进步，使粮食增长超过了人口的增长。但马尔萨斯的人口要适度增长的论断无疑是正确的。20 世纪 50 年代（1957 年），针对我国人口迅速增长的实际问题，马寅初发表《新人口论》，从人口增长与资金积累的矛盾、提高社会主义劳动生产率的需要、人口增长和工业原料的矛盾、人多地少之间的矛盾等各个方面论证控制人口过快增长的必要性。马寅初的控制人口过快增长的主张在当时受到批判，马寅初为此也被打成右派。但到 20 世纪 70 年代，我国实际上就开始执行计划生育政策了，事实上等于承认马寅初当时的主张是正确的。

人口增长只要在合理的范围内，对经济增长的促进作用就会大于对经济增长的阻碍。马克思主义认为，人作为劳动力，是相对于其他生产要素唯一“活”的要素，是最具主观能动性、最活跃的生产力要素。人是生产力最重要的来源，人是经济增长的根本源泉。西奥多·舒尔茨在1960年美国经济学年会上《人力资本投资》的演讲系统地提出了现代人力资本理论。舒尔茨认为，人力资本是人作为生产者和消费者的能力，是可以像物质资本一样进行投资并获取回报的知识、技能、健康等所构成的资本。“人力资本理论”极大地拓展了传统西方经济理论的研究范围，令人信服地解释了现代经济增长的根本动力。

改革开放以来，我国经济的快速增长，得益于劳动力充沛的“人口红利”。人口红利是指在一定的时间段内，其人口数量中劳动力人口占比较高，人口的抚养比较低的情况。1949年新中国成立以后，由于卫生医疗条件的进步，婴儿的死亡率迅速下降，出生率快速上升。到20世纪70年代，我国开始执行计划生育政策，这样在20世纪50年代到70年代初期这一段时期，我国就形成了一个人口出生的高峰。由于这样一个人口出生高峰期的存在，我国人口中的劳动力人口高峰得以维持一个较长的时期。例如1950年出生的人，1966年就成为劳动人口，如果到60岁退休，则其处于劳动人口的时间长度为44年，也就是他作为一个劳动人口可以维持到2010年。以此类推，假如以1973年作为执行计划生育之初始年，1989年时，1973年出生的这批人就成为劳动人口，这一角色功能可以维持44年，2033年，这批人将全部退休。这就意味着，2033年之后，劳动人口占比将会有一个急剧的下降，这一急剧的下降或许会给经济发展带来严重的危机。但如果65岁退休，这个过程可以延续到2038年，之后才会出现劳动人口急剧下降的情况。依此倒推，为了缓解将来人口面临急剧下降带来的这种危机，如果60岁退休，

“二孩”政策全面放开应在 2017 年（2033 年倒推 16 年）；如果 65 岁退休，“二孩”政策全面放开时间就应放在 2022 年（2038 年倒推 16 年）。

抚养比又称抚养系数，是指把总人口分为非劳动年龄人口和劳动年龄人口两个部分，这两部分的数量之比。分析这一指标，有助于我们了解我国人口年龄结构的发展变化趋势，认识和思考在人口方面我们面临的主要问题。下面我们仍然以“五年规划均值法”来具体分析一下自 1991 年来我国人口抚养比变化的基本趋势。

表 4–1 显示，我国人口总的抚养比仍然处于下降趋势，从“八五”时期的 50.1%下降到“十二五”时期的 34.9%，平均每五年下降约 3.8%。这种下降主要是由于少儿抚养比下降造成的。少年抚养比从“八五”时期的 40.9%下降到“十二五”时期的 22.2%，平均每五年下降约 4.7%；同期老年抚养比不仅没有下降，反而略有上升，从 9.2%上升到 12.7%，平均每五年上升约 0.9%。老年抚养比的上升是因为人们的生活、卫生、医疗条件全面提升，引起人的平均寿命普遍延长。少儿抚养比的下降是因为人口自然增长率趋于下降，而人口自然增长率趋于下降是因为出生率在不断下降。

表 4–2 可以充分说明这一趋势。从五年周期均值来看，人口的自然增长率在“七五”时期就达到顶点，即从“五五”、“六五”时期的 11.83‰、14.17‰达到“七五”时期的 15.47‰，此后，一路下滑，“八五”、“九五”、“十五”、“十一五”、“十二五”连续五个周期分别为 11.56‰、9.08‰、6.23‰、5.04‰、4.89‰。“七五”到“十二五”共下滑了 10.58‰。

自然增长率的这种趋势，完全是因为出生率呈现的趋势所导致的。“五五”、“六五”、“七五”、“八五”、“九五”、“十五”、“十一五”、“十二五”八个周期的年均出生率分别为 18.09‰、20.86‰、22.15‰、18.17‰、15.57‰、12.67‰、12.04‰、12.04‰。自然增长率和出生率趋势完全一致。

表 4–1　人口抚养比变化趋势

年份	总抚养比（%）	少儿抚养比（%）	老年抚养比（%）
1991	50.8	41.8	9.0
1992	51.0	41.7	9.3
1993	49.9	40.7	9.2
1994	50.1	40.5	9.5
1995	48.8	39.6	9.2
“八五”均值	50.1	40.9	9.2
1996	48.8	39.3	9.5
1997	48.1	38.5	9.7
1998	47.9	38.0	9.9
1999	47.7	37.5	10.2
2000	42.6	32.6	9.9
“九五”均值	47.0	37.2	9.8
2001	42.0	32.0	10.1
2002	42.2	31.9	10.4
2003	42.0	31.4	10.7
2004	41.0	30.3	10.7
2005	38.8	28.1	10.7
“十五”均值	41.2	30.7	10.5
2006	38.3	27.3	11.0
2007	37.9	26.8	11.1
2008	37.4	26.0	11.3
2009	36.9	25.3	11.6
2010	34.2	22.3	11.9
“十一五”均值	36.9	25.5	11.4

（续表）

年份	总抚养比（%）	少儿抚养比（%）	老年抚养比（%）
2011	34.4	22.1	12.3
2012	34.9	22.2	12.7
2013	35.3	22.2	13.1
“十二五”均值	34.9	22.2	12.7

资料来源：中华人民共和国国家统计局：《中国统计摘要2014》，中国统计出版社2014年版，第17页。

说明：少儿是指0—14岁之间的人口；劳动人口包括15—64岁的人口；老年指65岁以上的人口。

表4–2　人口出生率、死亡率、自然生长率趋势

年份	出生率（‰）	死亡率（‰）	自然增长率（‰）
1978	18.25	6.25	12.00
1979	17.82	6.21	11.61
1980	18.21	6.34	11.87
“五五”均值	18.09	6.27	11.83
1981	20.91	6.36	14.55
1982	22.28	6.60	15.68
1983	20.19	6.90	13.29
1984	19.90	6.82	13.08
1985	21.04	6.78	14.26
“六五”均值	20.86	6.69	14.17
1986	22.43	6.86	15.57
1987	23.33	6.72	16.61
1988	22.37	6.64	15.73
1989	21.58	6.54	15.04

（续表）

年份	出生率（‰）	死亡率（‰）	自然增长率（‰）
1990	21.06	6.67	14.39
“七五”均值	22.15	6.69	15.47
1991	19.68	6.70	12.98
1992	18.24	6.64	11.60
1993	18.09	6.64	11.45
1994	17.70	6.49	11.21
1995	17.12	6.57	10.55
“八五”均值	18.17	6.61	11.56
1996	16.98	6.56	10.42
1997	16.57	6.51	10.06
1998	15.64	6.50	9.14
1999	14.64	6.46	8.18
2000	14.03	6.45	7.58
“九五”均值	15.57	6.50	9.08
2001	13.38	6.43	6.95
2002	12.86	6.41	6.45
2003	12.41	6.40	6.01
2004	12.29	6.42	5.87
2005	12.40	6.51	5.89
“十五”均值	12.67	6.43	6.23
2006	12.09	6.81	5.28
2007	12.10	6.93	5.17
2008	12.14	7.06	5.08
2009	11.95	7.08	4.87

（续表）

年份	出生率（‰）	死亡率（‰）	自然增长率（‰）
2010	11.90	7.11	4.79
“十一五”均值	12.04	7.00	5.04
2011	11.93	7.14	4.79
2012	12.10	7.15	4.95
2013	12.08	7.16	4.92
“十二五”均值	12.04	7.15	4.89

资料来源：中华人民共和国国家统计局：《中国统计摘要 2014》，中国统计出版社 2014 年版，第 16 页。

人口死亡率相对比较稳定，总体是缓慢下降再上升的态势。“五五”、“六五”、“七五”、“八五”、“九五”、“十五”六个周期的年均死亡率分别为 6.27‰、6.69‰、6.69‰、6.61‰、6.50‰、6.43‰，除“五五”外，总体呈缓慢下降趋势，至“十一五”和“十二五”两个周期的死亡率分别为 7.00‰和 7.15‰。笔者认为，主要是因为从这两个周期开始，老年人口更为迅速地增多了。

总体看来，人口自然增长率的迅速下降，必然带来许多经济和社会问题，这些问题会在某个阶段集中爆发出来。政府应未雨绸缪，早作规划，制定恰当政策，缓解危机的影响和扩大。

劳动人口多，一方面带来人多地少的矛盾，形成农村大量的剩余劳动力。另一方面，让非农劳动力市场的供过于求，劳动力的价格始终处于比较低的状态。非农产业的迅速发展因此获得了大量的廉价劳动力，廉价劳动力是标准化产品竞争的最大优势，这种低价竞争优势是推动我国乡镇企业迅速发展的根本原因。

乡镇企业是指农村集体经济组织或者农民投资为主，是多形式、多层次、多门类、多渠道的合作企业和个体企业的统称，包括乡镇办企业、村办企业、农民联营的合作企业、其他形式的合作企业和个体企业五级。改革开放后，乡镇企业“异军”突起，不仅成为吸收农村劳动力的主力军，而且大大地推进了中国工业化和城镇化的进程。

大量的农村剩余劳动力还向城市转移，被称为“农民工”，同样让城市建筑业、工业、公用事业、基础设施建设等获得了极为廉价的劳动力，促使城市经济得以高速发展。

以出口为导向的许多加工贸易企业通过雇用农民工才得以获得低价竞争优势。30余年的改革开放，我国的外向型工业获得了极大的发展和进步。

但是，经过30年的发展，现阶段我国劳动力低价优势正在逐步减弱。根据有关调查统计，与东南亚国家相比，我国劳动力成本已由2000年左右的偏低转变为现在的偏高，目前相当于泰国的1.5倍、菲律宾的2.5倍、印尼的3.5倍。

人口红利也在下降。尽管我国人口的总抚养比总趋势仍然处于下降周期，但自2010年始，人口总抚养比已经连续三年出现上升势头。2010、2011、2012、2013连续4年的人口抚养比分别为34.2%、34.4%、34.9%、35.3%。主要原因是自2010年，老年抚养比的上升趋势大于同期少儿抚养比的下降趋势。这意味着，如果我国的计划生育政策不做适当调整，未来的时间里，我国的青少年占比越来越少，老年人占比越来越多，我国的养老问题将会日益突出。表4–3反映了这种变化趋势。

表4–3的数据显示，0—14岁的人口占比呈不断下降的态势，从“八五”时期的27.2%下降到“十二五”时期的16.5%，平均每五年下降2.1%，说明15岁以下的人口供给处于下降趋势。

15—64岁的人口还处于上升趋势，从“八五”时期的66.6%上升到“十二五”时期的74.1%，平均每五年上升1.5%。但值得注意的是，

15—64 岁的人口占比 2010 年达到 75.5%的最高点后，已经连续 3 年出现下降，说明影响劳动人口下降因素的影响在加大。

65 岁以上老人人口占比呈上升趋势。从“八五”时期的 6.2%上升到“十二五”时期的 9.4%，平均每五年上升 0.6%。说明老年人口越来越多，而且平均寿命也在延长。

表 4–3 我国人口年龄结构变化趋势

年份	0–14 岁（%）	15–64 岁（%）	65 岁以上（%）
1991	27.7	66.3	6.0
1992	27.6	66.2	6.2
1993	27.2	66.7	6.2
1994	27.0	66.6	6.4
1995	26.6	67.2	6.2
“八五”均值	27.2	66.6	6.2
1996	26.4	67.2	6.4
1997	26.0	67.5	6.5
1998	25.7	67.6	6.7
1999	25.4	67.7	6.9
2000	22.9	70.1	7.0
“九五”均值	25.3	68.0	6.7
2001	22.5	70.4	7.1
2002	22.4	70.3	7.3
2003	22.1	70.4	7.5
2004	21.5	70.9	7.6
2005	20.3	72.0	7.7
“十五”均值	21.8	70.8	7.4

（续表）

年份	0–14 岁（%）	15–64 岁（%）	65 岁以上（%）
2006	19.8	72.3	7.9
2007	19.4	72.5	8.1
2008	19.0	72.7	8.3
2009	18.5	73.0	8.5
2010	16.6	74.5	8.9
“十一五”均值	18.7	73.0	8.3
2011	16.5	74.4	9.1
2012	16.5	74.1	9.4
2013	16.4	73.9	9.7
“十二五”均值	16.5	74.1	9.4

资料来源：中华人民共和国国家统计局：《中国统计摘要 2014》，中国统计出版社 2014 年版，第 17 页。

上述分析表明，依靠劳动力低价获得竞争优势，会随着我国人口结构的变化而变得越来越困难，这会导致我国经济增长速度的降低。因此，必须转变我国的经济发展方式，从依靠劳动力的低价竞争，转向依靠劳动力质量和科技创新竞争。

2. 劳动力质量和经济增长

劳动力对经济增长的推动还表现在劳动力的质量上。对于劳动力的质量，学术界给出的定义是不同的，可谓见仁见智。笔者认为，劳动力的质量应包括道德、体质、智能、情绪能力等四个方面。道德是指一个人秉持的价值观、世界观、人生观等，是一个人对事物发展规律的根本认识和看法。道德又分为社会道德、职业道德和家庭道德。不同道德体系之间在现实问题面前有时会有冲突，例如自古以来的“忠孝”不能两全、“亲情”和“法律”的矛盾问题等等，解决问题的办法就是个体服从集体，集体服从国家，即以整体利益为重。

劳动力的体质，是指人身体生理发育状况、生理功能、对于一定劳动负荷量的承受能力和消除疲劳的能力。身体的发育情况和生理功能指标包括身高、体重、力量、速度、耐力、灵敏度、忍韧度等。体质是智能存在和发展的生理基础。

劳动力的智能，是指人的智力、知识、技能。智力是人们认识客观事物、学习知识、解决和分析问题的能力，包括观察力、记忆力、思维力、想象力和实践能力。知识是人们从事实践活动的经验和理论。技能是人们合理化、规范化、熟练化的动作能力。影响劳动力质量的因素主要有：遗传、营养、教育、人力投资、社会文化等。

劳动力的情绪能力也叫情商，是指一个人控制情绪、调整情绪的能力。情商包含着自我管理能力和影响他人能力两个方面。首先是自我管理能力，可概括为内省力，包括自我控制、自我调节、自我激励、自我修炼；其次是影响他人能力，可概括为外化力，包括人际交往能力，人际协调能力（化解人际间冲突和矛盾的能力），识人、用人、育人能力。随着劳动者个人交往范围的扩大化和利益关系的多元化，情商在劳动者的成长过程中发挥的作用越来越大。原因在于，情商高的人自我控制能力强、学习专注度高和意志力强；情商高的人具有同理同心换位思考方式，与人相处比较恰当得体，人际关系相对较好。两个方面的原因使得情商高的人在面对各种变化和困难时，耐挫性和适应性明显更强。

上述四个方面是有着密切关系的。体质是基础，没有良好的身体，其他任何能力都失去了载体，无法正常发挥作用；道德是方向和精神动力，能力再强也要用对地方，否则能力越强，对社会可能带来的危害越大；智能是本领，做任何事情都需要一些一般能力或特殊能力，智能决定着这些能力的大小，决定着人是否有能力做事；情商是关键，情商是个人自控和社会适应能力，情商决定着人调整自我、适应环境能力的强弱。情商对个人成就大小具有决定性作用和影响，从根本上决定着人能不能做成事。

劳动力的质量是一个很复杂的概念，人力资本理论是从一个全新的角度来探讨劳动力的质量。传统西方经济学只是把劳动力作为和物质资本一样的生产要素对待，探讨劳动增长和经济增长的关系。20 世纪 60 年代，美国经济学家西奥多·舒尔茨和加里·贝克尔系统地提出了人力资本理论，让人们对经济增长来源的理解更深了一步。该理论认为，人力资本是人所具有的各种生产知识、劳动与管理技能以及健康素质的总和，这些知识、技能和素质能够通过教育、职业培训、健康训练等投资行为获得。人力资本投资可以像机器、设备、厂房、有价证券等物质资本投资一样获得回报，甚至回报率更高。

人力资本的形成来自投资，主要包括教育与培训、医疗与保健投资、鼓励和实现劳动力流动投资以及引进高素质移民或吸引国外人才投资等。即：

教育与培训是最主要的人力资本形成途径，它可以提高劳动者的基本素质、技术水平、熟练程度，从而促进经济增长。

医疗和保健投资，一方面可以降低死亡率，增加未来劳动者数量；另一方面，可以提高劳动者身体素质，增强劳动能力，减缓人力资本的折旧速度，实现人力资本的增值。

劳动力流动投资可以调剂各地劳动力余缺，并使劳动者人尽其才。

吸引国外人才或引进高素质人才移民，无论是永久性移民还是暂时入境服务，都是一种一本万利的投资方式，它不仅可以节省大笔未成年期的生育、抚养、医疗、保健费用，而且还可能带来先进科学文化知识或技术经验。

经济学探讨人力资本和经济增长的关系，需要各种量化指标、借助于一些数学模型进行分析。这种分析建立在一系列假设之上，排除了现实生活中的许多条件，因而得出的结论总是有许多缺陷，但无论如何，这些探讨为我们深入理解人力资本和经济增长的关系，解决现实经济社会面临的问题提供了方法和思路。

许多实证研究表明，我国的人力资本和经济增长的关系十分密切。

例如，岳希明和任若恩对1982—2000年中国劳动要素投入和经济发展之间关系进行了研究，结果显示，劳动质量改善对劳动投入的贡献度超过44%。他们指出，在就业人数不变甚至下降的情况下，劳动力从第一产业向第二或第三产业转移、增加就业人员中中高学历比重等结构性变化，劳动投入质量也可以得到改善。①

叶洁莹通过对人均受教育年限以及接受不同教育水平的劳动力对经济发展影响的实证分析，得出了一些基本结论：平均受教育年限对经济发展的影响最大，而且平均受教育年限越长对经济发展的贡献越大；初等教育和高等教育对经济发展有贡献作用，但是高等教育对经济发展的贡献却低于初等教育；中等教育对经济的发展呈现出一定的反向关系。这种反向关系主要原因在于：对中等教育的重视不够，技校、职校的硬件和软件水平不能满足经济发展的需要，导致技工大量短缺，对经济发展产生了一定的负面影响。②

周路利用我国1990—2011年的统计数据，采用单位根、协整方法，探讨人力资本、创新能力与经济增长的关系。研究显示，教育人力资本、劳动力再培训、劳动力身心健康、创新能力与经济增长质量之间存在长期均衡关系，且均促进经济增长质量的提高；不同的因素对经济增长质量影响的程度有一定差异，其中教育人力资本对经济发展影响程度

---

①　岳希明、任若恩：《测量中国经济的劳动投入：1982—2002年》，《经济研究》2008年第3期。

②　叶洁莹：《人力资本对经济增长的影响——基于拉姆齐模型的实证分析》，Business and Trade Talent，商贸人才，网络出版时间：2014-11-2714:47，网络出版地址：http://www.cnki.net/kcms/detail/11.3443.F.20141209.1047.062.html。

最大。①

刘伟、张鹏飞、郭锐欣将人力资本跨部门流动引入带外部性的Uzawa-Lucas模型，其研究发现：人力资本持续不断地从物质生产部门转移到教育部门可以加快人力资本的积累速度，但快速的人力资本积累不一定都能促进经济增长，也不一定都能提升社会的整体福利水平。政府发展教育的规模和速度应当和经济发展阶段相适宜。②

杜伟、杨志江、夏国平基于我国2002—2010年的面板数据的研究结果显示，人力资本对我国整体经济增长的直接作用不明显，人力资本是通过技术创新、更主要的是通过技术模仿等间接作用于经济增长。③

不管采用什么方法，人力资本对经济增长的贡献是毋庸置疑的。但从我国经济发展的实际情况分析，人力资本对经济增长的贡献还受到一些因素的制约。

人力资本和物质资本的匹配度不足。物质资本包含着一定的技术水平，需要相应技能和知识水平的人力资本与之相适应。一些研究表明，东部地区吸收消化引进技术的能力明显超过西部，原因主要在于东部平均人力资本水平较高。

人力资本的技能或知识结构和现实经济发展需求匹配度不足。随着人们收入的提高，人们对产品和服务的需求总是有一些变化或进步，经济发展面临的国际和国内环境也都在不断变化。吸收就业的企业、社会组织、政府部门等也都要适应这种变化。但由于我国教育制度改革的滞后，使得教育机构输出的人力资本结构严重滞后于现实经济增长的需求变化。

---

① 周路：《人力资本结构、创新能力与经济增长质量的关系》，《经营与管理》2015年第3期。

② 刘伟、张鹏飞、郭锐欣：《人力资本跨部门流动对经济增长和社会福利的影响》，《经济学(季刊)》2014年第2期。

③ 杜伟、杨志江、夏国平：《人力资本推动经济增长的作用机制研究》，《中国软科学》2014年第8期。

人力资本的流动性受到阻碍。城乡差距大、城乡二元结构造成一部分地区或部门人力资本过剩，而另一部分地区或部门人力资本严重不足，这种极不均衡的情况对经济发展同样是一种阻碍。

劳动力质量问题可以从人力资本角度研究和讨论，还可以从人力资源管理角度分析和探讨。既有宏观即整个国家的人力资源管理问题，也有微观即各个组织或企业的人力资源管理问题。即使在现有劳动力数量不变的情况下，只需要加强人力资源的合理流动和配置，就完全能够提升生产效率，促进经济增长。从现实情况看，无论是宏观层面还是微观层面，我国的人力资源管理水平都有很大的提升空间。

就宏观层面来说，阻碍劳动力合理流动和配置的因素大量存在。例如条块分割的行政管理体制，各种垄断利益势力的存在，城乡二元经济体制等等。

就微观层面考察，我国的管理人才非常短缺，管理水平亟待提高。北京师范大学公司治理与企业发展研究中心发布《中国上市公司企业家能力指数（2012）》，用“人力资本”、“战略领导能力”、“关系网络能力”、“企业家社会责任能力”四大评价指标体系评价，首次全面评估了中国上市公司 CEO 的能力水平，研究发现，2011 年，1939 家上市公司中只有 3 家公司的企业家能力评估合格，中国上市公司企业家能力水平整体偏低，及格率仅为 0.15%。①

我国劳动力质量问题还反映在我国的结构性失业方面。结构性失业不一定是劳动力质量所引起，但至少有一部分可以归结为劳动力质量满足不了短缺岗位的需求。人力资源和社会保障部 2014 年 11 月发布的《部分城市公共就业服务机构市场供求状况分析》显示，2014 年前三季度，全国 102 个主要城市，用人单位通过公共就业服务机构招聘人员

① 赵婀娜：《2012 中国上市公司企业家能力指数发布》，《人民日报》2012 年 12 月 9 日。

554万人，进入市场的求职人员近509万人，岗位空缺与求职人数比为1.09，用人需求略大于供给。该报告明确指出，在需求略大于供给的情况下，就业压力并没有变小，结构性矛盾已上升为就业的主要矛盾，特别是青年就业难，更多的是结构性问题。①

另外，前文提到，我国生产性服务业和生活服务业发展严重滞后，深刻影响到大学毕业生的就业。其主要原因在于我国的教育体制与现实经济发展需求相脱节。所以，提高劳动力质量，还需要深入改革现行教育体制。

（二）资本

资本有多种分类，马克思按照资本在剩余价值生产过程中的不同作用把其区分为不变资本和可变资本。又根据资本价值转移方式的不同把资本区分为固定资本和流动资本。马克思还依据资本主义生产过程的资本不同存在形态，把资本划分为货币资本、生产资本、商品资本。发展经济学依据资本存在形式把资本划分为物质资本、人力资本、金融资本、文化资本等。此处资本是指物质资本，指在一定时期内用来生产其他生活资料（消费品）或生产资料（资本品）的耐用品，具体存在形式一般为机器设备、厂房、建筑物、存货（各种中间产品、在制品、制成品库存）等。资本具有三个基本特征：一是生产性。物质资本是投资形成的结果，代表现存的生产能力。二是增长性。物质资本和其他生产要素相结合，可以生产出比投入价值更多的产品。三是耐用性。物质资本具有耐用性，在生产过程中被分期分批消耗，价值要分期分批转移，可根据使用寿命计算折旧率。马克思在分析劳动过程时，指出劳动过程的简单要素包括：有目的的活动或劳动本身、劳动对象和劳动资料。马克

① 《劳动力需求大于供给仍现就业难　结构性矛盾凸显》，《人民日报》2014年11月20日。

思所说的劳动资料就是典型的物质资本。

物质资本是现实的生产能力，是真正的能够带来社会财富的生产力。马克思把物质资本中的劳动资料看作是区别各种经济时代的标志。马克思说:“各种经济时代的差别，不在于生产什么，而在于怎样生产，用什么劳动资料生产。劳动资料不仅是人类劳动力发展的测量器，而且是劳动借以进行的社会关系的指示器。在劳动资料中，机械性的劳动资料（其总和可称为生产的骨骼系统和肌肉系统）比只是充当劳动对象的容器的劳动资料（如管、桶、篮、罐等，其总和一般可称为生产的脉管系统）更能显示一个社会生产时代的具有决定意义的特征。”[①]德国历史学派代表人物李斯特在其《国民经济学》一书中，早就提出过“财富的生产力比财富本身更重要”这样的观点。1979 年诺贝尔经济学奖获得者、英国经济学家阿瑟·刘易斯（1915—1991）在其名著《经济增长理论》中也有类似看法。刘易斯谈道，几个世纪以来，中国一直负有世上最勤劳人民的盛誉，但是，中国人的勤劳工作并未产生经济增长的结果。[②]刘易斯解释其主要原因在于，中国人没有把精力用在“资本形成”上。“辛勤工作和资本形成是经济增长的优秀公式，然而没有辛勤工作的资本形成也将会产生相当幅度的经济增长，但没有资本形成的辛勤工作对发展很难做出什么贡献。”[③]社会经济能够不断发展不是因为人们没有把生产的东西都消费掉，而是把剩余的部分用于物质资本——财富生产力的扩大。

物质资本是生产性投资，是提高财富生产能力的物质基础。一国从贫到富、由弱到强的过程，实际表现为物质资本不断积累的过程。

发展经济学有许多关于资本形成的理论。例如，罗森斯坦—罗丹的

① 马克思:《资本论》第 1 卷，人民出版社 1975 年版，第 204 页。

② ［英］阿瑟·刘易斯:《经济增长理论》，商务印书馆 1983 年版，第 44 页。

③ ［英］阿瑟·刘易斯:《经济增长理论》，商务印书馆 1983 年版，第 44 页。

“大推进理论”认为，发展中国家要摆脱贫穷落后状态，就必须发展工业。而要实现工业化，就必须让基础设施紧密相连且须达到一定规模、相互配套，因而必须进行大规模基础设施投资，全面推进。罗斯托在其名作《经济增长的阶段》中提出了发展中国家实现经济起飞的三个先决条件：一是提高生产性的投资率；二是建立和扩展“起飞”阶段的主导部门，尤其是制造业；三是有一种政治、社会制度来保证“起飞”的实现。其中首要的先决条件就是达到10%以上的净投资率。纳克斯的贫困的“恶性循环理论”强调，社会不把其全部的生产活动用于直接消费品的生产，而以一部分用于工具、机器、交通器材、工厂及设备等各种可用来增加生产效能的物质资本的生产，即资本积累是克服贫穷的“瓶颈”约束，打破恶性循环，摆脱困境的唯一途径。莱宾斯坦的“临界最小努力理论”认为，发展中国家要打破低收入与贫困之间的恶性循环，必须保证足够高的投资率以使国民收入的增长超过人口的增长从而使人均收入水平得到明显提高，这个投资水平即“临界最小努力”。

物质资本是一国经济发展重要因素，是一国经济起飞的先决条件，是一国实现工业化和城市化、步入工业革命时代的物质基础。缺乏物质资本，一国经济不可能平稳而迅速地发展。

一国经济发展初期，物质资本通常都是短缺的。物质资本的最终来源无非是国内的储蓄、引进外资、借外债。

国内储蓄包括三个部分：一是居民储蓄。也叫家庭储蓄，是指居民个人、家庭和个体经营者的储蓄，我国居民储蓄在整个国内储蓄中所占比重自20世纪90年代以来长期维持在20%左右①。二是企业储蓄。企业储蓄来源于企业利润。中国企业的储蓄率从1992年的11.55%上升到2011年的20.03%，②中国企业储蓄占GDP的比例已处于全球较高

① 吴敬琏：《中国储蓄率“虚高”》，《环球博览》2014年第5期。

② 尹志超、路晓蒙：《中国企业高储蓄率之谜》，《统计研究》2015年第2期。

水平[①]。与同期的国民总储蓄率保持着相同的上升趋势。三是政府储蓄。政府储蓄来自税收，是税收和政府经常性支出（非资本支出）之间的差额，或者说税收收入减去政府的经常性支出就是政府储蓄。政府储蓄和政府投资在量上不一定相等。当政府储蓄小于政府投资时，政府可通过发行国债或出售国有企业的股票来筹集资金；当政府储蓄大于政府投资时，政府可以向国外进行投资。我国政府储蓄在我国总储蓄中占比长期处于上升趋势，政府储蓄率从1992年的4.4%升到2012年的9%[②]。

我国的储蓄率一直较高，从1992年到2012年这20年时间，中国国民储蓄率从35%升到了59%。[③]这是我国固定资产投资增速保持高位运行的根本源泉，而固定资产投资增速保持高水平是我国经济长期高速增长最重要的原因。

表4-4和表4-5显示，自改革开放以来，我国居民的人民币储蓄增长率一直高于其可支配收入的增长率。“五五”、“六五”、“七五”、“八五”、“九五”、“十五”、“十一五”、“十二五”，居民储蓄存款各周期年均增长率分别为22.6%、24.6%、25.5%、24.8%、14.2%、14.5%、14.0%、12.1%，相对应各周期城乡居民年均收入增长率分别为15.3%、9.6%、3.8%、6.1%、5.3%、7.5%、9.3%、9.4%。居民存款增长率在各个周期都快于收入增长率，这说明我国居民的储蓄倾向更高一些。但储蓄增长率和收入增长率有逐渐接近的趋势，一旦储蓄增长率下降到收入增长率以下，表明居民储蓄倾向开始降低，消费倾向逐渐增加。这种趋势变化也说明我国近年来采取的启动内需的政策和措施开始发挥作用。表4-5显示，“十二五”这三年，居民收入增速第一次超

① 周小川：《关于储蓄率问题的思考》，http://money.163.com /09/0324/23/5576NDC600251LBQ. Html，2009-03-24。

② 吴敬琏：《中国储蓄率“虚高”》，《环球博览》2014年第5期。

③ 吴敬琏：《中国储蓄率“虚高”》，《环球博览》2014年第5期。

过了 GDP 增速。在产能严重过剩的历史时期，这是一个好的变化。

表 4-4　我国居民人民币储蓄存款及增长率趋势

年份	年底余额	年增加额	增长率（%）
1978	210.6	29.0	13.8
1979	281.0	70.4	25.1
1980	395.8	114.8	29.0
“五五”均值			22.6
1981	523.4	127.6	24.4
1982	675.4	152.0	22.5
1983	892.9	217.5	24.4
1984	1214.7	321.8	26.5
1985	1622.6	407.9	25.1
“六五”均值			24.6
1986	2237.8	615.2	27.5
1987	3083.4	845.6	27.4
1988	3819.1	735.7	19.3
1989	5184.5	1365.4	26.3
1990	7119.6	1935.1	27.2
“七五”均值			25.5
1991	9244.9	2125.3	23.0
1992	11757.3	2512.4	21.4
1993	15203.5	3446.2	22.7
1994	21518.8	6315.3	29.3
1995	29662.3	8143.5	27.5
“八五”均值			24.8

（续表）

年份	年底余额	年增加额	增长率（%）
1996	38520.8	8858.6	23.0
1997	46279.8	7759.0	16.8
1998	53407.5	7127.7	13.3
1999	59621.8	6214.4	10.4
2000	64332.4	4710.6	7.3
“九五”均值			14.2
2001	73762.4	9430.1	12.8
2002	86910.7	13148.2	15.1
2003	103617.7	16707.0	16.1
2004	119555.4	15937.7	13.3
2005	141051.0	21495.6	15.2
“十五”均值			14.5
2006	161587.3	20544.0	12.7
2007	172534.2	10946.9	6.3
2008	217885.4	45351.2	20.8
2009	260771.7	42886.3	16.4
2010	303302.5	42530.8	14.0
“十一五”均值			14.0
2011	343635.9	40333.4	11.7
2012	399551.0	55915.2	14.0
2013	447601.6	48050.6	10.7
“十二五”均值			12.1

资料来源：中华人民共和国国家统计局：《中国统计摘要2014》，中国统计出版社2014年版，第59页。

表 4-5 我国城乡居民家庭人均收入增长率趋势

年份	城镇居民家庭人均可支配收入增长率（%）	农村居民家庭人均纯收入增长率（%）	城乡平均增长率（%）
1978			
1979	15.7	19.2	
1980	9.7	16.6	
“五五”均值	12.7	17.9	15.3
1981	2.2	15.4	
1982	4.9	19.9	
1983	3.9	14.2	
1984	12.2	13.6	
1985	1.1	7.8	
“六五”均值	4.9	14.2	9.6
1986	13.9	3.2	
1987	2.2	5.2	
1988	–2.4	6.4	
1989	0.1	–1.6	
1990	8.5	1.8	
“七五”均值	4.5	3.0	3.8
1991	7.1	2.0	
1992	9.7	5.9	
1993	9.5	3.2	
1994	8.5	5.0	
1995	4.9	5.3	
“八五”均值	7.9	4.3	6.1
1996	3.8	9.0	
1997	3.4	4.6	

（续表）

年份	城镇居民家庭人均可支配收入增长率（%）	农村居民家庭人均纯收入增长率（%）	城乡平均增长率（%）
1998	5.8	4.3	
1999	9.3	3.8	
2000	6.4	2.1	
“九五”均值	5.7	4.8	5.3
2001	8.5	4.2	
2002	13.4	4.8	
2003	9.0	4.3	
2004	7.7	6.8	
2005	9.6	6.2	
“十五”均值	9.6	5.3	7.5
2006	10.4	7.4	
2007	12.2	9.5	
2008	8.4	8.0	
2009	9.8	8.5	
2010	7.8	10.9	
“十一五”均值	9.7	8.9	9.3
2011	8.4	11.4	
2012	9.6	10.7	
2013	7.0	9.3	
“十二五”均值	8.3	10.5	9.4

资料来源：中华人民共和国国家统计局：《中国统计摘要 2014》，中国统计出版社 2014 年版，第 57 页。

如果用支出法 GDP 减去最终消费支出来获得总储蓄率这种方法，如表 4–6 所示，我国的总储蓄率 =1–最终消费支出占比 = 资本形成额占比＋货物和服务净出口占比。这种计算方法得出的总储蓄率的趋势和其他方法的结果是一致的。“五五”、“六五”、“七五”、“八五”、“九五”、“十五”、“十一五”、“十二五”，我国总储蓄率分别为36.0%、33.6%、35.0%、39.9%、39.8%、42.9%、50.9%、50.5%，总体呈明显的上升趋势。这种趋势不是居民储蓄率所致，而是政府储蓄率和企业储蓄率提高所致。著名经济学家吴敬琏认为，市场投资主体主要是政府和国有企业，民间投资渠道很窄。根本原因在于统一开放、公平竞争的市场经济秩序还未完全建立起来，导致不同所有制企业获得要素的能力不同。①

表 4–6　我国总储蓄率趋势

年份	最终消费支出占比（%）	总储蓄率（%）
1978	62.1	37.9
1979	64.4	35.6
1980	65.5	34.5
“五五”均值	64.0	36.0
1981	67.1	32.9
1982	66.5	33.5
1983	66.4	33.6
1984	65.8	34.2
1985	66.0	34.0
“六五”均值	66.4	33.6
1986	64.9	35.1
1987	63.6	36.4
1988	63.9	36.1

① 吴敬琏：《中国储蓄率“虚高”》，《环球博览》2014年第5期。

（续表）

年份	最终消费支出占比（%）	总储蓄率（%）
1989	64.5	35.5
1990	62.5	37.5
“七五”均值	65.0	35.0
1991	62.4	37.6
1992	62.4	37.6
1993	59.3	40.7
1994	58.2	41.8
1995	58.1	41.9
“八五”均值	60.1	39.9
1996	59.2	40.8
1997	59.0	41.0
1998	59.6	40.4
1999	61.1	38.9
2000	62.3	37.7
“九五”均值	60.2	39.8
2001	61.4	38.6
2002	59.6	40.4
2003	56.9	43.1
2004	54.4	45.6
2005	53.0	47.0
“十五”均值	57.1	42.9
2006	50.8	49.2
2007	49.6	50.4
2008	48.6	51.4

（续表）

年份	最终消费支出占比（%）	总储蓄率（%）
2009	48.5	51.5
2010	48.2	51.8
“十一五”均值	49.1	50.9
2011	49.1	50.9
2012	49.5	50.5
2013	49.8	50.2
“十二五”均值	49.5	50.5

资料来源：中华人民共和国国家统计局：《中国统计摘要2014》，中国统计出版社2014年版，第35页。

上述总储蓄率的计算实际上把“储蓄等同于投资”，假设“总储蓄=总投资”，但现实经济活动中，储蓄不可能完全等同于投资，储蓄转化为投资，必须满足一定的条件。

一是要有健全有效的金融机制。指符合市场需求的金融机构、资本市场、债券市场等构成的，能够发挥汇集、融通和分配社会闲散资金功能的系统或体系。二是要有投资需求和相应的投资能力，就是要有足够规模的市场需求和一批具有创新精神的企业家群体。三是要有相应的生产产品所需的生产要素和物资供应。四是要有足够的人力资源供给。

一国资本短缺时，引进外资、借外债也是一国获取物质资本的有效途径。钱纳里（chenery，H.B.）提出过“两缺口”模型，该模型揭示出了引进外资的重要意义。他认为一国经济发展过程中所需资源数量和国内有效供给之间存在缺口。假定：

总收入（总供给）Y=C+S+T（消费、储蓄、政府收入）；

总支出（总需求）Y=C+I+G+（X−M）（消费、投资、政府支出、净出口）。

由于：总收入＝总支出，所以：

I−S＝M−X（假定：政府收入＝政府支出）

上述公式的含义为：投资与储蓄的差额等于进口与出口的差额，即储蓄缺口＝外汇缺口

如果不利用外资，会出现两种情况：I−S＞M−X，一国就必须减少投资，增加储蓄；I−S＜M−X，一国必须减少进口，增加出口。但这两种情况对一国经济发展明显不利，如果引进外资，就可以较好地解决上述矛盾。

在开放经济条件下，一国在经济发展过程中，通常面临三大约束：一是技术约束；二是储蓄约束；三是外汇约束。这些约束在引进外资的情况下可以得到有效的解决。从均衡的角度分析，一国投资所需储蓄的不足部分，必然由进口大于出口的部分弥补，即“储蓄缺口”必然等于“贸易缺口”，外资的进入可以使国民储蓄总水平提高，促进技术进步，增加资本积累规模，改善资本利用效率。

我国于1979年开始引进外资，引进数额持续增加。我国是世界上吸收外资的第二个大国。截至2013年，我国实际使用外资额达16001.5[①]亿美元。

经过30多年的发展，我国现在经济发展面临的主要矛盾早已从计划经济时期的“短缺”转化为“过剩”。如何化解产能过剩的危机？除了压缩落后产能之外，企业间的合并重组和“走出去”战略无疑是较好的途径。

以走出去战略为例。2000年10月，中央在《“十五”规划建议》中，首次提出了要“实施‘走出去’的战略”。“走出去”战略的实施，明显加快了我国对外投资的速度。

① 根据《中国统计摘要2014》第97页数据计算整理。

根据中华人民共和国商务部、国家统计局、国家外汇管理局三部委公布的2010—2013年度的"中国对外直接投资公报"中的数据，笔者整理了"八五"、"九五"、"十五"、"十一五"、"十二五"共计五个时期的"对外直接投资的平均流量及增速"，如表4-7所示。表4-7显示，2000年之前，我国对外投资数量很小，2000年之后，投资数量不仅增大，而且增速十分显著。自2012年起，我国成为世界第三大对外投资国。至2013年，对外直接投资累计净额（存量）达6604.8亿美元，较2012年排名前进两位，位居全球第11位。

表4-7　各时期中国对外直接投资流量及年均增速

（单位：亿美元）

年份	中国对外直接投资流量及年均增速（上年=100）	
1991	10	
1992	40	300.00
1993	43	7.50
1994	20	–53.50
1995	20	0.00
"八五"	133	63.5
1996	21	5
1997	26	23.81
1998	27	3.85
1999	19	–29.63
2000	10	–47.37
"九五"	103	–8.87
1991—2000		23.31
2001	69	590
2002	27	–60.87

（续表）

年份	中国对外直接投资流量及年均增速（上年 =100）	
2003	28.5	5.56
2004	55	92.98
2005	122.7	123.09
“十五”	302.2	150.15
2006	211.6	72.45
2007	265.1	25.28
2008	559.1	110.90
2009	565.3	1.11
2010	688.1	21.72
“十一五”	2289.2	46.29
2011	746.5	8.49
2012	878.0	17.61
2013	1078.4	22.82
“十二五”	2702.9	16.31

资料来源：中华人民共和国商务部、国家统计局、国家外汇管理局：2010—2013 各个年度的《中国对外直接投资公报》。

我国于 2013 年提出的“一带一路”战略，成立的亚投行、金砖国家新开发银行、丝路基金有限责任公司、中拉产能合作专项基金，可以看作是“走出去”战略的进一步补充、延伸和完善。

一是提出“一带一路”战略。2013 年 9 月到 10 月，习近平主席在出访中亚四国和印尼、马来西亚期间，首次提出了共同建设“丝绸之路经济带”和“21 世纪海上丝绸之路”的战略倡议。“一带一路”战略，是我国加强区域合作、顺应世界经济发展形势、促进各国共同发展的新构想，有利于发挥我国的地缘政治优势，推进多边跨境贸易、交流合作和共同发展。

二是成立亚投行。2015年6月29日,《亚洲基础设施投资银行协定》签署仪式在北京举行，已通过国内审批程序的50个国家正式签署《协定》。2015年底之前，经合法数量的国家批准后,《协定》即告生效，亚投行正式成立。总部设在北京的亚洲基础设施投资银行是一个政府间性质的亚洲区域多边开发机构，重点支持基础设施建设。一方面一定程度上可以满足亚洲基础设施建设所需要的巨额资金，另一方面也可以有效发挥我国的生产能力优势。我国经过改革开放以来30多年的发展和积累，在基础设施装备制造方面已经形成完整的产业链，在公路、桥梁、隧道、铁路等方面已具备比较先进的工程建造能力。

三是成立金砖国家新开发银行。2014年7月15日，金砖国家发表《福塔莱萨宣言》宣布，金砖国家新开发银行初始资本为1000亿美元，5个创始成员平均出资，各占20%，总部设在中国上海。可为亚、非、拉、欧各国提供基础设施融资服务。

四是设立丝路基金有限责任公司。2014年12月29日，丝路基金有限责任公司在北京注册成立。丝路基金是由外汇储备、中国投资有限责任公司、中国进出口银行、国家开发银行共同出资，依照《中华人民共和国公司法》，按照市场化、国际化、专业化原则设立的中长期开发投资基金，重点是在“一带一路”发展进程中寻找投资机会并提供相应的投融资服务。首期资本金100亿美元中，外汇储备通过其投资平台出资65亿美元，中投、进出口银行、国开行亦分别出资15亿美元、15亿美元和5亿美元。丝路基金将根据互联互通需要，投资于铁路、公路、港口等重大项目。

五是设立“中拉产能合作专项基金”。2015年5月，国务院总理李克强在出席中巴工商界峰会时宣布，中方将设立中拉产能合作专项基金，提供300亿美元融资，支持中拉在产能和装备制造领域的项目合作。

（三）土地

土地的概念有狭义和广义之分，狭义仅指陆地部分，广义不仅包括陆地，还包括光、热、空气、海洋等。经济学所指的“土地”，是广义的概念。土地是指所有地上和地下的可供人类开发和利用的自然资源，包括大气、土壤、水、岩石、植物、动物、矿物、石油、天然气、煤炭等等。自然资源具有稀缺性。地球本身是有限的，地球的所有资源是有限的，人们已经探明可以开发利用的资源更是有限的。自然资源具有可开发性。随着人类认识水平和技术能力的提高，人类对自然资源的开发利用程度越来越高，自然资源的开发利用种类也会越来越丰富。自然资源具有地域性。各地区自然资源禀赋是不一样的，有的丰裕，有的贫瘠。自然资源具有整体性。自然资源相互影响和作用，共同构成一个有机整体，人类对某种自然资源开发利用过度，必然影响其他自然资源在整个自然系统中功能的正常运行和发挥。

自然资源是一国经济增长的基本条件。英国古典经济学创始人威廉·配第认为，“土地是财富之母，劳动是财富之父”。在农业社会，自然条件影响农作物产量。自然资源丰富的地区，其农业产出就多；自然资源贫乏的地区，其农业产出相对就少。自然条件还影响农作物的种类和质量，不同的自然环境，阳光、水、土壤、气温等等各不相同，造就了各个地区的农作物各有其特点。正是这种自然条件的差异，让人们同样的劳动会有不同的效率。因此亚当·斯密提出了绝对成本学说，认为，一国只要生产自己生产成本占绝对优势的产品，然后和其他国家生产成本占绝对优势的产品相交换，双方都能获得节约劳动、提高生产效率、同样劳动获得更多产品的好处。大卫·李嘉图更进一步，认为无须绝对优势，只要具有相对优势，双方交换同样能够获得节约劳动、提高效率的利益。赫克歇尔和俄林两位瑞典经济学家进一步论证这种比较优势的来源，认为，各国应当生产自己资源禀赋充裕的产品，和其他国家资源禀赋充裕的产品相交换，双方都能获得更多的利益。这些理论实际上从一个侧面揭示了自然资源对一个国家经济增长的重要意义。

自然资源对一国经济发展很重要，但并不能够决定一国的经济增长水平。自然资源的富裕只是为一国的经济发展提供了必要条件，绝不能够决定一国经济能否增长，增长多少。自然资源丰厚的国家经济发展未必快，自然资源贫乏的国家，经济发展未必慢。原因在于，进入工业社会，在商品经济条件下，一国的经济发展受自然资源条件的影响越来越小了。决定工业社会经济发展水平的是资本和技术，已经不同于农业社会经济发展所需要的条件。

但如果从可持续发展和国家根本安全角度考虑，人类所需要的一切物质资料，最终都来自自然资源，自然资源仍然是一国经济发展的最终约束条件。

我国经济经过30余年的高速增长，对许多自然资源的依赖越来越严重。这种依赖加重的趋势，让我国经济增长的可持续潜力不断下降。

（1）一些重要的矿产资源对外依存度持续加大

根据国土资源部公布的数据，[①] 石油自产量从2001年的1.64亿吨，增长到2013年的2.09亿吨，13年仅增长了27.4%；而消费量从2001年的2.28亿吨，增长到2013年的5.00亿吨，13年共增长了119.3%。13年间自产量和消费量之间的缺口不断扩大，这一缺口只能通过进口来弥补，结果是石油对外依存度不断提高，从2001年的24.7%，增加到2013年的58.2%。

① 数据来源于2007—2013年各个年度的《中国国土资源公报》，中华人民共和国国土资源部网站《统计公报》：http://www.mlr.gov.cn/zwgk/tjxx/。

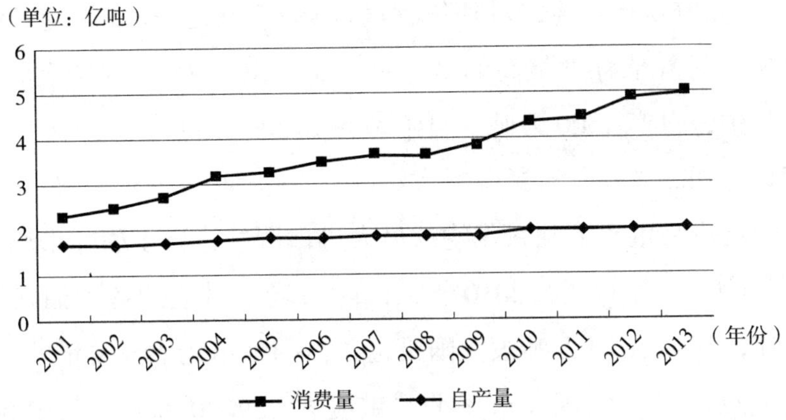

图 4–1　我国石油自产量和消费量

此外，如图 4–2 所示，2001—2011 年，铁矿石的对外依存度年平均为 58%。

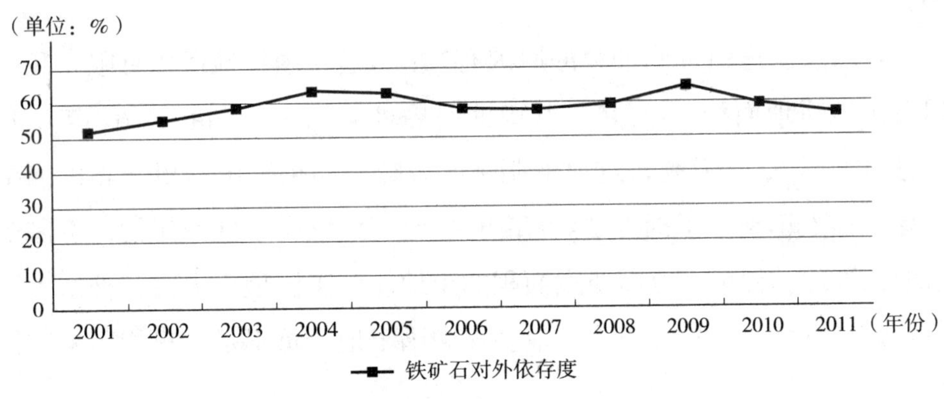

图 4–2　我国铁矿石对外依存度

（2）一些重要的农产品对外依存度更高

2010 年，我国共消费食用植物油 2500 万吨。其中，进口 687 万吨，再加上用进口油料作物榨出的植物油 1193 万吨，实际上我国共进口食用植物油 1880 万吨，对外依存度高达 75.2% 。

2010 年，我国共消耗各类油料作物（包括大豆、油菜籽、花生、芝麻、葵花籽等） 8919 万吨。其中，自产为 3239 万吨，自给率为

36.3%；进口5680万吨，对外依存度高达63.7%。在我国的各类油料作物之中，对外依存度最高的是大豆。2010年，我国共消费大豆6980万吨，其中，自产1500万吨，自给率为21.5%；进口5480万吨，对外依存度高达78.5%。

我国已成为世界上油料作物的最大进口国，进口了国际市场上供应的油料作物的一半以上。2010年，国际市场上供应的各类油料作物共1.12亿吨，其中5680万吨被我国买走，占国际市场供应总量的50.7%。尤其是大豆，2010年国际市场上共供应大豆9600万吨，其中5480万吨被我国买走，占国际市场供应总量的57.1%。

另据报道，2013年，我国食用植物油年消费量已突破3000万吨，其中自产常年在每年1000万吨左右，自给率约40%，对外依存度达60%以上①。

我国大量进口油脂油料的原因有二：一是我国耕地面积有限。我国国有土地耕地面积18亿亩，其中油料播种面积3.2亿亩。2012年，我国进口油料6240万吨，进口油脂905万吨。如果按国内单产和出油率计算，相当于利用了国外7.4亿亩的耕地。大豆属于低产作物，不需要精细化管理。种植大豆需要大面积的土地。南美洲地广人稀，种植大豆不需要费时费力，故种植大豆最多。中国土地严重不足，只能用来种植高产作物。

二是我国人均食用油消费量稳步增长。2012年，我国油脂消费总量为2700万吨左右，人均19公斤，与十年前相比，增加接近一倍②。

（3）耕地面积先降后升，耕地土壤受化肥、地膜、重金属污染威胁形势严峻

由于调查标准、技术方法的改进和农村税费政策调整等因素影

① 《数字点读》，《食品科技》2014年第6期。

② 涂长明：《进口食用油＝进口土地和水》，《粮油市场报》2013年7月6日。

响，我国耕地数据在一些年份变化较大。但还是能够看出一些趋势。1996—2008年开始耕地面积总体上呈下降趋势，原因与耕地减少、退耕还林、还草、还湿和休耕等有关，与城市加速发展和房地产开发的增速较快有关。2009年后，耕地数量有所增加。城市发展占用的土地，许多是良好的耕地。尽管我国有“以优补优”、“占补平衡”等许多耕地保护政策，但在实际执行中，优质的耕地资源很难再得到同样的优质土地的补偿。

耕地污染加剧。我国耕地的土壤污染，有两大来源：一是由工矿企业转嫁给耕地土壤的重金属污染。在我国，污染耕地的重金属，主要有五种，即：镉、汞、铅、铬、砷，被称为重金属“五毒”，对人体有致命的危害。据国土资源部调查统计，目前全国耕地面积的10%以上已受到重金属污染。换言之，有近2亿亩的耕地已受到重金属污染。有关部门指出，我国的重金属污染和有毒化工污染，已出现了由工业向农业转移、由城区向农村转移、由地表向地下转移、由上游向下游转移、由水土污染向食品污染转移的趋势。二是过度使用化肥、农药、农膜造成的耕地土壤污染。由于化肥、农药、地膜的广泛使用，耕地污染呈加速之势。我国已成为世界第一的化肥农药生产大国、进口大国和使用大国，化肥、农药不合理使用造成的污染问题严重。我国化肥用量每年达到5000多万吨，占世界总用量的30%还多，利用率仅为35%左右。农药使用量达到140多万吨，利用率仅为30%左右。未被农作物吸收的部分导致我国至少1300万—1600万公顷耕地受到严重污染。① 化肥、农药、农膜的污染，导致土壤中的有益菌大量减少，土壤质量下降，自净能力减弱，影响农作物的品质，危害人体健康。

耕地土壤污染直接造成农产品污染，导致食品安全问题日益严峻。

① 《全国1600万公顷耕地受到严重污染》，《21世纪经济报道》2012年3月19日。

据环保部门调查，全国每年受重金属污染的粮食，已高达240亿斤，造成的直接经济损失在200亿元以上。全国各地市场上的调查显示，约有10%的大米存在镉超标的问题，人们称之为“镉米”。在南方，已引发了若干起食用“镉米”中毒的事件。① 据中科院调查，长江三角洲出产的主要农产品，农药残留物超标率高达16%以上。

关于耕地污染的的面积，有两个测算数据：据中国工程院院士罗锡文统计，全国已有3亿亩耕地受到污染，占全国耕地总面积的1/6；另据一些专家测算，则已占全国耕地的1/5，即3.65亿亩。据有关部门研究、测算，要修复被污染的耕地，需要巨额的资金投入。有两种测算法：一是参照日本修复被污染耕地的实践经验，每亩耕地的修复经费需要人民币18万元，修复全国3亿亩被污染的耕地，需投资54万亿元，比我国2012年一年的GDP总额（51.9万亿元）还多出2.1万亿。二是据罗锡文院士测算，即使采取最便宜的修复办法，每亩的修复经费至少也需要2万元，修复全国3亿亩被污染的耕地，需投资6万亿元。

表4–8　我国耕地面积变化情况

年份	耕地面积（千公顷）
1996	130039.20
1997	129903.10
1998	129642.10
1999	129205.50
2000	128243.10
2001	127615.80

① 《重金属年污染粮食过千万吨　环保部将从严问责》，2012年3月9日09:36，来源：《南方日报》，http://env.people.com.cn/GB/17337599.html。

（续表）

年份	耕地面积（千公顷）
2002	125929.60
2003	123392.20
2004	122444.30
2005	122066.70
2006	121800.00
2007	121733.34
2008	121716.00
2009	121985.00
2010	122005.801 ①
2011	121650.672 ②
2012	135158.503 ③
2013	135078.304 ④

（4）水资源形势更为严峻，主要表现在三个方面

一是水短缺已严重影响国民经济发展。

表 4–9 显示，多年来我国水资源总量有升有降，但总体变化不大。“人多水少”是我国的基本国情之一。2011 年，全国水资源总量为 24022 亿立方米，人口 13.47 亿人，人均水资源仅为 1783 立方米，仅为世界平均值（人均 6368 立方米）的 28%。我国是全世界 13 个最缺水

① 根据报道推算，参见王立彬：《我国耕地保有量 18.24 亿亩　四大矛盾难回避》，www.fjsen.com 2012-12-1309:33。

② 根据报道推算，参见王立彬：《我国耕地保有量 18.24 亿亩　四大矛盾难回避》，www.fjsen.com 2012-12-1309:33。

③ 根据报道推算，参见《截至 2012 年中国耕地面积 20.27 亿亩》，中国发展门户网，http://cn.chinagate.cn/environment/2014-04/23/content_32179323.htm。

④ 根据报道推算，参见《2013 年全国耕地面积净减少 120 万亩》，中研网，http://www.chinairn.com/news/20140606/140303360.shtml。

的国家之一。全国657个城市之中，有438个城市不同程度地缺水，占城市总数的66.7%；有136个城市严重缺水（包括首都北京），占城市总数的20.7%。

在全国31个省、区、市之中，有16个省（区、市）的人均水资源量，低于联合国确定的“贫水警戒线”（人均1700立方米）；有10个省（区、市）的人均水资源量，甚至低于联合国确定的“严重缺水线”（人均500立方米）。在正常年份，全国每年缺水近400亿立方米。在全国的耕地中，平均每年因旱成灾约2.3亿亩，占耕地总面积的12.6%。沿海地区特别是在北方沿海是我国最缺水地区之一。据专家预测，由于北方沿海地区人口增长、产业结构变化、农业发展和生态环境用水需求等多种因素作用，在2010—2020年，北方沿海四省（市）人均综合用水量，将分别达到325—365立方米和350—400立方米，缺水量将分别达到166亿—255亿立方米和273亿—393亿立方米。①

由于地表水短缺，部分地区和城市不得不靠超采地下水度日。据调查，全国31个省、区、市之中，有24个省（区、市）存在不同程度的超采地下水问题，全国的地下水超采面积已达19万平方公里。其中，河北省问题最严重，地下水超采面积已占该省平原面积的91.6%。由于地下水超采，在全国形成了180个地下水位下降的漏斗区，华北平原出现了世界上最大的地下水位下降的漏斗区。由于地下水大量超采，又引发了地面沉降等地质灾害。2011年，全国的地面沉降面积已达9.4万平方公里，全国共有50多个城市（包括京、津、沪）出现了地面沉降问题。其中，江苏省的苏锡常地区，因地面沉降造成的直接经济损失超过200亿元，间接损失3500亿元。据调查，1957—2007年50年内，天津市区的地面已下沉3米；从20世纪70年代至今，河北省沧州市所辖整

① 李焱：《海水淡化产业发展的展望》，《电站辅机》2010年第3期。

个地区，地面已下沉 2.4 米。

表 4–9　我国水资源总量变化情况

年份	水资源总量（含地表水和地下水）（亿立方米）
2000	34164.0
2001	34323.0
2002	35940.0
2003	34550.0
2004	24130.0
2005	28053.0
2006	25330.0
2007	25255.0
2008	27434.0
2009	24180.2
2010	30906.4
2011	23256.7
2012	29528.8
2013	27957.9

数据来源：根据 2001—2013 年《中国水资源公报》，中华人民共和国水利部网站：http://www.mwr.gov.cn/zwzc/hygb/szygb/。2001—2004 年数据把地表水和地下水数据相加获得水资源总量。2005—2013 年直接根据其公布总量数据。

环渤海三省二市是我国水源危机最严重的地区之一。我国的人均淡水资源只有全球的 1/4，而这三省二市的人均淡水资源又只有全国的 1/5。联合国规定的缺水地区标准，是人均淡水资源不足 500 立方米，而这三省二市的人均淡水资源却只有 100 至 300 立方米。

近年来，环渤海区域经济发展迅速，大型工业项目很多，对工业淡水的需求量巨大。淡水资源严重短缺，业已成为该地区经济发展的障碍。

二是水污染使水短缺问题更加突出。

地表水总体为轻度污染。表现在：

大部分河流已被污染。全国 1200 条河流，已有 850 条遭受到不同程度的污染，占 71%。

据 2012 年监测，全国的七大水系（长江、黄河、珠江、松花江、淮河、海河、辽河），总体为轻度污染，其中海河流域为中度污染。七大水系的水质，已有 36.1% 的断面被严重污染。其中，水质下降为 4 类、5 类的断面，占 23.7%；水质下降为劣 5 类的断面，占 12.4%。

全国七大水系每年均被排入大量污水。以长江为例，据 2007 年的一次调查，全年排入长江的污水竟达 300 亿吨之多，相当于黄河一年的总水量。污染之严重，可见一斑。

另据 2012 年调查，全国流经城市的河流水域，90% 以上已被严重污染。全国有 4800 多个化工厂，距离饮用水水源保护区不足 1 公里，严重地威胁着有关地区居民的饮水安全。

大多数湖泊已被污染。全国的湖泊，大约 75% 已被污染。

2012 年，在全国的 61 个重要湖泊中，有 24 个湖泊的水质，已下降到 4 类以下，占 39%。在国家重点监测的 26 个湖泊中，则有 15 个湖泊的水质已被严重污染，占 58%。其中，水质下降到 4 类、5 类的湖泊 13 个，水质下降到劣 5 类的湖泊 2 个。

地下水资源污染严重。我国的淡水资源，有 1/3 为地下水。而据 2012 年监测，全国地下水的 90% 已遭受到不同程度的污染，其中 60% 为严重污染。

2012 年，据对 118 个城市的监测，有 76 个城市的地下水遭受到严重污染，占 64%；有 39 个城市的地下水受到轻度污染，占 33%；只有 3 个城市的地下水基本清洁，仅占 3%。

另据2012年对全国198个地级以上城市的地下水水质的调查，有113个城市的地下水水质为“差”，占57.3%；有33个城市的地下水水质为“极差”，占16.8%。

另据调查，2012年，全国饮用地下水水源地的水质，有10%不合格。

近海污染形势严峻。我国的近海，污染也不轻。大致而言，东海为重度污染，渤海为中度污染。

据2012年监测，全国72条主要江河当年携带入海的污染物总量，达1705万吨。我国近岸海域的水质，下降到4类以下的海域面积，已达到6.8万平方公里，比2011年又扩大了2.4万平方公里。

三是水资源浪费和利用效率不高使水资源短缺危机更加严重。

我国是世界上严重缺水的国家之一，同时也是世界上水源严重浪费的国家之一。2011年，我国每立方米水的GDP产出，仅为世界平均水平的1/3；我国万元工业增加值的水耗高达120立方米，是发达国家的3倍至4倍；我国农田灌溉水的有效利用系数仅为0.5，与世界先进水平（0.7至0.8）相比，有较大的差距。

水资源浪费很大，表现在许多方面。管网漏损率高。管网漏损率（leakage percentage）是管网漏水量与供水总量之比。据新华社调查统计，国内600多个城市供水管网的平均漏损率超过15%，最高达70%以上；另一针对408个城市的统计表明，城市公共供水系统的管网漏损率平均为21.5%。日本1997年全国平均漏损率降到9.1%，东京1999年为7.6%，大阪1990年为6.6%。[①] 存在大量的浪费水资源的行为和现象，例如，洗车水未循环利用，自来水管漏水爆管不及时修理，自来水冲洗马路。

① 《调查称中国水有16个省市重度缺水6个省极度缺水》，《第一财经日报》2014年5月14日。

水资源的污染进一步加剧了水资源的短缺，水资源的浪费和利用效率低使短缺危机进一步加剧。水资源问题已严重制约国民经济发展质量和人民生活水平的提高。

（5）我国的森林资源现状，可以用两句话来概括：人工造林成就很大，但森林危机依然严峻

我国是世界上人工造林力度最大、成就最大的国家。特别是改革开放以来，我国实施了一系列重大的人工造林活动，主要包括实施了三项大的工程和开展了两项重要活动。一是三北地区和长江流域防护林体系工程。截至 2013 年底，此项工程累计已完成造林任务 7.41 亿亩。二是京津风沙源治理工程。至 2013 年底，此项工程已累计完成造林任务 1.12 亿亩。三是全国天然林保护工程。至 2013 年底，此项工程已累计完成造林任务 2.26 亿亩。四是大规模的退耕还林活动。至 2013 年底，此项活动已累计完成退耕地造林和荒山荒地造林共计 3.87 亿亩。五是全民义务植树造林活动。至 2013 年底，全国参加义务植树的人数累计已达 144.3 亿人次，共计植树 665.2 亿株。除以上五项工程和活动外，我国还对全国 27 亿多亩农村集体林地，实行了由农户承包经营的改革，大大调动和提高了广大农民护林、育林和人工造林的积极性和效率。

由于实施了以上卓有成效的人工造林重大措施，使我国的森林面积、森林蓄积量和森林覆盖率得以持续扩大与提高。根据第 8 次全国森林资源清查的结果，截至 2013 年底：我国的森林面积已达 31.2 亿亩，其中人工造林的保留面积 10.35 亿亩，居世界第一位；我国的森林蓄积量已达 151.37 亿立方米，其中人工造林形成的森林蓄积量 24.85 亿立方米，也居世界第一位①。至于我国的森林覆盖率，在新中国成立初期的 1954 年仅为 7.9%，到改革开放初期的 1984 年也仅为 12%，而至 2013

① 参见：《第八次全国森林资源清查主要结果（2009—2013 年）》，中国林业网，http://www.forestry.gov.cn/main/65/content-659670.html。

年底已达到了21.63%，这个进步是相当大的。

尽管我国人工造林取得了上述巨大成就，但至今我国仍然是缺林少绿、森林总量不足、森林危机严峻的国家。国际上一般认为，一个国家或地区，其森林覆盖率低于30%，就意味着这个国家或地区陷入了森林危机与生态危机之中。我国的森林覆盖率至今只有21.63%，离30%的标准还很远，何时能达到30%的标准还很难预测，由此可见我国森林危机之深重。

再从森林资源的人均值来看，截至2013年底，我国的人均森林面积仅为2.29亩，仅为世界人均森林面积（9.16亩）的1/4；我国的人均森林蓄积量更少，仅为11.13立方米，仅为世界人均森林蓄积量（77.91立方米）的1/7。可见我国森林资源之短缺相当严重。由于森林资源短缺，我国的木材对外依存度也很高。近年来，我国每年的木材消费量已达5亿立方米左右，而我国自产的木材只能满足需求的一半左右，另一半需要依赖进口，木材的对外依存度高达50%左右，而且今后还将进一步升高。

由此看来，我国要摆脱森林危机，还有很长的路要走。在今后，我国仍需在加大林业投资、持续人工造林、厉行森林保护、提高林业管理科学化水平等方面，付出更大的长期艰苦努力。

二、经济增长与技术结构

其实，技术、管理、信息、文化等也都可以归结为经济增长所需要的要素，只是这种要素不同于前文所述的物质要素，属于非物质要素。这些要素在一定条件下也能带来价值增值，具有资本的一些属性和功能，因此人们也把它们看作是资本。由于技术对经济增长具有特殊作用，我们需要把技术及其结构作为独立的部分进行研究。

（一）全要素生产率对我国经济增长贡献度不高

人们的生产效率与人们主观上的努力程度有关，与人们之间的协作程度有关，更与人们使用的生产资料即工具等有关。人耕地的效率不如牛马，牛马的效率不如拖拉机。人们使用的工具越先进，其生产效率越高。技术一方面表现为劳动工具的效率高低，另一方面也表现为掌握劳动工具的劳动者技能的大小或者熟练程度。高熟练度的劳动者和高性能的工具结合在一起，才能形成最佳搭配，才能形成生产过程的高效率。这样一类依靠改进工具性能和提高劳动者技术能力的技术可以叫工艺性技术，其技术改良叫工艺创新，此类技术主要着眼于同类产品生产效率的增加。还有一类技术就是着眼于生产对消费者满足程度更高的新产品，这类技术改进叫产品创新。不管是工艺创新，还是产品创新，都能提高劳动效率。但每一种技术改进究竟提高了多少效率，如何衡量物质要素投入之外的非物质要素——技术所带来的效率，在西方经济学中，学者们提出了“全要素生产率”这一概念来分析技术进步对经济增长造成的影响。

1956年索洛提出了新古典经济增长模型。索洛在分析经济增长问题时，采用了总生产函数的方法。他首先假定存在一个总生产函数，在现有技术决定的范围内允许诸生产要素平稳地替代。即资本—劳动比率和资本—产出比例可以根据市场条件调整变化。用柯布—道格拉斯生产函数来描述其关系，即：$Y=AK^{\alpha}L^{\beta}$。式中，Y、K和L分别代表产出、资本和劳动力，A是一个不同经济间数值不同的常数，α 和 β 分别代表资本和劳动力的产出弹性，如果 $\alpha+\beta=1$，则意味着产出的增长完全等于要素的边际物质生产率乘以各自的增量，其更为一般的公式是：Y=F（K，L，R，t），其中K，L，R分别代表资本、劳动力和土地，t代表时间，表示在技术进步上一个固定趋势因素。

为了解释经济增长的长期持续性，索洛首先在生产函数中引入了技术因素变量。他假设技术是一种外生变量，并且保持一种固定的增长速度，即技术进步率。由于技术进步的存在，即使资本—劳动比率不变，资本的边际收益也会不断提高，因此，技术进步可以抵消资本边际收益随人均收入增加而递减的倾向，致使人均收入的增长长期得以保持。这一增长过程表明，技术进步是经济长期增长的决定因素。

索洛在 1957 年提出全要素生产率分析方法，并应用这一方法检验新古典增长模型时发现，资本和劳动的投入只能解释 12.5%的产出，另外 87.5%的产出被归结为一个外生的“余值”，这一“索洛余值”就是全要素生产率的结果，被认为是一个经济体中总产出增长率超出要素投入增长率的部分。

我们可以从更为通俗的角度来理解“全要素生产率”。即“全要素生产率”并非所有要素的生产率，而是除去所有有形生产要素对经济增长贡献率以外的余值。例如，假定 1 单位劳动的产量为 2，1 单位资本的产量为 3。如果投入 2 单位劳动和 2 单位资本，共计产量为 10；现在企业加强管理，提高技术，仍然投入 2 单位劳动和 2 单位资本，但产量扩大为 12，同样的投入产量比以前提高 2，这多余出的“2”就是全要素生产率的结果。

我们来讨论一下全要素生产率可能出现的情况：①

全要素生产率 = 总产出 ÷ 总投入

假设：P—全要素生产率；Q—总产出；L—劳动投入；K—资本投入。则有：

$P=Q\div(\alpha L+\beta K)$；（$\alpha+\beta=1$，加权系数）

由该公式我们可以推出全要素生产率变化的几种情况：

第一种：劳动力数量 L 不变，增加机器设备即资本 K 的投入，总

---

① 马汉武：《生产效率与生产率的界定及其意义》，《江苏理工大学学报》1999 年第 1 期。

产量和人均产量增加，全要素生产率不一定增加。

第二种：产量Q不变，资本K不变，减少劳动力数量L，则人均产出增加，全要素生产率增加。

第三种：劳动力数量L和资本数量K均不变，产量Q增加，全要素生产率增加。

第四种：劳动力数量和资本数量均增加，但增加速度没有产量增加的速度快，全要素生产率增加。

第一种应是我国企业普遍存在的情况；第二种情况我国也存在，如减员增效，但该种方法有可能导致企业微观效率提高、但宏观效率下降的结果；第三种和第四种是真正的内涵扩大导致企业产量的提高，走的是集约增长之路。

测算全要素生产率所采用的方法不同，得出的结论有一定程度的差异，但根据学术界现有的研究成果，可以得出一个基本的结论，即我国的全要素生产率对经济增长的贡献不高。例如：宋时达在其硕士学位论文《中日经济高速增长期全要素生产率比较分析》中，选取日本1955—1973年、中国1992—2010年这两个高速增长时期对两国的全要素生产率进行比较，得出结论：中国在1992—2010年期间，年均全要素生产率增长率为1.45%，同期GDP年均增长率为10.3%，全要素生产率对经济增长的贡献率为14%。日本在1955—1973年，年均全要素生产率增长率为3.19%，同期GDP年均增长率是为9.4%，全要素生产率对经济增长的贡献率为33.9%。日本的全要素生产率是中国的2.2倍。[①] 田娜通过研究证明，1979—2009年，中国年均全要素生产率的增长率为2.36%，对经济增长的贡献率为24.9%。[②]2013年4月24日，

① 宋时达：《中日经济高速增长期全要素生产率比较分析》，东北亚研究院，2012年硕士学位论文。

② 田娜：《基于全要素生产率的中韩经济增长因素分析》，《世界经济研究》2012年第4期。

中国建银投资有限责任公司发布2013年投资蓝皮书——《中国投资发展报告（2013）》。投资蓝皮书显示，1978—2010年，我国资本对经济增长的贡献率达到99.2%、劳动贡献率为3.5%，而全要素生产率贡献率为-2.7%。[①] 以上专家和机构的研究结论足以说明，中国目前的经济增长质量不高，仍然处于粗放增长的阶段。

（二）技术对外依赖严重，自主技术占比不高

我们可以从若干侧面来分析和认识这个问题。

1. 从贸易角度分析

改革开放以来，我国对外贸易取得了巨大的成就。2013年，我国的货物进出口总额达4.16万亿美元，已超过美国（3.85万亿美元），成为世界上货物贸易的第一大国。在此之前，从2011年起，我国的货物出口总额已超过德国，成为世界上货物出口第一大国。2013年我国货物贸易的顺差达到2592亿美元，仅次于德国（2717亿美元），是世界上货物贸易顺差显著的第二大国。目前，我国已经是120多个国家和地区的最大贸易伙伴。

改革开放30多年来，我国对外贸易的发展速度是很快的。1978年，我国的货物贸易进出口总额只有206亿美元；至2013年，已发展到4.16万亿美元，是1978年的202倍，年均增长16.4%，几乎每4年就翻一番，创造了世界贸易发展史上的奇迹。

近年来，我国对外贸易对全国经济增长的贡献率平均达到18%左右，直接和间接带动了国内1.8亿人就业，创造了18%的全国税收。

但我国对外贸易存在着明显的弱点。我国虽然已成为世界上的贸易大国，但还不是贸易强国。具体表现有以下几点：

---

① 报告称我国面临储蓄率下降威胁投资强度或难持续，2013年4月24日，http://finance.sina.com.cn/china/20130424/093815261207.shtml。

一是我国的服务贸易发展相对滞后。2013 年，我国服务贸易的进出口总额为 5396 亿美元，仅为美国的一半左右。其中，服务出口 2106 亿美元，服务进口 3291 亿美元，服务贸易逆差高达 1185 亿美元，我国成了世界上服务贸易逆差最大的国家。

二是我国的货物贸易顺差虽然高达 2592 亿美元，但主要是通过加工贸易（即替外商企业进行来料加工、来样加工、来件组装等低端加工）获得的。2013 年，加工贸易顺差高达 3635 亿美元。而一般贸易则一直存在逆差，2013 年的逆差为 224 亿美元。

三是我国货物的出口结构存在较大弱点。长期以来，我国的出口产品中，有相当大的一部分是被外资企业控制的。例如 2013 年，我国出口的机电产品已占出口总额的 57.3%，但其中的 61.2%是由外资企业生产和控制的；我国出口的高新技术产品已占出口总额的 29.9%，但其中的 73%是由外资企业生产和控制的。再从出口产品的品牌来看，情况就更严峻一些。据 2012 年的统计，我国出口的产品总额中，拥有自主品牌的产品仅占 11% ；89%的出口产品是贴牌产品。我国的自主品牌占有率实在是太低了。

我国要实现由贸易大国向贸易强国的转变，还有一段艰难的路要走。在当前和今后，需要加快调整进出口战略，实施创新驱动，加快培育以技术、品牌、质量、服务为核心的外贸竞争新优势，大力提高自主品牌产品的出口占有率和一般贸易的比重，大幅度降低贴牌产品和加工贸易的比重，大力发展服务贸易，形成货物贸易与服务贸易良性互动、协调发展的良好局面。

2. 从产业角度分析

（1）制造业关键技术对外依赖严重

制造业所需的关键部件严重依赖进口。《工程机械行业“十二五”发展规划》中称，工程机械行业高技术、高附加值的关键配套部件例如传动部件、控制元件、柴油发动机及关键液压件等主要依靠进口，平均每吨价格超过8万美元。这些关键部件，攫取了该行业的大部分利润。2010年全国1700多家机械行业企业的净利润为350亿元，同期美国工程机械巨头卡特彼勒净利润高达49.28亿美元，折合人民币312亿元，中国一个行业的盈利水平几乎和美国一个企业相当。中国的造船业尽管生产能力严重过剩，但很多关键设备仍然需要进口，在舰艇动力装置、电子系统领域距离世界先进水平仍还有不小差距。中国汽车产业合资30年，产量已跃居世界第一：2011年，我国汽车产销量达到1840万辆，占到全球汽车产量的23%。但自主技术和自主品牌却乏善可陈。汽车企业技术创新能力不足，自主品牌市场竞争力不强，企业核心竞争力与跨国公司相比差距较大。根据有关统计，目前在汽车发动机、电喷、ABS、微电机、安全气囊等核心零部件领域中，外资所占比例分别为100%、100%、91%、97%和69%。

天然气发电设备领域，我国燃气轮机尽管技术取得了一系列重要技术进步，但无论是在核心技术还是在市场应用方面，依旧与发达国家存在较大差距。通用电气、西门子、三菱重工和阿尔斯通等几家公司占据我国燃机市场的大半份额。核心技术人才匮乏、高端燃气轮机产品依赖进口、所占市场份额小是我国燃气轮机行业的普遍现象。①

中国在船舶发动机方面严重依赖外国技术。目前我国的大中型船舶所使用的发动机多数来自国外企业，其中主流的中速机被德国、日本和芬兰等国垄断。②

工业机器人装备和应用程度，是衡量一个国家制造业水平和科技水平的重要标志。工业机器人主要由传动系统、控制系统和人机交互系统等部分构成，其核心零部件主要包括，精密减速机、高性能交直流伺服

① 于海江：《国产燃机“最后一公里”冲刺》，《中国电力报》2015年4月9日。

② 王康、陈景秋：《国产船舶发动机如何突出重围?》，《中国知识产权报》2014年11月12日。

电机和驱动器及高性能控制器等，仅伺服系统、减速器、控制器3种零部件就占整个机器人成本的近6成。但在这些决定机器人质量和性能的关键部件领域，核心技术基本被日本等外国公司所垄断。①

（2）农业中的种子产业面临严峻挑战

种子产业在国民经济中无疑具有十分重要的地位。种子是农业的命脉，种子产业是农业的基础产业。2011年4月《国务院关于加快推进现代农作物种业发展的意见》明确指出："种业是国家战略性、基础性的核心产业"，是"保障国家粮食安全的根本"。有关方面人士指出：我们要建设现代农业，必须首先建设现代种业。农业现代化的前提是种业现代化，粮食安全的前提是种业安全。我们要确保中国人的饭碗牢牢端在自己手中，就必须把种子紧紧握在自己手中。

为了发展我国的民族种业，国务院于2011年、2012年、2013年连续三年出台了三个文件，全面部署了现代种业的发展工作，并于2011年5月召开了"全国现代种业工作会议"，决定采取一系列财政的、经济的、法律的、政策的措施，大力扶植育繁推一体化的现代种子企业的发展，全面提升我国现代种业的发展水平，推动我国由种业大国向种业强国转变。

2011年以来，按照国务院三个文件的部署，我国的现代种业在整顿中快速前进。至2013年底，我国的种子企业已由三年前的8700多家，减少到5200家，我国种子企业"小、散、乱"的状况有了明显改变；注册资本在1亿元以上的种子企业已达到106家，增幅近两倍；销售额1亿元以上的种子企业达到119家，增幅为30%；前50强大型种子企业的销售额已占全国种子市场份额的30%。

目前，我国种子产业每年推广使用的农作物主要品种约5000个，

① 王康：《国产机器人能否扛起中国"智"造大旗?》，《中国知识产权报》2014年12月3日。

自育品种占主导地位，做到了中国粮主要用中国种。其中，水稻、小麦等几乎全部为我国自主选育的品种；玉米、蔬菜85%以上种植面积也是使用中国自己的品种。我国自主研发推广的杂交水稻、抗虫棉、彩色棉等品种，在国际上已居于领先地位。全国主要农作物年供种量1000多万吨，良种覆盖率稳定在96%以上，良种对农业增产的贡献率达到43%。

但目前，我国种业面临着巨大的国际竞争压力。从上世纪90年代起，外企开始进入我国的种子市场。2000年8月我国彻底开放了种子市场后，外企更是大规模地快速涌入。目前，全球最大的五个跨国种子公司（它们占有全球种子市场的50%）和世界种子企业20强均已进入我国，完成了在我国的布阵，开始占领我国的种子市场。据统计，目前外资种子企业已占领了我国96%的甜菜、60%的向日葵、15%的蔬菜种子市场，正在向我国粮食的种子市场扩张，并已占领了我国11%的玉米种子市场。这对我国现代种业的发展，形成了较大的竞争压力。

我国现代种业的发展，与发达国家相比还有较大差距。例如，发达国家的良种对农业增产的贡献率一般都在60%以上，而我国仅为43%。发达国家的种业跨国公司，每年的研发投入占销量收入的比重一般都在10%以上；而我国10大种子企业的年均研发投入，却仅占销量收入的6%。美国的6大种子企业的年销售额，占全国种子市场份额的80%以上；而我国50个大型种子企业的年销售额，仅占全国种子市场份额的30%，产业集中度还比较低。我国至今尚未培育出在研发实力和竞争实力方面能与国际种业跨国公司相抗衡的特大型种子企业。

2014年5月26日至28日，世界种子大会在北京举行。大会广泛交流了良种的培育技术和经验，探讨和谋划了世界种业的未来发展，通过了《国际种子联盟2014年世界种子大会北京宣言》。在这次大会的有力推动下，我国的现代种业将以更快的步伐向前发展，使我国逐步成为种业强国。

（3）电子信息产业中的芯片产业发展严重滞后

半导体芯片，是所有电子产品整机的“心脏”。芯片产业是攸关国家信息安全和经济安全的战略性产业。然而，我国的芯片产业却发展缓慢，严重滞后，造成了一系列严重后果。

目前，我国的芯片市场，大部分被发达国家的跨国公司所垄断。我国各行各业、各个领域所使用的电子产品，包括我国政务、金融、公安等领域广泛使用的各类电子产品，其芯片只有10%是国产的，而90%是进口的，使用的是“外国芯”。这对我国的国家信息安全和经济安全，构成了重大威胁。正如业内人士所说：国家的信息安全和经济安全，是不能建立在进口的“外国芯”之上的。

我国是世界上的手机生产大国，全球77%的手机是我国制造的。然而，手机的芯片97%以上却是进口的，安装的是“外国芯”，国产芯片的占比不到3%。目前全球芯片市场的规模，每年约为3200亿美元，令人惊讶的是，其中的54%是出口到中国的。我国每年进口芯片，要花费2000亿美元，芯片成了我国的第一大进口商品，超过了石油的进口额。

业内人士指出：一个长时间依赖进口芯片的国家，在经济上只能处在世界产业链的低端；在政治上，则无法保障国家的信息安全和经济安全。这种局面如果长期延续下去，是很危险的。

自主技术的匮乏，对中国高端技术产品的发展形成了极大的制约，延缓了中国的产业升级和结构转型的进程，有些产业甚至威胁到国家经济安全。引进技术是必然的，但最好的技术是买不来的。必须从引进技术为主的阶段，向消化吸收、自主技术为主的阶段转变。

3. 从公布的科技创新和研发投入若干数据分析

2014 年 3 月，科技部所属的中国科学技术发展战略研究院发布了《国家创新指数报告 2013》。[①] 报告中，公布了 2012 年我国科技创新和研发投入的一系列相关数据。主要的有以下几项：

一是国家创新指数的世界排名。2012 年，我国的国家创新指数的世界排名，居于第 19 位，比 2011 年上升了一位。[②]

二是全社会的研发投入。2012 年，我国的全社会研发投入为 10298.4 亿元，在数量上居于世界第三位（仅次于美、日），占全球的份额为 11.7%。

但是，这一年，我国的研发投入占 GDP 的比重，却只有 1.98%，大大低于发达国家的一般水平（3%左右）。而且，我国最近 20 年的研发投入累计总额，还不及美国最近两年的累计总额，也不及日本最近 4 年累计总额。

三是企业的研发投入。2012年，我国企业的研发投入为13916.8亿元，占我国全社会研发投入的 74%，占全世界企业的研发投入总额的 13%。

但是，我国规模以上工业企业的研发投入占其销售收入之比重，却只有 0.77%，大大低于发达国家 2.5%至 4%的一般水平。

四是研发人员数量。2012 年，我国的研发人员共计 324.7 万人，居世界第一位，占全世界研发人员总数的 29.2%。

但是，我国研发人员占就业人员的比重却比较低。2012 年我国每一万名就业人员中，仅拥有研发人员 42 人，大大低于发达国家 100 人

① 中国科学技术发展战略研究院：《国家创新指数报告 2013》，科学技术文献出版社 2014 年版。下载网址：http://www.most.gov.cn/cxdc/cxdcpjbg/201405/P020140506384721718193.pdf。

② 国家创新指数，是根据创新资源、知识创造、企业创新、创新绩效、创新环境等 5 个一级指标、30 个二级指标综合计算出来的。2012 年的国家创新指数的世界排名，居于首位的是美国，居于第二至第十位的是日本、瑞士、韩国、以色列、瑞典、芬兰、荷兰、丹麦、德国，俄罗斯居于第 32 位，印度居于第 39 位。

以上的一般水平。

五是本国人的发明专利申请量和授权量。2012 年，我国的本国人发明专利申请量已居世界第一位，占当年全世界发明专利申请总量的 37.9%；我国的本国人发明专利授权量居世界第二位，占当年全世界的发明专利授权总量的 22.3%。

但是，我国每一万人口拥有的发明专利量却比较低，2012 年仅为 3.2 件，大大低于发达国家的一般水平（20 件以上）。

六是科学论文数量和科技进步贡献率。2012 年，我国学者发表的科学论文数量，已占国际科学论文总量的第二位，被引论文数量也居世界的第四位。这说明，我国每年的科研成果是不少的。

但是，我国的科技进步对经济发展的贡献率却比较低，2012 年只有 52.2%，大大低于发达国家的一般水平（80%左右）。这说明，我国的科研与经济相结合的程度还不够高。

另外，根据“世界 500 强企业榜单”公布的数据，从世界 500 强企业研发强度看，我国的研发投入明显不足。94 家上榜 2015 世界 500 强的中国内地企业中，有 74 家申报了研发投入，研发强度为 1.24%，而世界 500 强企业的平均研发强度为 5%。①

三、经济增长与需求结构

在国民收入核算体系中，社会总需求可以划分为投资、消费、净出口三个组成部分，这三大部分的相互关系和比例构成就是需求结构。投资、消费、净出口三大需求被称为拉动经济增长的三驾马车。

需求结构的变动有一定的规律。随着人均国民收入的增加，投

① 《2015 中国企业 500 强榜单》，2015 年 8 月 23 日 07:32，中国政府网，http://news.sina.com.cn/c/2015-08-23/073232231856.shtml。

资率在一定时期内增加较快，接着减缓，呈S形曲线；消费率下降较快，接着逐步上升，呈反S形趋向。钱纳里（H.Chernery）和赛尔昆（M.Syrquin），世界银行、乔卫国等做了该方面的研究，结论总体一致。①

经济发展不同阶段，三大需求对经济增长的作用不同。经济发展初期，资本积累的作用十分重要。一般资本积累高的国家，经济增长就快。经济发展到一定阶段，消费对经济增长的作用日益突出，直至占据主导地位。②

下面我们分析三大需求和经济增长的关系。

（一）经济增长与投资需求

新中国成立后，我国经济百废待兴，国际上形成了社会主义和资本主义两个相互竞争和彼此对立的阵营。我国迫切需要摆脱落后局面，快速建立和发展自己的工业体系。"生产资料工业优先发展"自然而然成为我国经济发展战略的首要选择。而发展生产资料工业即重工业，就必须压缩消费，增加积累。1949—1978年，经过近30年的发展，工业上已经形成了"重积累，轻消费"的基本格局。

改革开放后的30年，多种因素导致"重积累，轻消费"的基本格局没有转变。一是改革开放之初，虽然历经30年的建设和发展，但工业基础依然薄弱。工业中没有经济规模能与先进国家比肩的企业，更谈不上国际竞争力。国家发展客观上仍然需要建立强大的工业基础和工业体系。二是政府GDP考核机制的指挥棒作用。发展经济最快的方式莫过于"招商引资"，通过土地、税收、贷款等各种优惠政策，各种资

① 史晋川等:《经济结构调整与经济发展方式转变》，经济科学出版社2012年版，第79页。

② 史晋川等:《经济结构调整与经济发展方式转变》，经济科学出版社2012年版，第82—83页。

本密集型、投资密集型、设备密集型的大项目此起彼伏，迅速在各地发展起来。三是国有企业依然是预算软约束，投资大项目、大产业是其理性选择。四是加入世贸组织，为各个产能迅速扩大的产业找到了出口市场。在“入世”前，我国企业能够排进世界500强的屈指可数，但经过十多年的发展，目前大企业进入世界500强的数量已经进入世界第二位。

投资对中国经济的拉动作用十分明显。根据表4–10中各个周期的均值，我们可以绘制出我国GDP增长和社会固定资产投资增长的趋势图。

表4–10　我国GDP增速与全社会固定资产投资增速趋势比较

年份	GDP增速（%）	投资增速（%）
1981	5.2	5.5
1982	9.1	28.0
1983	10.9	16.2
1984	15.2	28.2
1985	13.5	38.8
“六五”均值	10.78	23.34
1986	8.8	22.7
1987	11.6	21.5
1988	11.3	25.4
1989	4.1	–7.2
1990	3.8	2.4
“七五”均值	8.95	12.96
1991	9.2	23.9
1992	14.2	44.4
1993	14.0	61.8
1994	13.1	30.4

（续表）

年份	GDP 增速（%）	投资增速（%）
1995	10.9	17.5
“八五”均值	12.28	35.60
1996	10.0	14.8
1997	9.3	8.8
1998	7.8	13.9
1999	7.6	5.1
2000	8.4	10.3
“九五”均值	8.62	10.58
2001	8.3	13.0
2002	9.1	16.9
2003	10.0	27.7
2004	10.1	26.6
2005	11.3	26.0
“十五”均值	9.76	22.04
2006	12.7	23.9
2007	14.2	24.8
2008	9.6	25.9
2009	9.2	30.0
2010	10.4	23.8
“十一五”均值	11.22	25.68
2011	9.3	23.8
2012	7.7	20.3
2013	7.7	19.3
“十二五”均值	8.23	21.13

资料来源：中华人民共和国国家统计局：《中国统计摘要 2014》，中国统计出版社 2014 年版，第 77 页。

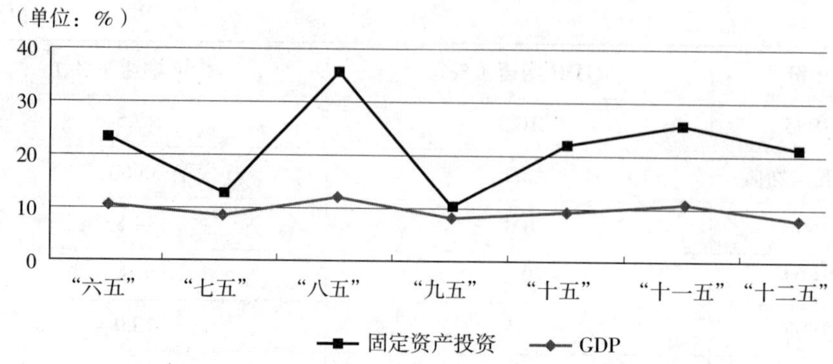

图 4–3　我国 GDP 增速和固定资产投资增速趋势图

（1）图 4–3 显示，GDP 波动趋势与社会固定资产投资波动趋势完全一致。这说明我国的 GDP 增长主要是依靠投资拉动的

如果我们再深入分析一下，会发现三次产业的产值增速其实也取决于各次产业的固定资产投资增速。受数据资料限制，笔者仅仅查到了 1999—2014 年的各次产业固定资产投资的数据，计算了这些年度各次产业的固定资产投资占比。结果足以说明前文曾经提到的“服务业发展滞后于工业”的问题。

前文在分析我国就业弹性系数时，我们发现，进入 20 世纪 90 年代以来，就业弹性系数迅速下降至较低水平，并且一直延续至今。我们分析原因时，提出原因是“两个滞后”，一是服务业本身发展滞后；二是服务业相对于工业发展滞后，即“八五”、“九五”、“十五”、“十一五”、“十二五”等各个时期，第三产业产值增速一直慢于第二产业产值增速。

在此，我们可以更进一步解释第二个原因。自上世纪 90 年代以来，第三产业产值增速一直慢于第二产业产值增速的原因，就是因为第三产业的投资增速总体慢于第二产业的投资增速。

1999—2014 年，第二产业固定资产投资占比总体上升，从 33.0% 上升为 41.5%；第三产业固定资产投资占比总体下降，从 63.3% 下降到 56.1%。

不过，2011—2014年，第一产业产值占比略有上升；第二产业逐年下降；第三产业稳步上升。说明新一届政府履职之后，各种结构调整的政策发挥了积极的作用，结构调整在向合理化方向发展。

表4-11　1999—2014年各产业固定资本投资占比①

年份	第一产业（%）	第二产业（%）	第三产业（%）
1999	3.7	33	63.3
2001	3.2	31	65.8
2002	3.4	32.5	64.1
2003	2.7	35.2	62.1
2004	2.5	37.7	59.8
2005	1.1	42.1	56.8
2006	1.2	42.5	56.3
2007	1.2	43.5	55.3
2008	1.5	43.9	54.6
2009	1.7	42.4	55.9
2010	1.6	41.9	56.5
2011	2.3	43.8	53.9
2012	2.5	43.5	54.0
2013	2.1	42.3	55.6
2014	2.4	41.5	56.1

① 根据1999—2014年的历年《中华人民共和国国民经济和社会发展统计公报》计算整理得出。

（2）从图中可以明显发现，投资增速过高的时期，例如“八五”时期的35.60%和“十一五”时期的25.68%，超过平均增速的增量部分对GDP的拉动作用十分有限

笔者研究对比发现，投资对经济增长的拉动和出口对经济增长的拉动有密切的关系。表4–12反映了二者之间关系趋势的变化，我们用表中数据绘制一个折线图，这种趋势表现得更为显著。

表4–12 我国投资和净出口对GDP拉动占比①趋势比较

年份	投资拉动（%）	货物和服务净出口拉动（%）
1981	–0.2	0.5
1982	2.2	1.0
1983	4.4	–1.6
1984	6.2	–1.5
1985	10.9	–8.9
“六五”均值	4.3	–2.1
1986	2.0	2.8
1987	2.7	3.1
1988	4.5	1.2
1989	0.7	1.8
1990	0.1	1.9
“七五”均值	2.0	2.2
1991	2.2	1.0
1992	4.9	–1.0
1993	11.0	–5.3
1994	5.7	3.4

① 产业贡献率 = 产业增加值增量 / 国内生产总值增量；产业拉动率 = 国内生产总值增长速度 × 各产业贡献率。

（续表）

年份	投资拉动（%）	货物和服务净出口拉动（%）
1995	6.0	
“八五”均值	6.0	–0.5
1996	3.4	0.6
1997	1.7	4.2
1998	2.1	1.3
1999	1.8	0.1
2000	1.9	1.0
“九五”均值	2.2	1.4
2001	4.1	
2002	4.4	0.7
2003	6.3	0.1
2004	5.5	0.7
2005	4.4	2.5
“十五”均值	5.2	1.0
2006	5.5	2.1
2007	6.0	2.6
2008	4.5	0.9
2009	8.1	–3.5
2010	5.5	0.4
“十一五”均值	5.9	0.5
2011	4.4	–0.4
2012	3.6	–0.1
2013	4.2	–0.3
“十二五”均值	4.1	–0.3

资料来源：中华人民共和国国家统计局：《中国统计摘要2014》，中国统计出版社2014年版，第36页。

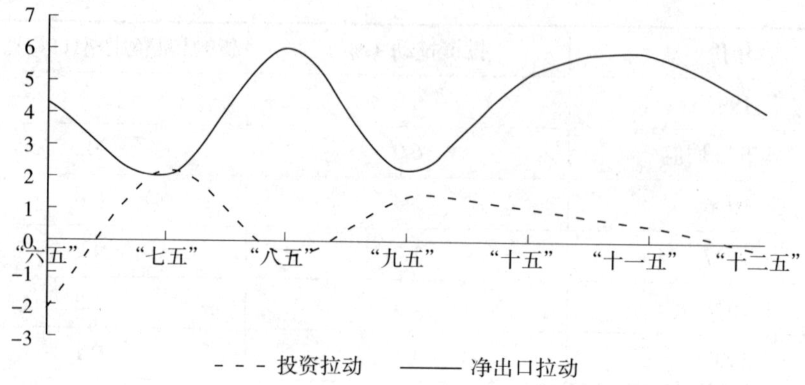

图 4-4 我国投资拉动和净出口拉动变化趋势图

图 4-4 显示，我国投资拉动趋势和净出口拉动趋势总体是相反的。从“六五”到“十二五”共计七个周期，投资年均增速为 21.6%，以此为标准，超出这个标准，即为投资增速高的周期；低于这个标准，则为投资增速较低时期。七个周期出口拉动的平均值为 0.3%。我们发现，投资增速越高之时，必是出口拉动低谷之时。例如“六五”、“八五”、“十五”、“十一五”的投资增速都超过了平均值 21.6%，分别为 23.34%、35.60%、22.04%、25.68%，对应时期的出口拉动分别为−2.1%、−0.5%、1.0%、0.5%。投资增速较低之时，反而是出口拉动强劲之时。例如，低于均值 21.6%的几个周期为“七五”、“九五”、“十二五”，投资增速分别为 12.96%、10.58%、21.13%，对应时期的出口拉动分别为 2.2%、1.4%、−0.3%。

这种此消彼长的关系深刻反映出我国“外向型”经济的典型特征。货物和服务的净出口是货物和服务出口总额减去进口总额的剩余部分。当投资高速增长之时，我国严重依赖外部供给的矿产品、农产品、各种原材料必然进口增加，制造业所需要的关键技术和设备同样不可或缺，进口增加超过出口增加，导致净出口增加总额降低，由此使得净出口对 GDP 增长的贡献率降低，使得出口拉动降低。相反，投资增速降低，使得进口增加赶不上出口增加，导致出口净值提高，出口对 GDP 拉动作用增强。我国经济发展实际情况也反映了这种规律的作用和影响。当经济高速增长之时，在我国的城市建设、基础设施、医疗卫生等公共服务领域，大量资金就会被用于购买成套的进口设备、技术甚至是产品，这些投资实际上为国外的技术和产品创造了市场，对国内的经济拉动作用有限。

“十五”、“十一五”的出口拉动超过了七个周期的平均值 0.3%，“十二五”时期的出口拉动低于平均值 0.3%，并不影响这一规律现象的成立。2001 年 12 月 11 日，我国正式加入世界贸易组织，这一事件对我国进出口贸易影响巨大。促使我国对外贸易快速增长了将近十年，2008 年以来，受国际金融危机影响，国际出口环境恶化，我国对外贸易增速放缓，导致出口拉动呈降低之势。

（3）投资增速低的时期，恰是我国经济增长效益较好的时期

表 4–13　我国各周期能源弹性消费系数及居民价格指数

年份	能源消费弹性系数	电力消费弹性系数	居民价格指数（%）
1991	0.55	1.00	3.4
1992	0.37	0.81	6.4
1993	0.45	0.79	14.7
1994	0.44	0.76	24.1
1995	0.63	0.75	17.1
“八五”均值	0.48	0.81	13.14
1996	0.31	0.74	8.3
1997	0.06	0.52	2.8
1998	0.03	0.36	–0.8
1999	0.42	0.80	–1.4

（续表）

年份	能源消费弹性系数	电力消费弹性系数	居民价格指数（%）
2000	0.42	1.13	0.4
“九五”均值	0.24	0.71	1.86
2001	0.40	1.12	0.7
2002	0.66	1.30	-0.8
2003	1.53	1.56	1.2
2004	1.60	1.52	3.9
2005	0.93	1.19	1.8
“十五”均值	1.05	1.34	1.36
2006	0.76	1.15	1.5
2007	0.59	1.01	4.8
2008	0.41	0.58	5.9
2009	0.57	0.78	-0.7
2010	0.58	1.27	3.3
“十一五”均值	0.58	0.98	2.96
2011	0.76	1.30	5.4
2012	0.51	0.77	2.6
2013	0.48	0.97	2.6
“十二五”均值	0.58	1.01	3.53

数据来源：中华人民共和国国家统计局：《中国统计摘要 2011》，中国统计出版社，第 90、143 页；《中国统计摘要 2014》，第 43、74 页。

20 世纪 90 年代以来，投资增速最低的时期，恰是各方面经济指标最好的时期。我们同样计算“八五”、“九五”、“十五”、“十一五”、“十二五”各周期的均值。从表 4-10 可知，五个周期投资增速分别为 35.60%、10.58%、22.04%、25.68%、21.13%，“九五”时期明显最低。

表 4–13 显示，五个周期的能源消费弹性系数分别为：0.48、0.24、1.05、0.58、0.58；电力消费弹性系数分别为：0.81、0.71、1.34、0.98、1.01。这两个指标“九五”时期最低，说明在这五个周期中，“九五”时期的能源和电力利用效率最高。五个周期的居民价格指数分别为：13.14%、1.86%、1.36%、2.96%、3.53%。该指标中“九五”时期仅比“十五”时期略高一些，仍属于较低水平，说明“九五”时期通胀率低。“十五”时期虽然通胀率最低，但投资增速为“九五”时期 2 倍，能源消费弹性系数更是“九五”时期的 4.4 倍。

我们再结合“每单位固定资产投资额带来的 GDP 数额”和“每单位出口额带来的 GDP 数额”这两个指标继续分析。表 4–14 显示，“八五”、“九五”、“十五”、“十一五”、“十二五”五个周期的“每单位固定资产投资额带来的 GDP 数额”总体呈下降趋势，分别为 3.03、3.05、2.40、1.67、1.38。

“每单位出口额带来的 GDP 数额”总体也呈下降趋势，分别为 5.27、5.31、3.61、3.34、4.01。这两个时期，“九五”时期是最高的。

表 4–14　各时期每单位固定资产投资额或每单位出口额带来的 GDP 数额

（单位：亿元）

	“八五”	“九五”	“十五”	“十一五”	“十二五”
GDP 总额	193030.5	423443.5	710626.3	1538585.8	1561419.3
固定资产投资总额	63808.3	139033.2	295531.0	922871.2	1133254.2
货物出口总额	36661.8	79754.9	197011.6	460497.7	389754.0
GDP 总额 ÷ 固定资产投资总额	3.03	3.05	2.40	1.67	1.38
GDP 总额 ÷ 货物出口总额	5.27	5.31	3.61	3.34	4.01

资料来源：根据《中国统计摘要 2014》第 20、77、90 页数据计算整理。

上述若干指标的分析，从另一个侧面证明，投资增长过快，投资量过大，投资的边际效率必然降低。因此，适度降低投资增速未必不是一件好事。20 世纪 90 年代以来，四个周期投资增速平均在 22%以上，今后应把投资增速控制在 22%以下。全国人大原副委员长成思危 2013 年 12 月 25 日在北京举行的“第十三届中国经济论坛”上发表观点认为，投资的增长率不应该超过 GDP 增长率的 1.4 倍。① 成思危强调，一要靠制度创新、技术创新和管理创新推动经济发展；二要保持投资的适度增长，防止过度投资带来的豆腐渣工程、无效投资和有水分的 GDP；三要依靠技术进步、技术创新，依靠提高劳动者素质、依靠加强管理来提高劳动生产率，进而提高职工的收入，最终真正依靠居民的消费推动经济增长，实现国强民富的中国梦。笔者认为，成思危的观点切中我国经济发展问题的要害，值得深入挖掘和研究。

（二）经济增长与消费需求

支出法计算的国内生产总值由投资、消费和净出口组成②。目前在出口拉动 GDP 很小的情况下，消费和投资必然存在此消彼长的关系。即整个国民收入中用于投资的多了，用于消费的必然减少。

1. 消费率和投资率总体此消彼长

表 4–15 显示，改革开放后，只有一小段时期消费率总体是增长的，这个时期就是农民收入增长最快、城乡差距最小的 1978—1985 年这段时期。这段时期，消费率从“五五”时期的年均 64.0%，增长到“六五”时期的 66.4%，此后基本上是一路下降，“七五”、“八五”、

① 成思危：《投资增长率不应超过 GDP 增长率 1.4 倍》，2013 年 12 月 25 日，新浪财经，http://finance.sina.com.cn/hy/20131225/101617745587.shtml。

② 支出法 GDP 总值 = 最终消费支出（居民消费支出 + 政府消费支出）+ 资本形成总额（固定资本形成总额 + 存货增加）+ 货物和服务的净出口。消费率 = 最终消费支出 ÷ 支出法 GDP 总值；投资率 = 资本形成总额 ÷ 支出法 GDP 总值。

“九五”、“十五”、“十一五”、“十二五”各周期的年均消费率分别为63.9%、60.1%、60.3%、57.1%、49.1%、49.5%。从“六五”到“十二五”，共计下降了16.9%，这个速度是比较快的。其中居民消费率从51.8%下降到36.0%，共计下降了15.8%，占总消费率下降份额的93.5%；政府消费率从14.6%下降到13.5%，共计下降了1.1%，占总消费率下降份额的6.5%。因此，消费率的下降主要由居民消费率下降所导致。

与消费率的趋势相反，投资率除了在1978—1985年这个时期有所下降外，其他各个周期总体是上升的。“六五”、“七五”、“八五”、“九五”、“十五”、“十一五”、“十二五”各周期的年均投资率分别为33.9%、36.5%、39.0%、36.6%、40.0%、44.5%、47.9%，从“六五”到“十二五”共计上升了14%。

净出口率总体也是上升的。在1994年汇率制度改革之后，加之2001年加入世贸组织，我国对外贸易获得高速发展，“九五”、“十五”、“十一五”、“十二五”各周期的年均净出口率分别为3.1%、2.9%、6.4%、2.6%，出口扩张速度明显加快，出口规模的扩大让我国的外汇储备迅速增加，如今早已是世界上拥有最大外汇储备的国家。

表4–15　消费、投资、净出口（货物和服务）占比趋势（支出法国内生产总值=100）

年份	最终消费率（%）	居民消费率（%）	政府消费率（%）	投资率（%）	净出口率（%）
1978	62.1	48.8	13.3	38.2	–0.3
1979	64.4	49.1	15.3	36.1	–0.5
1980	65.5	50.8	14.7	34.8	–0.3
“五五”	64.0	49.6	14.4	36.4	–0.4
1981	67.1	52.5	14.6	32.5	0.4
1982	66.5	51.9	14.6	31.9	1.6
1983	66.4	52.0	14.4	32.8	0.8

（续表）

年份	最终消费率（%）	居民消费率（%）	政府消费率（%）	投资率（%）	净出口率（%）
1984	65.8	50.8	15.0	34.2	0.0
1985	66.0	51.6	14.4	38.1	-4.1
“六五”	66.4	51.8	14.6	33.9	-0.3
1986	64.9	50.5	14.4	37.5	-2.4
1987	63.6	49.9	13.7	36.3	0.1
1988	63.9	51.1	12.8	37.0	-0.9
1989	64.5	50.9	13.6	36.6	-1.1
1990	62.5	48.8	13.7	34.9	2.6
“七五”	63.9	50.2	13.7	36.5	-0.4
1991	62.4	47.5	14.9	34.8	2.8
1992	62.4	47.2	15.2	36.6	1.0
1993	59.3	44.4	14.9	42.6	-1.9
1994	58.2	43.5	14.7	40.5	1.3
1995	58.1	44.9	13.2	40.3	1.6
“八五”	60.1	45.5	14.6	39.0	0.9
1996	59.2	45.8	13.4	38.8	2.0
1997	59.0	45.2	13.8	36.7	4.3
1998	59.6	45.3	14.3	36.2	4.2
1999	61.2	46.1	15.1	36.2	2.7
2000	62.3	46.4	15.9	35.3	2.4
“九五”	60.3	45.8	14.5	36.6	3.1
2001	61.4	45.3	16.1	36.5	2.1
2002	59.6	44.0	15.6	37.8	2.6
2003	56.9	42.2	14.7	41.0	2.1
2004	54.4	40.5	13.9	43.0	2.6
2005	53.0	38.9	14.1	41.5	5.5

（续表）

年份	最终消费率（%）	居民消费率（%）	政府消费率（%）	投资率（%）	净出口率（%）
“十五”	57.1	42.2	14.9	40.0	2.9
2006	50.8	37.1	13.7	41.7	7.5
2007	49.6	36.1	13.5	41.6	8.8
2008	48.6	35.4	13.2	43.7	7.7
2009	48.5	35.4	13.1	47.2	4.3
2010	48.2	34.9	13.3	48.1	3.7
“十一五”	49.1	35.8	13.3	44.5	6.4
2011	49.1	35.7	13.4	48.3	2.6
2012	49.5	36.0	13.5	47.7	2.8
2013	49.8	36.2	13.6	47.8	2.4
“十二五”	49.5	36.0	13.5	47.9	2.6

资料来源：《中国统计摘要2014》，第35页。

2. 为什么居民消费率不断下降？

这个问题和“投资率持续上升”问题是一个问题的两个方面。一个国家的“国民收入总量”大体可以划分为“居民收入＋政府财政收入＋企业收入”，涉及一次分配和二次分配。

表4-16显示，多年来居民收入增长一直慢于国民收入增长，更是慢于财政收入增长。仅有“五五”时期，城乡居民收入平均增速达15.3%，快于7.7%的国民总收入增速，甚至快于10.6%的财政收入增速。此后的“六五”、“七五”、“八五”、“九五”、“十五”、“十一五”，城乡居民收入平均增速都低于国民总收入增速，更是远远低于财政收入增速。“六五”到“十一五”这个时期，财政收入增速是城乡居民收入增速的2.24倍，国民总收入增速是城乡居民收入增速的1.45倍。如果加上“十二五”时期，则财政收入增速是城乡居民收入增速的2.14倍，

国民总收入增速是城乡居民收入增速的 1.35 倍。

上述情况在相关研究报告中也得到证实。2012 年 9 月 14 日，在第七届新人力论坛上，由人保部劳动工资研究所组织编写的《2011 年中国薪酬发展报告》正式发布。报告指出，2011 年，我国居民收入增长远远低于财政收入和企业收入增长，使得居民收入占国民收入比不升反降，该《报告》引用统计局数据测算，2011 年我国公共财政收入 10.37 万亿元，增长 24.8%，增幅分别是城镇居民人均可支配收入名义增幅的 1.76 倍和农村居民人均纯收入名义增幅的 1.39 倍，而同期企业收入增长幅度为 20%左右，也远高于居民收入[①]。

城乡居民收入增长长期低于国民总收入的增长，更低于财政收入的增长，是导致我国居民消费率不断下降的内在原因。

"十二五"时期，城乡居民收入增速第一次超过国民总收入增速，即城乡居民收入增速为 9.4%，国民总收入增速为 8.2%，但仍远低于 16.0%的财政收入增速。从表 4-16 分析可知，与"十一五"时期相比，国民总收入增速下降了 3.1%，财政收入增速下降了 5.5%，城乡居民收入反而上升了 0.1%。这种情况深刻地反映出我国经济进入了一个重要的历史发展阶段：企业成本上升远比利润增加得快，企业的利润空间不断缩小，大量的企业会因此破产、倒闭，企业真正进入了不转型、不创新就无法进一步发展甚至无法生存的阶段。

---

① 《我国居民收入增长远远低于财政收入和企业收入增长》，2012 年 11 月 10 日，来源，财经界综合整理，http://finance.17ok.com/news/4/2012/1110/2214232.html。

表 4-16　我国城乡居民家庭人均收入增长率趋势

年份	城镇居民家庭人均可支配收入增长率（%）	农村居民家庭人均纯收入增长率（%）	城乡平均增长率（%）	国民总收入增速（%）	财政收入增速（%）
1978				11.7	29.5
1979	15.7	19.2		7.6	1.2
1980	9.7	16.6		7.8	1.2
“五五”均值	12.7	17.9	15.3	7.7	10.6
1981	2.2	15.4		5.2	1.4
1982	4.9	19.9		9.2	3.1
1983	3.9	14.2		11.1	12.8
1984	12.2	13.6		15.3	20.2
1985	1.1	7.8		13.2	22.0
“六五”均值	4.9	14.2	9.6	10.8	11.9
1986	13.9	3.2		8.5	5.8
1987	2.2	5.2		11.5	3.6
1988	–2.4	6.4		11.3	7.2
1989	0.1	–1.6		4.2	13.1
1990	8.5	1.8		4.1	10.2
“七五”均值	4.5	3.0	3.8	7.9	8.0
1991	7.1	2.0		9.1	7.2
1992	9.7	5.9		14.1	10.6
1993	9.5	3.2		13.7	24.8
1994	8.5	5.0		13.1	20.0
1995	4.9	5.3		9.3	19.6
“八五”均值	7.9	4.3	6.1	11.9	16.4
1996	3.8	9.0		10.2	18.7

（续表）

年份	城镇居民家庭人均可支配收入增长率（%）	农村居民家庭人均纯收入增长率（%）	城乡平均增长率（%）	国民总收入增速（%）	财政收入增速（%）
1997	3.4	4.6		9.6	16.8
1998	5.8	4.3		7.3	14.2
1999	9.3	3.8		7.9	15.9
2000	6.4	2.1		8.6	17.0
“九五”均值	5.7	4.8	5.3	8.7	16.5
2001	8.5	4.2		8.1	22.3
2002	13.4	4.8		9.5	15.4
2003	9.0	4.3		10.5	14.9
2004	7.7	6.8		10.5	21.6
2005	9.6	6.2		10.8	19.9
“十五”均值	9.6	5.3	7.5	9.9	18.8
2006	10.4	7.4		13.3	22.5
2007	12.2	9.5		14.6	32.4
2008	8.4	8.0		10.1	19.5
2009	9.8	8.5		8.3	11.7
2010	7.8	10.9		10.2	21.3
“十一五”均值	9.7	8.9	9.3	11.3	21.5
2011	8.4	11.4		8.7	25.0
2012	9.6	10.7		8.4	12.9
2013	7.0	9.3		7.4	10.1
“十二五”均值	8.3	10.5	9.4	8.2	16.0

资料来源：根据表3–4、表4–6及《中国统计摘要2014》第23、57、69页数据整理计算。

相对于政府财政收入和企业收入，城乡居民收入增长缓慢。而城乡居民收入增长长期滞后，一方面造成居民消费倾向提升缓慢，直接导致居民消费率有减无增；另一方面，又导致有购买能力的有效需求不足，使得供给和需求的结构性矛盾更加突出。

在此需要说明的是，“十二五”时期，居民收入增长速度第一次超过国民总收入的增长速度，这一变化应是一个趋势性的变化，必须给予足够的重视。为什么这么说呢？一是居民收入提高是我国经济发展的内在需求。从社会主义生产目的看，社会主义国家的生产目的就是为了满足人民群众日益增长的物质文化的需要。从新一届政府确立的发展目标看，党的十八大报告中明确提出“在发展平衡性、协调性、可持续性明显增强的基础上，实现国内生产总值和城乡居民人均收入比 2010 年翻一番”的宏伟目标。要实现这一目标，必须使居民收入增长速度保持在年均 7%以上。从经济发展的实际情况看，尽管我国劳动力在数量上仍然是供大于求，但这种供过于求的“量”呈现缩小趋势。在劳动力的质量上，供求之间的结构性矛盾日益突出，更多地表现为供不应求即劳动力短缺的矛盾。此外，从人们和发展所必需的物质资料看，人们生活所必需的各种物质资料例如衣食住行等的成本都呈上升趋势。因此，居民收入不断提高，既是我国的经济发展的目标，更是经济发展规律的内在要求和必然结果。二是居民收入提高对经济增长带来两种效应。一方面能够扩大消费，另一方面会增加企业产品生产和服务的成本。尤其在我国总体产能严重过剩的背景下，劳动力成本的总体提高，直接导致企业的利润空间不断降低。可以预见，“十三五”时期，企业发展将是步履维艰，困难重重。

回过头来，我们继续讨论消费率下降的问题。收入差距扩大，更让消费不足的矛盾雪上加霜。人保部劳动工资研究所发布的 2011 年《中国薪酬发展报告》称，我国企业工资分配的结构性问题突出，企业高管收入增长偏快，部分高管薪酬过高。2011 年全国城镇企业（不含私营单位）在岗职工平均工资从2002年的12422元增长至42452元。“十一五”期间，上市公司高管年薪平均值由2005年的29.1万元增加到2010年的66.8万元，平均每年递增18.1%。“十一五”期间，部分行业工资水平增长过快，水平过高，拉大了社会不同群体间的收入差距。2010年，上海浦发银行员工工资及奖金人均为29.66万元，员工的其他福利人均6.08万元，两者合计人均35.75万元，是当年城镇单位企业在岗职工平均工资的10倍。①

自20世纪80年代中期以来，城乡收入差距一直呈扩大趋势。占人口一半的农村居民消费能力严重不足，成为制约居民消费增长的最主要原因。

房价增长过快，使企业劳动者工资收入的实际购买力不升反降，让大多数具有刚性需求和改善性需求的人们不得不成为向银行机构长期贷款的“房奴”；社会保障改革滞后，医疗、教育支出增长的预期，让人们不得不缩减当下消费，积极储蓄以应对不确定的未来。

政府消费始终维持一个比较大的规模，但政府的消费更多地刺激了奢侈品行业的发展。近年来，政府消费被遏制，相关奢侈品、高端消费行业迅速萎缩就是明证。如表4-17所示，政府消费在财政收入中的占比在“八五”时期达到最高为128.5%，此后逐步下降，至“十二五”时期降至新低，为61.3%。“八五”、“九五”、“十五”三个时期的政府消费占比都很高，分别达到了128.5%、123.9%、91.3%。以“政府部门人员因公出国（境）经费、公务车购置及运行费、公务招待费产生的消费”为代表的“三公”消费，催生的是国外奢侈品行业和国内珠宝玉石、书画古玩、高端餐饮、高端食品、高端保健品等行业的畸形发展，对人民物质生活和文化生活所需的生活资料、教育、医疗等行业的拉动

① 中国薪酬发展报告，http://baike.baidu.com/link?url=VQGmNSK1qBhUqaDk8aIpktCCAa5YZ3aRs5fbqpKUbhBzxKIC2z54wh-q2v_cV0o_3ZtvkbLtqEuhW9G_DleYB_。

作用十分有限。

表 4–17　各周期政府消费占财政收入的比重

（单位：亿元）

时期	政府消费	财政收入	政府消费 / 财政收入
“六五”	4844.0	7402.75	65.4%
“七五”	10160.8	12280.60	82.7%
“八五”	28828.8	22442.10	128.5%
“九五”	62919.5	50774.39	123.9%
“十五”	105026.5	115050.69	91.3%
“十一五”	207227.4	303010.95	68.4%
“十二五”	214542.0	350270.85	61.3%

资料来源：根据《中国统计摘要 2014》第 34 页和第 69 页数据计算整理。

上述情况反映了我国消费需求不足的基本原因。消费需求的不足，阻碍了消费结构的升级换代，对产业结构的升级转型形成明显的制约。

（三）经济增长与出口需求

从表 4–15 可知，“五五”、“六五”、“七五”、“八五”、“九五”、“十五”、“十一五”、“十二五”八个周期净出口在支出法国内生产总值中的占比分别为–0.4%、–0.3%、–0.4%、0.9%、3.1%、2.9%、6.4%、2.6%。“八五”时期，净出口占比由“负”转“正”；“九五”开始，净出口占比显著增加，对经济增长的作用迅速加大。这无疑与 1994 年的汇率制度改革和 2001 年的我国“入世”有密切关系。

1949—1978 年，我国的外贸制度是国家垄断的外贸管理体制。其中 1949—1957 年，我国主要同当时的社会主义苏联和东欧的社会主义国家有一些经济技术合作，最主要的是由苏联援建的 156 个工业项目。

此后一直到改革开放前，我国外贸基本处于封闭状态。主要原因有三：一是同苏联发生意识形态分歧，导致两国关系严重恶化；二是资本主义国家的封锁；三是我国的闭关锁国政策。

1978 年党的十一届三中全会后，我国在加强对内改革的同时，积极开展对外开放的探索。从创办经济特区，沿海省市先行先试，到逐步向内地推进，开放政策逐步惠及全国各地。我国的对外贸易也由此不断扩大，中国 2013 年进出口总值达到 4.16 万亿美元，首次超过美国成为世界最大的货物贸易国。

改革开放后，有两项大事对我国对外贸易影响巨大。

（1）汇率制度改革

改革开放前，人民币汇率由国家实行严格的管理和控制，汇率体制经历了单一浮动汇率制（1949—1952 年）、单一固定汇率制（1953—1972 年）和“一篮子货币”计算的单一浮动汇率制（1973—1980 年）。党的十一届三中全会以后，我国的汇率体制从单一汇率制转为双重汇率制。经历了官方汇率与贸易外汇内部结算价并存（1981—1984 年）和官方汇率与外汇调剂价格并存（1985—1993 年）两个汇率双轨制时期。1994 年 1 月 1 日，人民币官方汇率与外汇调剂价格正式并轨，我国开始实行以市场供求为基础的、单一的、有管理的浮动汇率制。2005 年 7 月 21 日，我国实行以市场供求为基础、参考一篮子货币进行调节、有管理的浮动汇率制度。①

（2）2001 年 12 月 11 日中国正式加入世界贸易组织

两件大事极大地促进了我国对外贸易的增长。而对外贸易的快速增长，一定程度上抵消了“东南亚金融危机”对我国带来的不利影响。

我们分析表 4-18，可知对外贸易对我国经济的影响程度。

---

① 汇率改革，百度百科，http://baike.baidu.com/link?url=POhV0NZF3gskONeS2Zd0d2dzFYA4lYLx6cNiNZ5mR140srVSPs2pFtHxiXeV-Cd8O4CZQVzn6BS1dJLiRoEsYa。

表 4-18　货物进出口贸易增速趋势①

（人民币：亿元）

年份	进出口总额	总额增速	出口额	出口增速	进口额	进口增速
1978	355.0		167.6		187.4	
1979	454.6	28.1	211.7	26.3	242.9	29.6
1980	570.0	25.4	271.2	28.1	298.8	23.0
“五五”均值		26.8		27.2		26.3
1981	735.3	29.0	367.6	35.5	367.7	23.1
1982	771.3	4.9	413.8	12.6	357.5	–2.8
1983	860.1	11.5	438.3	5.9	421.8	18.0
1984	1201.0	39.6	580.5	32.4	620.5	47.1
1985	2066.7	72.1	808.9	39.3	1257.8	102.7
“六五”均值		31.4		25.1		37.6
1986	2580.4	24.9	1082.1	33.8	1498.3	19.1
1987	3084.2	19.5	1470.0	35.9	1614.2	7.7
1988	3821.8	23.9	1766.7	20.2	2055.1	27.3
1989	4155.9	8.7	1956.0	10.7	2199.9	7.0
1990	5560.1	33.8	2985.8	52.6	2574.3	17.0
“七五”均值		22.2		30.6		15.6
1991	7225.8	30.0	3827.1	28.2	3398.7	32.0
1992	9119.6	26.2	4676.3	22.2	4443.3	30.7
1993	11271.0	23.6	5284.8	13.0	5986.2	34.7
1994	20381.9	80.8	10421.8	97.2	9960.1	66.4
1995	23499.9	15.3	12451.8	19.5	11048.1	10.9
“八五”均值		35.2		36.0		34.9

① 增速根据原始数据，假定上年 =100 计算，均值计算方法和前文一致，即每个周期的算术平均值。

（续表）

年份	进出口总额	总额增速	出口额	出口增速	进口额	进口增速
1996	24133.8	2.7	12576.4	1.0	11557.4	4.6
1997	26967.2	11.7	15160.7	20.5	11806.5	2.2
1998	26849.7	−0.4	15223.6	0.4	11626.1	−1.5
1999	29896.3	11.3	16159.8	6.1	13736.5	18.2
2000	39273.2	31.4	20634.4	27.7	18638.8	35.7
“九五”均值		11.3		11.1		11.8
2001	42183.6	7.4	22024.4	6.7	20159.2	8.2
2002	51378.2	21.8	26947.9	22.4	24430.3	21.2
2003	70483.5	37.2	36287.9	34.7	34195.6	40.0
2004	95539.1	35.5	49103.3	35.3	46435.8	35.8
2005	116921.8	22.4	62648.1	27.6	54273.7	16.9
“十五”均值		24.9		25.3		24.4
2006	140974.0	20.6	77597.2	23.9	63376.9	16.8
2007	166863.7	18.4	93563.6	20.6	73300.1	15.7
2008	179921.5	7.8	100394.9	7.3	79526.5	8.5
2009	150648.1	−16.3	82029.7	−18.3	68618.4	−13.7
2010	201722.1	33.9	107022.8	30.5	94699.3	38.0
“十一五”均值		12.9		12.8		13.1
2011	236402.0	17.2	123240.6	15.2	113161.4	19.5
2012	244160.2	3.3	129359.3	5.0	114801.0	1.4
2013	258212.3	5.8	137154.1	6.0	121058.2	5.5
“十二五”均值		8.8		8.7		8.8

资料来源：中华人民共和国国家统计局：《中国统计摘要 2014》，中国统计出版社 2014 年版，第 90 页。

第一，1994 年汇率并轨和 2001 年“入世”对我国对外贸易产生持久影响。1994 年并轨当年，我国进出口贸易增速到了“空前绝后”的 80.8%。“入世”之后的 2002—2007 年，我国进出口贸易总额保持了连续 6 年的高增长，这 6 年的年均增长率达到 26.0%。

第二，我国对外贸易是“外向型经济”的结果，受外部影响很大。1997 年东南亚金融危机和 2008 年美国债务危机对我国外贸的影响显著。例如，东南亚金融危机爆发后的第二年即 1998 年，我国对外贸易总额增长率为-0.4%；2008 年美国次贷危机爆发后的第二年即 2009 年，我国对外贸易总额增长率为-16.3%。从实际情况看，2008—2009 年，受到国际经济危机打击，国际市场急剧萎缩，我国出口订单大幅度减少，一大批出口企业倒闭，大批劳动者（特别是农民工）失业。2010 年 2 月 3 日，胡锦涛在中央党校省部级主要领导干部深入贯彻落实科学发展观加快经济发展方式转变专题研讨班开班式发表的讲话中，认为“国际金融危机使我国转变经济发展方式问题更加突显出来，国际金融危机对我国的冲击，表面上是对我国经济增长速度的冲击，实质上是对我国经济发展方式的冲击”。① 这个看法是十分客观中肯的。

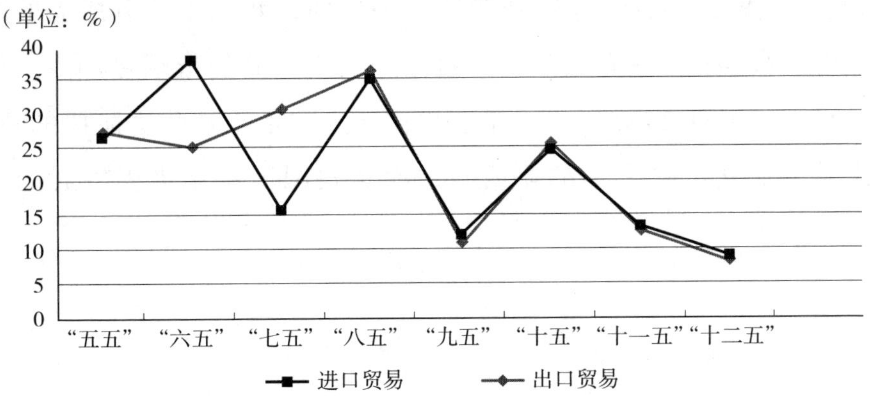

图 4-5　出口贸易和进口贸易变动趋势图

① 参见《胡锦涛在省部级干部研讨班讲话谈经济方式转变》，2010 年 2 月 3 日，中国新闻网，http://www.chinanews.com/gn/news/2010/02-03/2108155.shtml。

第三，从“八五”时期开始，出口贸易和进口贸易变动趋势是一致的。“五五”、“六五”、“七五”、“八五”、“九五”、“十五”、“十一五”、“十二五”八个周期的出口增速分别为27.2%、25.1%、30.6%、36.0%、11.1%、25.3%、12.8%、8.7%，同时期进口增速分别为26.3%、37.6%、15.6%、34.9%、11.8%、24.4%、13.1%、8.8%。自“八五”以来，出口增速和进口增速的变动趋势几乎完全一致。如图4-5所示。主要原因是我国外贸以加工贸易为主，对外部的原材料、矿产资源、农产品等初级产品和关键的零部件、高精尖设备等依赖严重，造成“大出”必然“大进”。

在此，我们有必要继续分析一下自“八五”以来，我国的出口贸易和进口贸易中的工业制成品占比情况。表4-19显示，在出口贸易中，工业制成品占比呈上升趋势，“八五”、“九五”、“十五”、“十一五”、“十二五”分别为81.7%、88.2%、92.0%、94.7%、95.0%。在进口贸易中，工业制成品占比呈下降趋势，“八五”、“九五”、“十五”、“十一五”、“十二五”分别为84.0%、81.6%、80.7%、71.8%、65.6%。笔者认为，上述趋势表明，一方面，我国工业制成品的国际竞争力在增强；另一方面，我国对国外初级产品的依赖在加大。这种状况符合我国自2000年来，工业再次步入“重工业化”阶段的特征。这次重工业化不是人为战略所致，而是我国工业化进程发展的必然结果。

表 4–19　工业制成品在出口贸易和进口贸易中的占比趋势①

（单位：亿美元）

年份	出口总额	出口工业制成品	出口占比（%）	进口总额	进口工业制成品	进口占比（%）
1991	719.10	556.98	77.5	637.91	529.57	83.0
1992	849.40	679.36	80.0	805.85	673.30	83.6
1993	917.44	750.78	81.8	1039.59	897.49	86.3
1994	1210.06	1012.98	83.7	1156.14	991.28	85.7
1995	1487.80	1272.95	85.6	1320.84	1076.67	81.5
“八五”			81.7			84.0
1996	1510.48	1291.23	85.5	1388.83	1133.92	81.6
1997	1827.92	1588.39	86.9	1423.70	1137.50	79.9
1998	1837.09	1632.20	88.8	1402.37	1172.88	83.6
1999	1949.31	1749.90	89.8	1656.99	1388.53	83.8
2000	2492.03	2237.43	89.8	2250.94	1783.55	79.2
“九五”			88.2			81.6
2001	2660.98	2397.60	90.1	2435.53	1978.10	81.2
2002	3255.96	2970.56	91.2	2951.70	2458.99	83.3
2003	4382.28	4034.16	92.1	4127.60	3399.96	82.4
2004	5933.26	5527.77	93.2	5612.29	4439.62	79.1
2005	7619.53	7129.16	93.6	6599.53	5122.39	77.6
“十五”			92.0			80.7
2006	9689.78	9160.17	94.5	7914.61	6043.32	76.4
2007	12204.56	11562.67	94.7	9561.16	7128.65	74.6

① 年出(进) 口占比＝出(进) 工业制成品额 ÷ 出(进) 口总额，五年均值计算方法同前文，为五年规划周期的算术平均值。

（续表）

年份	出口总额	出口工业制成品	出口占比（%）	进口总额	进口工业制成品	进口占比（%）
2008	14306.93	13527.36	94.6	11325.67	7701.67	68.0
2009	12016.12	11384.83	94.7	10059.23	7161.19	71.2
2010	15777.54	14960.69	94.8	13962.44	9623.94	68.9
“十一五”			94.7			71.8
2011	18983.81	17978.36	94.7	17434.84	11392.15	65.3
2012	20487.14	19481.56	95.1	18184.05	11834.71	65.1
2013	22093.72	21020.96	95.1	19503.21	12922.30	66.3
“十二五”			95.0			65.6

资料来源:《中国统计摘要 2014》，第 91 页。

第四，“十五”以来，我国对外贸易增速呈快速下降之势。外贸增速从“十五”时期的 24.9%下降到“十二五”时期的 8.8%，年均下降 1.2%。主要原因在于，我国“入世”后进出口增速维持了6年（2002—2007 年）的高速增长，2008 年美国的次贷危机及随后的欧债危机，使世界经济进入低迷状态，我国外贸因此受到影响。此外，我国要素成本呈上升趋势，依靠低价竞争的优势越来越小。

总的来看，对外贸易对我国经济增长的贡献是巨大的。如图 4-6 所示，改革开放以来，我国的对外贸易增速年均达 21.7%，远远超过 GDP 的增速。外贸的波动趋势和 GDP 增速波动趋势大体一致，对我国经济的拉动或抑制作用都是明显的。对外贸易带给我国的不只是多样化的产品、先进的生产设备、出口和进口产品结构的改善、就业数量的增长，还带给我们理念认识的提高、管理技术的进步和市场规则的完善。

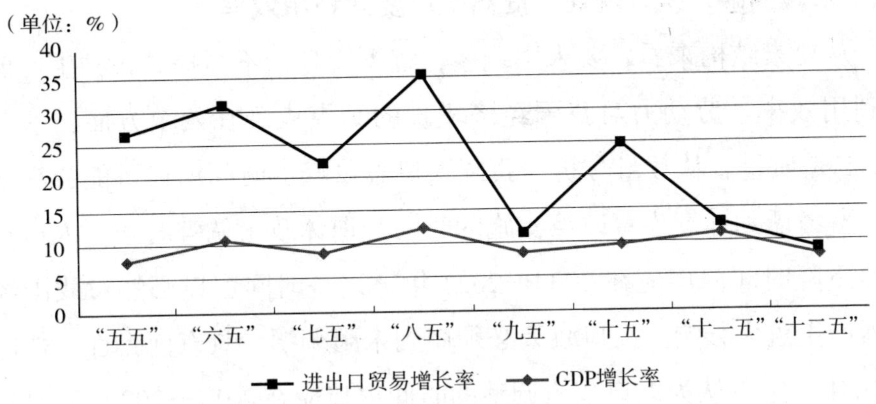

图 4–6　我国外贸增长和经济增长趋势图

另外，改革开放以来，外贸增速总体上呈降低之势。特别是自“十五”以来，外贸增速显著降低，越来越向 GDP 增速靠近，甚至低于 GDP 增速。中国海关数据显示，2014 年我国进出口额为 43030 亿美元，同比增长 3.4%，其中，出口总值 23427 亿美元，同比增长 6.1%；进口 19602 亿美元，同比增长 0.4%①。数据分析表明，“十二五”以来，我国经济增长速度由高速转向中高速成为我国经济的新常态，外贸增速由超高速增长进入低速增长轨道也将成为我国外贸运行的新常态。

四、小结与启示

本章主要分析了经济增长和要素结构、技术结构、需求结构三大结构之间的基本关系，本章采用了大量的表格，这些表格主要根据国家公布的数据，运用五年规划期均值的方法，研究各种数据的趋势问题。本章的研究，和前文一样，前后方法是一致的。梳理一下，本章的主要观点如下：

① 耿楠：《对外贸易进入低速增长通道》，《世界知识》2015 年第 3 期。

（一）未雨绸缪，统筹规划，提高生产要素利用效率

从要素结构来看，要未雨绸缪，统筹规划，不断提高各种生产要素的利用效率。劳动力对我国经济增长的约束表现在两个方面，一是数量；二是质量。从数量分析，我国人口总量峰值时间窗口可能会提前到来。① 考虑到计划生育政策实施的时间和退休政策调整时间，人口数量迅速下降时间窗口应在2033—2038年，这一时间窗口必然对我国经济发展产生重大影响。人口政策必须做到未雨绸缪，具有前瞻性。往回倒推16年，笔者认为人口政策调整的时间窗口应在2017—2022年。另外，根据美国职业生涯理论专家萨帕（D.E.Super）的职业生涯发展阶段论，职业发展最佳年龄阶段应在25—44岁。该理论认为，一个人的职业生涯可以分为五个大的阶段：一是从出生到14岁的成长阶段；二是15—24岁的探索阶段；三是25—44岁的确立阶段；四是45—64岁维持阶段；五是65岁之后的退休阶段。1973年出生的人口，至2017年恰好44岁。如果把出生日期延长到计划生育严格执行的1980年，则至2024年。基本可以得出结论，我国处于44岁以下的劳动力数量迅速下降的拐点应在2017—2024年之间。

青壮年劳动力的减少，可以通过劳动力的质量进行弥补。从质量上考察，我国劳动力质量还存在巨大缺口。公共服务和基础设施、个人收入水平、医疗卫生保健、科学和教育等在城乡之间还存在过大的差距。在我国需要不断加大科教文卫和农村的投入，缩小城乡差距，提高全社会的人力资本水平。

物质资本的利用效率亟待提高。物质资本总的来源有两个：一是国内储蓄；二是引进外资。改革开放以来，我国国内储蓄一直处于上升趋

① 联合国人口计划署认为，中国的人口峰值在2030年，人口总量在15亿左右。上海社科院副院长左学金认为，我国人口总量峰值将在2025年达到14亿。参见《我国人口2025年达峰值》，http://www.wccdaily.com.cn/shtml/hxdsb/20121001/27793.shtml。

势，这种上升趋势主要是由政府储蓄和企业储蓄带来的。储蓄和消费是收入分配的两个方面，应当有一个动态的平衡。如果长期储蓄过度，必然造成消费不足。如果长期消费过度，也同样会造成储蓄不足。一国发展处于不同的发展阶段，面临的问题各不相同。我国总体上已经渡过了“储蓄不足”的阶段，现阶段更多地表现为“消费不足”的矛盾。一方面产能严重过剩，一方面消费难以迅速提高。我们需要抓住矛盾的主要方面，着眼于从供给和需求两方面入手解决矛盾。供给方面，充分发挥市场自发调节功能，加强国有企业的重组和改革，提高“走出去”战略的质量；需求方面，要提高大多数人的收入，构建收入分配以中等收入为主的即中间大、两头小的“橄榄型社会”。

改革开放以来，外资对我国的经济发展发挥了重要作用。外资的引入，一定程度上解决了我国经济发展初期资本严重短缺的矛盾，加强了我国企业间的市场竞争，促进了生产技术的进步，加速了我国国有企业改革和经济发展进程。但长期的外向型经济发展战略，也让我国在关键技术上形成了对外资的严重依赖。作为一个世界大国，政治经济独立的同时，关键技术必须独立，必须建立和培养起具有可持续发展能力的国家自主创新体系。

土地资源包括矿产资源、农产品、水资源等对我国经济的约束力进一步增强。一些重要的能源、矿产品、农产品等初级产品对外依赖呈上升趋势，这一点也可以从我国进口贸易结构中得到验证，进口初级产品的占比从“五五”时期的16%上升到“十二五”时期的34.4%[①]。水短缺、水污染、水资源利用效率低和浪费严重导致水资源危机日益突出。森林有效供给与日益增长的社会需求之间的矛盾依然突出。我国木材对外依存度接近50%，木材安全形势严峻；现有用材林中可采面积仅占

① 根据表4–19，进口贸易由初级产品和工业制成品构成，已知工业制成品占比，故：初级产品占比＝1－工业制成品占比。

13%，可采蓄积仅占23%，可利用资源少，大径材林木和珍贵用材树种更少，木材供需的结构性矛盾十分突出。森林生态系统功能脆弱的状况尚未得到根本改变，森林危机依然严峻①。必须从GDP考核指标和实施创新驱动战略入手，把"GDP崇拜型政府"转变为"公共服务型政府"，加强技术创新，发展低碳经济，建设低碳社会。

（二）增强自主创新能力，扩大自主技术占比

从技术结构分析，需要不断增强自主创新能力，提高自主技术占比。技术可以分为自主技术和引进技术，或者内生技术和外生技术。自主技术由于所有权和使用权都归自己，可以为自己所控制，具有完全的剩余索取权，因此是内生技术；而引进技术要通过商业谈判来争取交易双方的利益分配，交易的主动权始终在转让方，受让方处于被动地位，因此是外生技术。自主技术取决于自主创新能力，而自主创新能力又受制于一国的市场结构、产权制度、市场运行和交易规则、政府政策导向等多种因素。经过30多年的改革和发展，我国制造业技术获得了极大的提升，企业整体生产能力和竞争能力显著提高，一些产业如风电、高铁、无人机、煤化工等已经走在世界前列。但不得不承认的是，我国的自主创新能力还不强，这是我国经济发展的软肋。

经验表明，必须重视技术引进，闭关锁国对一国经济发展有害无益，时间成本和发展成本太大；但又不能过度依赖引进，还必须加强技术创新，否则会使经济发展陷入引进—落后—再引进—再落后的陷阱。因此，在一国的经济发展过程中，政府要根据环境的变化，处理好技术引进和自主创新的关系，积极引导，顺势而为，加大企业研发投入，鼓励企业自主创新，完善知识产权法律法规，促进市场公平竞争，创造积

① 参见《第八次全国森林资源清查主要结果（2009—2013年）》，中国林业网，http://www.forestry.gov.cn/main/65/content-659670.html。

极健全的自主创新政策法律和文化环境。

（三）适度投资，提升消费，稳定出口

从拉动经济增长的投资、消费和净出口的需求结构分析，投资增长需要适度，消费需求需要提升，出口需求需要稳定。

数据分析表明，投资需求过高，必然引起浪费、污染和无效的经济增长，经济增长的质量会大打折扣。

投资和消费之间要保持一个动态的恰当比例关系，现阶段我国的居民消费率明显偏低。消费率偏低的原因在于，居民收入相对于政府收入和企业收入来说增长缓慢。需要调整收入分配结构才能从根本上解决这一问题。政府要适当减税，企业要向职工适当让利。2011 年以来，政府的相关调整政策发挥了积极的作用，居民收入增长速度已连续 3 年超过 GDP 增长速度。

改革开放 30 多年来，我国对外贸易取得了巨大成就。1978 年，我国的货物贸易进出口总额只有 206 亿美元；至 2013 年，已发展到 4.16 万亿美元，是 1978 年的 202 倍，年均增长 16.4%，几乎每 4 年就翻一番，创造了世界贸易发展史上的奇迹。近年来，我国对外贸易对全国经济增长的贡献率平均达到 18%左右，直接和间接带动了国内 1.8 亿人就业，创造了 18%的全国税收。

目前，我国已成为世界最大货物贸易国，但还称不上是贸易强国，我国对外贸易存在一些明显的弱点。一是我国的服务贸易发展相对滞后。2013 年，我国服务贸易的进出口总额为 5396 亿美元，仅为美国的一半左右。其中，服务出口 2106 亿美元，服务进口 3291 亿美元，服务贸易逆差高达 1185 亿美元，我国成了世界上服务贸易逆差最大的国家。二是我国的货物贸易顺差虽然高达 2592 亿美元，但主要是通过加工贸易（即替外商企业进行来料加工、来样加工、来件组装等低端加工）获

得的。2013 年，加工贸易顺差高达 3635 亿美元。而一般贸易则一直存在逆差，2013 年的逆差为 224 亿美元。三是我国货物的出口结构存在较大缺陷。长期以来，我国的出口产品中，有相当大的一部分是被外资企业控制的。例如 2013 年，我国出口的机电产品已占出口总额的 57.3%，但其中的 61.2%是由外资企业生产和控制的；我国出口的高新技术产品已占出口总额的 29.9%，但其中的 73%是由外资企业生产和控制的。再从出口产品的品牌来看，情况就更严峻一些。据 2012 年的统计，我国出口的产品总额中，拥有自主品牌的产品仅占 11%；89%的出口产品是贴牌产品。

上述情况说明，我国要实现由贸易大国向贸易强国的转变，依然任重道远。在当前和今后，需要加快调整进出口战略，实施创新驱动，加快培育以技术、品牌、质量、服务为核心的外贸竞争新优势，大力提高自主品牌产品的出口占有率和一般贸易的比重，大幅度降低贴牌产品和加工贸易的比重，大力发展服务贸易，形成货物贸易与服务贸易良性互动、协调发展的良好局面。

第五章

基于就业的结构调整战略思路

在前文的基础上，本章进一步分析总结我国经济结构面临的主要问题及原因，研究并提出我国结构调整的方向和目标，力图构建一个简单的经济转型指标体系。笔者根据经过研究概括出的转型目标，以解决根本问题为着力点，提出了若干结构调整的战略思路。

一、结构问题及其原因

前文主要分析了我国产业结构、要素结构、技术结构和需求结构面临的主要问题和基本原因。在此，我们做一简要的梳理和更进一步的分析。

1. 从产业结构看，图 5-1 显示，就业结构和产业结构的偏离度总体呈下降趋势

"五五"、"六五"、"七五"、"八五"、"九五"、"十五"、"十一五"、"十二五"八个周期，第一产业的偏离度分别为 0.3977、0.3414、0.3372、0.3504、0.3262、0.3488、0.2896、0.2323；第二产业的偏离度分别为 0.3003、0.2504、0.2114、0.2250、0.2334、0.2360、0.1996、0.1530；第三产业

的偏离度分别为 0.0973、0.0910、0.1254、0.1220、0.0930、0.1130、0.0894、0.0793。

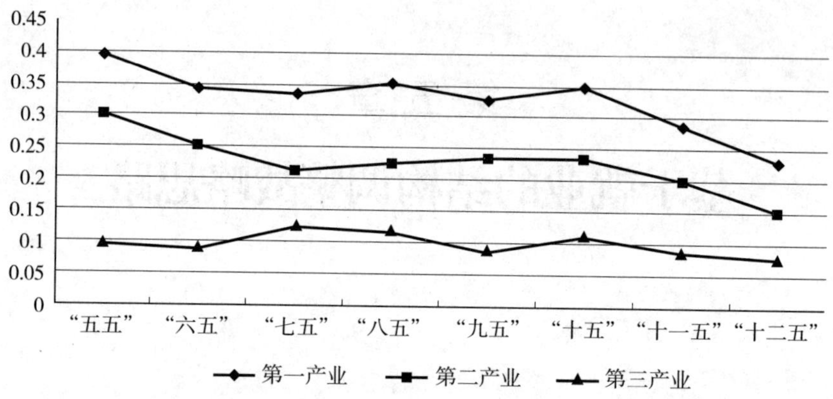

图 5–1 各产业就业结构和产业结构偏离度趋势图

图 5–1 显示，三次产业的偏离度整体上均呈下降趋势，其中农业下降尤为显著。"十五"时期是一个拐点，下降速度十分迅速。表 5–1 是对这种偏离度的下降趋势的原因的进一步分析。"十五"开始，第一产业的就业下降幅度很快，"十五"、"十一五"、"十二五"三个周期下降速度分别为 1.464%、3.535%、4.700%。

相对于 20 世纪 90 年代，进入新世纪的三个周期即"十五"、"十一五"、"十二五"，第二产业的就业增速不仅没有下降，整体还略有提高，分别为 1.898%、4.237%、2.000%；第三产业的就业增速有所下降，但仍然维持在一个较高的水平上，分别为 3.414%、2.358%、4.044%，尤其是"十二五"时期，就业增速提高较快，结构调整政策积极效应明显增强。

表 5–1　三次产业就业增速与产值增速对比

年份	第一产业		第二产业		第三产业	
	就业（%）	产值（%）	就业（%）	产值（%）	就业（%）	产值（%）
“五五”均值	1.410	2.9	5.354	12.3	6.363	9.2
“六五”均值	1.354	8.3	6.179	10.2	8.708	15.2
“七五”均值	4.541	4.2	6.088	9.1	7.600	9.5
“八五”均值	–1.794	4.2	2.476	17.5	7.125	10.9
“九五”均值	0.295	3.5	0.727	9.8	3.278	9.5
“十五”均值	–1.464	3.9	1.898	10.8	3.414	10.5
“十一五”均值	–3.535	4.5	4.237	12.1	2.358	12.0
“十二五”均值	–4.700	4.3	2.000	8.7	4.044	8.6

资料来源：根据表 3–7 整理。

为什么“十五”时期会成为第一产业劳动力下降的一个拐点呢？

我国改革开放初期，个体、私营经济蓬勃发展，农村的乡镇工业异军突起。大量的农民工涌向城市，涌向“离土不离乡，进厂不进城”的乡镇企业，掀起了一浪高过一浪的民工潮。这一时期城市的个体、私营企业，对工人的技能要求很低；而农村的乡镇企业就是农民自己创办的，最适合他们的素质。农民工无论是进城务工，还是进入乡镇企业，都不需要太多的知识和技能。在整个 20 世纪 80 年代，在源源不断的农民工向城市和乡镇的流动中，我国的就业水平达到了历史的最高峰，该时期我国的就业弹性系数是改革开放以来最高的，达到 0.32。然而，斗转星移，时过境迁，随着乡镇企业的辉煌不再，“离土不离乡”的农民只好“离土又离乡”，更多地涌向经济发达的大城市以及环渤海、珠三角和长三角的发达地区。1992 年我国市场经济体制目标的建立，个体、私营、三资企业获得了极大的发展，此起彼伏的民工潮因之得以持续。进入新世纪后，扩张政策的延续以及“入世”的影响，我国经济再次进入高速增长的轨道。一方面，尽管存在导致劳动力需求减少的两大因素，一是土地价格、油价、路费、税金、租金等各种生活成本不断上升使得劳动力要素成本不断加大，二是农村政策开始向好的方向转变，但经济快速增长带来的劳动力需求总体有增无减；另一方面，企业在不断进步，技术在加速更新，产业在逐步升级，对劳动力的知识和技能的要求在不断提高。两方面的原因使得社会经济发展中“民工荒”的拐点出现在2004年。这一现实发生的“拐点”与统计数据“2003年拐点”是基本吻合的①。

2004年，我国农民工的供给数量第一次普遍地满足不了经济增长带来的劳动力需求数量。2004年上半年，中国国内生产总值同比增长9.7%，许多内地省份的增长达到了两位数，广东、浙江、江苏的GDP的同比增长更是达到15%以上。一方面，经济的快速增长对农村劳动力的需求迅速增加。劳动和社会保障部对北京、天津、深圳等使用农民工较多的26个城市2600多家企业进行的调查显示，2004年企业雇用的农民工人数比2003年增加13%；另一方面，农民工供给的增长却相对平稳。据有关调查数据显示，2004年外出打工的农村劳动力同比增长3.8%，与往年相比增长平稳。②

事实上，不只是一般民工的普遍短缺，更严重的还有“技工”的普遍短缺。2005年，全国90个城市劳动力市场职业供求状况统计分析表明，技术工人特别是高技能人才普遍供不应求，其后若干年，传统技术行业和新兴产业技术含量高的行业中的技工短缺问题都将持续存在。据有关统计，2005年，我国7000名技术工人中，初级工占60%，中级工占35%，高级工仅为5%。而发达国家的高级工一般占比，可以达到近40%。

---

① 参阅本书第三章“四、小结与启示”。

② 齐源、张琼：《民工短缺及对我国社会经济发展的警示》，《人口与经济》2005年第3期。

技工短缺现象的持续化和普遍化，最根本的原因是劳动需求和供给结构上的不和谐。简单说就是，农民工的技能、知识、经验等素质要求越来越满足不了企业营销、生产、技术、管理和服务等各方面迅速发展和进步的需要了。

“十二五”时期，我国劳动力的供给和需求之间的结构性矛盾相当突出。我国人力资源和社会保障部所属中国人力资源市场信息监测中心，每季度对全国102个城市的公共就业服务机构市场供求信息进行了统计分析。根据人社部2014年11月发布的《部分城市公共就业服务机构市场供求状况分析》，2014年前三季度102个主要城市，用人单位通过公共就业服务机构招聘人员554万人，进入市场的求职人员近509万人，供求人数均有所减少，岗位空缺与求职人数比为1.09，用人需求略大于供给。东、中、西部用人需求均大于供给，岗位空缺与求职人数的比率分别为1.06、1.06、1.20。但这并不意味着就业压力变小，当前结构性矛盾已上升为就业的主要矛盾，特别是青年就业难更多的是结构性问题。进入市场求职的人员中，失业人员所占比重为53%，其中，新成长失业青年占25.3%（应届高校毕业生占其中的52%），就业转失业人员占16.6%，其他失业人员占11.1%[①]。

前文我们已经分析认为，这种结构性矛盾主要是我国的产业发展与教育发展相脱节所致。在此不再赘述。

2. 从要素结构看，要素约束增强的原因是多种多样的

（1）我国人多地少的矛盾突出

在市场经济条件下，国外的一些农产品具有价格和成本优势[②]，我

① 《劳动力需求大于供给仍现就业难　结构性矛盾凸显》，《人民日报》2014年11月20日。

② 中国是美国大豆出口最大的市场，2012年数量攀升至2597.1万吨，中国大豆进口数量远高于国内产量，重要的原因有二：一是美国大豆的补贴政策使其市场价格低；二是美国大豆的出油率高。

国进口这些农产品，相当于利用了国外的耕地。在2003年以前，我国曾经是一个农产品净出口国。从2004年起，我国转变为农产品净进口国，当年农产品进出口贸易的逆差为50.4亿美元。此后，我国农产品的进口逐年大量增加，贸易逆差也不断扩大。至2011年，我国农产品进口达948.7亿美元，出口仅为607.5亿美元，逆差高达341.2亿美元。WTO正式宣布，2011年，中国第一次超过美国，成为世界上最大的农产品进口国。2012年，我国农产品进口1124.8亿美元，比2011年又增长了18.6%；而出口仅632.9亿美元，逆差高达491.9亿美元，比2011年又增长了44.2%。

我国出口的农产品，都是一些占用耕地很少或者不占用耕地的产品，如蔬菜、水果和水产品；而进口的农产品，则是需要大量占用耕地的产品，如油料、棉花等。这些农产品的大量进口，实际上是弥补了我国耕地的不足。我国人多地少的矛盾突出，2012年全国耕地总面积仅为18.25亿亩，人均耕地只有1.35亩，仅为世界人均耕地（3.45亩）的39%，而且随着人口的增加，人均耕地面积还在不断减少之中。改革开放以来，尽管我国的农业有了很大发展，农产品的单位面积产量有了很大提高，然而由于耕地短缺，现有耕地的总产出赶不上人民生活水平迅速提高对农产品的需求，导致一些重要农产品的国内供给出现缺口，不得不靠大量进口农产品来弥补。在粮棉油这三大主要农产品之中，我国只能做到粮食基本自给（2012年的自给率为97%），棉花只能做到约2/3自给，油料则大部分不能自给。换言之，我国的主要农产品，不能完全自给。据有关部门测算，2012年我国进口的农产品总量，相当于利用了外国的耕地约7亿亩①，这个数额占到我国耕地总面积的38.4%。

① 《科协副主席：除国内耕地还有国外7亿亩土地养活国人》，《南方都市报》2014年5月17日。

（2）我国金融市场不发达，资本的利用效率不高

中国的金融市场政策限制比较严格，导致金融市场的融通资金、发现价格、生产信息、分散风险、增加流动性及完善公司治理等功能发挥不佳或者难以发挥。国有大银行主要服务于大型国有企业，大量中小企业主要靠自身积累和高成本的地下借贷进行发展。另外，政府为创业者提供信息、技术、人才、场地等生产要素资源的社会化服务体系仍然薄弱。

（3）GDP 崇拜型政府过度关注经济发展，致使社会管理、公共服务、生态文明、精神追求等显著滞后

由于政绩考核机制的作用，政府做强地方经济的意愿十分强烈。而做强地方经济的最佳途径就是设立开发区，通过税收、土地、贷款等各种优惠措施，招商引资，尤其要引进那些对 GDP 拉动效应大而快的资本密集型、设备密集型的大项目，例如钢铁、水泥、汽车、化工、通信等等。

让人感到困惑的是：改革开放后，财税体制历经四次改革，地方政府的财力有限，其发展所需资金从何而来？

改革开放以后，从最初的计划经济为主、商品经济为辅，到有计划的商品经济，再到确立社会主义市场经济体制的目标，我国经济体制改革目标逐步清晰。同期，适应经济体制改革的变化，财政管理体制也进行了四次重大改革。第一次 1980—1984 年，划分收支、分级包干，这是中国财政体制“分灶吃饭”的开端；第二次 1985—1987 年，划分税种、核定收支、分级包干；第三次 1988—1993 年，大包干。第二次和第三次改革是对第一次改革的调整。主要是按照经济管理体制规定的隶属关系，明确划分中央与地方财政的收支范围，使地方财政初步成为责、权、利相结合的分配主体。1994 年开始实行第四次财政管理体制改革，即“分税制”，这是新中国成立以来涉及范围最广、调整力度最

强、影响最为深远的一次财政体制改革。这次改革，通过设立中央税与地方税，使得中央财政与地方财政相对独立；分设两套不同税务机关，分别征税。这就以制度的形式明确了中央与地方的财政分权。这次分税制改革目标突出提高“两个比重”，即中央财政收入占全国财政收入的比重和国家财政收入占GDP的比重。

分税制改革之后，中央财力增长迅速，地方财力相对下降。中央财政收入占国家财政收入的比重在1994年分税制改革后急剧上升。1993年，该占比为22%，1994年迅速升至55.7%。中央财政收入占国家财政收入的比重在整个“八五”时期为40.27%，“九五”时期迅速增长到50.46%，“十五”时期达到最高53.79%。“十一五”和“十二五”时期有所下降，分别为52.57%和47.87%。详见表5–2。

表5–2　中央和地方财政收入

（单位：亿元）

时期	国家财政收入	中央	地方	中央与地方之比	中央占国家财政收入之比
“六五”	7402.75	2583.02	4819.73	1∶1.87	34.89%
“七五”	12280.60	4104.41	8176.19	1∶1.99	33.42%
“八五”	22442.10	9038.39	13403.71	1∶1.48	40.27%
“九五”	50774.39	25618.37	25156.02	1∶0.98	50.46%
“十五”	115050.69	61888.28	53162.41	1∶0.86	53.79%
“十一五”	303032.14	159290.52	143741.62	1∶0.90	52.57%
“十二五”	350270.85	167676.32	182594.53	1∶1.09	47.87%

资料来源：根据《中国统计年鉴》相关数据整理。原始数据见《中国统计摘要2014》，国家统计局，中国统计出版社，第70页。

财政收入占GDP的比重也逐步回升。“六五”、“七五”、“八五”该占比不断下降，三个时期依次为22.85%、16.81%、11.63%。分税制改革之后，“九五”、“十五”、“十一五”、“十二五”时期，该占比的上升速度明显加快，分别为 11.99%、16.19%、19.70%、22.43%。详见表 5-3。

表 5-3　中国财政收入占 GDP 的比重

（单位：亿元）

时期	国家财政收入	GDP	国家财政收入与 GDP 之比
“六五”	7402.75	32401.7	22.85%
“七五”	12280.60	73036.8	16.81%
“八五”	22442.10	193030.5	11.63%
“九五”	50774.39	423443.5	11.99%
“十五”	115050.69	710626.3	16.19%
“十一五”	303032.14	1538585.8	19.70%
“十二五”	350270.85	1561419.3	22.43%

资料来源：根据《中国统计年鉴》相关数据整理。原始数据见《中国统计摘要 2014》，国家统计局，中国统计出版社，第 20、70 页。

分税制明晰了中央与地方的财权分配，但并未完成中央与地方在事权的划分。分税制改革时，曾以文件形式原则上明确了中央政府与省级政府的事权：中央财政主要承担国防、外交和中央国家机关运转所需经费，调整国民经济结构、协调地区经济发展、实施宏观调控所需支出，以及中央直接管理的事业发展支出；地方财政主要承担地区政权机构运行所需的经费支出以及本地区经济、社会事业发展所需支出。但省级政府以下共有四级财政，这四级财政的事权没有划分。

分税制改革后地方财政收入相对下降，但地方财政支出在总支出的比重总体呈明显上升趋势，详见表 5-4。“六五”、“七五”、“八五”、“九五”、“十五”、“十一五”、“十二五”各时期地方财政支出占总支出的比重分别为 50.21%、65.64%、69.97%、69.35%、71.39%、79.30%、85.13%。

表 5-4　中央和地方财政支出

（单位：亿元）

时期	国家财政支出	中央	地方	中央与地方之比	地方占国家财政支出之比
“六五”	7483.18	3725.64	3757.54	1 : 1.01	50.21%
“七五”	12865.67	4420.27	8445.40	1 : 1.91	65.64%
“八五”	24387.46	7323.13	17064.33	1 : 2.33	69.97%
“九五”	57043.46	17481.55	39561.91	1 : 2.26	69.35%
“十五”	128022.85	36629.87	91392.98	1 : 2.50	71.39%
“十一五”	318970.83	66023.15	252947.68	1 : 3.83	79.30%
“十二五”	374945.02	55750.49	319194.53	1 : 5.73	85.13%

资料来源：根据《中国统计年鉴》相关数据整理。原始数据见《中国统计摘要 2014》，国家统计局，中国统计出版社，第 70 页。

地方政府支出上升速度如此之快，这些支出所需资金从何而来呢？

地方政府所需资金来源包括：中央政府的返还税收和转移支付、出卖土地使用权收入和借债。

地方财政支出扩张有其客观需要。地方财权相对下降，事权却在增加。财权上移，事权下放，地方政府的财权与事权出现了明显的不对称。上级政府把问题和事情层层下移，基层政府财力有限，但承担着城市化发展所需的基础设施、社会稳定、公共卫生、环境保护等许多公共事项，解决困境的办法要么延缓或减少公共设施和服务的供给，要么通过出卖土地使用权、巧立名目收费与借债获得更多的资金。

地方政府作为“经济人”，也在追求自我利益和自我效用的最大化，这就是要通过发展经济来获得政绩。资金不足时，卖地和借债成为最佳选择。土地资源是地方政府最大的资本，由于土地的最终所有权是国家的，农民仅拥有土地的使用权，政府作为土地所有权的代表，仅需对农民的使用权进行合理补偿即可。通过征收农民土地，政府获得土地的成本是极低的，再转手卖给开发商自然就能获得高额收入，这些收入成为地方财政收入的重要来源。根据有关专家的研究，从 1987—2002 年，地方政府以这种低买高卖的“剪刀差”方式共获得土地收入达 2 万亿元。以 2004 年为例，地方政府征地，每亩给予农民的补偿费仅 0.5 万—1.5 万元，平均 1 万元，最高不超过 3 万元；但地方政府卖给开发商，每亩平均价为 20 万元。地方政府低价征用农民土地而后高价出售，已成为地方政府 1/3 的财政收入来源。①

地方政府还可以用土地作为抵押品或置换物，通过各种由政府部门控制的融资平台，从银行获取大量贷款。2011 年，审计署关于地方政府债务的调查报告显示，截至 2010 年底，地方债规模达 10.7 万亿。2013 年 12 月 30 日，审计署公布了 2013 年全国政府性债务审计结果。截至 2013 年 6 月末，全国政府性债务为 30.27 万亿，其中全口径中央政府性债务合计 12.38 万亿，全口径地方政府性债务合计 17.89 万亿。②

地方政府通过卖地和借债来发展经济和加快城市化的做法，在带来经济快速发展的同时，也带来不少问题和隐患。

一是失地农民问题。根据中国社科院报告指出，2010 年，全国失地农民总数在 4000 万—5000 万人，而且以每年 300 万人的速度递增，预估到 2030 年时将增至 1.1 亿人。③ 另有专家估计，预计到 2020 年，我国失地农民将突破 1 亿人，而超过一半以上的失地农民将面临又失地又失业的境况。④

---

① 林丕：《要高度重视解决失地农民致贫的问题》，《北京行政学院学报》2006 年第 6 期。

② 中债资信：《审计署地方债务审计结果解读》，2014 年 1 月 2 日，新浪财经，http://finance.sina.com.cn/money/bond/20140102/104017821769.shtml。

③ 潘家华、魏后凯：《中国城市发展报告（第 4 辑）》，社会科学文献出版社 2011 年版。

④ 刘声：《2020 年失地农民数量将超过 1 亿》，《中国青年报》2009 年 3 月 13 日。

二是地方经济衰退的系统性风险。大量的政府性债务主要为银行持有，政府债务最终要由银行承担。这里有两种风险，一是一旦银行出现风险，那么地方政府资金链条会迅速断裂；二是政府收入不足以偿还到期债务。无论哪种风险，都可能导致地方经济衰退的系统性风险。截至2013年底，全国31个省、区、市中，只有黑龙江、内蒙古、新疆、西藏、山西、河南、贵州、宁夏的地方贷款债务率低于60%，有10个省市甚至超过了100%。另外，审计署报告显示，2012年，36个地方政府本级中，有9个省会城市政府负有偿还责任的债务率超过100%，债务率最高的219.57%。一些省会城市借新还旧，14个地方政府负债已逾期181.70亿元。①

三是产业结构不平衡加剧。各个地方加速发展地方经济，引进的都是能够迅速增大GDP的大项目、大产业，结果各地产业结构相似度高，重复建设严重。各地的理性发展最终导致整体的“合成谬误”，如今我国大的基础产业的产能普遍过剩，与各地政府的经济行为直接相关。

从“十一五”规划起，我国开始清理、淘汰工业的落后产能；“十二五”时期进一步开展此项工作，共涉及19个工业行业。

“十一五”时期，我国完成的淘汰落后工业产能的任务，主要有以下几项：关停小火电装机7210万千瓦；关闭小煤矿9000个，淘汰煤炭产能4.5亿吨；淘汰炼铁产能11172万吨、炼钢产能6860万吨、水泥产能3.3亿吨、焦炭产能10538万吨、平板玻璃产能3800万重量箱、造纸产能720万吨、酒精产能180万吨，等等。② 据有关人士分析，以上淘汰的工业落后产能，“占全部落后产能的50%左右”。③

2011年12月30日，工业和信息化部公布了“十二五”时期在19

① 张恩铨：《地方政府债务与GDP增长研究》，《合作经济与科技》2015年第2期。

② 《经济日报》2011年1月14日和2014年1月15日。

③ 《经济日报》2012年2月21日。

个工业行业进一步淘汰落后产能的目标任务，即：淘汰炼铁产能4800万吨、炼钢产能4800万吨、水泥产能3.7亿吨、焦炭产能4200万吨、平板玻璃产能9000万重量箱、造纸产能1500万吨、酒精产能100万吨；此外还有制革、铁合金、电石、电解铝、铜冶炼、铅冶炼、锌冶炼、味精、柠檬酸、印染、化纤、铅蓄电池等产能需要淘汰。①

综上所述，2006—2015年，我国淘汰工业的落后产能的规模是相当庞大的。例如，把已淘汰和拟淘汰的数据加在一起，需要淘汰的炼铁产能达1.6亿吨，炼钢产能达1.2亿吨，煤炭产能达4.5亿吨，水泥产能达7亿吨，焦炭产能达1.5亿吨，平板玻璃产能达1.3亿重量箱，等等。

一般情况下，在市场经济条件下，由于市场主体的生产决策都是基于当时经济环境和自我发展战略的判断，整体上具有一定的盲目性，在一些行业出现一些过剩的、落后的产能，几乎是不可避免的。然而，我国的过剩、落后产能的规模如此巨大，不能不令人反思：一是地方政府在经济发展中如何正确发挥作用；二是国家宏观调控中如何处理好“看得见的手”和“看不见的手”的关系。

四是社会治理滞后。第一，城乡差距、地区差距、行业差距、个人收入差距等两极分化趋势明显。第二，医疗、失业、养老等社会保障制度还没有完全建立起来。第三，生态破坏、环境污染严重。第四，有法不依、权钱交易等腐败现象难以遏制。

在此，我们主要分析一下城乡收入差距问题。表5-5基本反映了城乡收入差距的变化趋势。

表5-5显示，城乡收入差距总体上是上升趋势。城乡收入差距最小的时期是“六五”，城乡收入比为1.92∶1；在上升趋势中，有两个升

① 《经济日报》2011年12月31日。

中有降的时期，即“九五”为 2.59 : 1 和“十二五”为 3.08 : 1。我们做一个折线图，能够把这种趋势看得更加清楚。如图 5–2 所示。

表 5–5　我国城乡居民家庭人均收入比增长趋势

（单位：亿元）

年份	城镇居民家庭人均可支配收入（A）	农村居民家庭人均纯收入（B）	城乡收入比（A / B）
1978	343.4	133.6	
1979	405.0	160.2	
1980	477.6	191.3	
“五五”均值	1226.0	485.1	2.53 : 1
1981	500.4	223.4	
1982	535.3	270.1	
1983	564.6	309.8	
1984	652.1	355.3	
1985	739.1	397.6	
“六五”均值	2991.5	1556.2	1.92 : 1
1986	900.9	423.8	
1987	1002.1	462.6	
1988	1180.2	544.9	
1989	1373.9	601.5	
1990	1510.2	686.3	
“七五”均值	5967.3	2719.1	2.19 : 1
1991	1700.6	708.6	
1992	2026.6	784.0	
1993	2577.4	921.6	
1994	3496.2	1221.0	
1995	4283.0	1577.7	
“八五”均值	14083.8	5212.9	2.70 : 1

（续表）

年份	城镇居民家庭人均可支配收入（A）	农村居民家庭人均纯收入（B）	城乡收入比（A/B）
1996	4838.9	1926.1	
1997	5160.3	2090.1	
1998	5425.1	2162.0	
1999	5854.0	2210.3	
2000	6280.0	2253.4	
“九五”均值	27558.3	10641.9	2.59∶1
2001	6859.6	2366.4	
2002	7702.8	2475.6	
2003	8472.2	2622.2	
2004	9421.6	2936.4	
2005	10493.0	3254.9	
“十五”均值	42949.2	13655.5	3.15∶1
2006	11759.5	3587.0	
2007	13785.8	4140.4	
2008	15780.8	4760.6	
2009	17174.7	5153.2	
2010	19109.4	5919.0	
“十一五”均值	77610.2	23560.2	3.29∶1
2011	21809.8	6977.3	
2012	24564.7	7916.6	
2013	26955.1	8895.9	
“十二五”均值	73329.6	23789.8	3.08∶1

资料来源：中华人民共和国国家统计局：《中国统计摘要2014》，中国统计出版社2014年版，第57页。

城乡收入差距还表现在其他方面。一是农民工的“同工不同酬”。2012年，我国共有农民工2.63亿人。据有关部门调查，相同劳动岗位的农民工所得报酬，仅相当于城镇职工的一半左右。二是农业生产的比较效益低。由于种种原因，目前用相同数量的土地和资金从事粮食等农业生产所获得的收益，远远低于从事非农产业。三是农民在土地增值收益中的分配比例过低。改革开放以来，随着工业化、城镇化的发展，有大批农民的土地被征用。但这些失地农民所得到的补偿却非常低。据国务院发展研究中心调查，被征地农民拿到的征地补偿款，只占整个土地增值收益的5%至10%。

城乡收入差距的扩大，既不利于社会稳定，也不利于扩大内需和经济结构在空间上的合理布局。

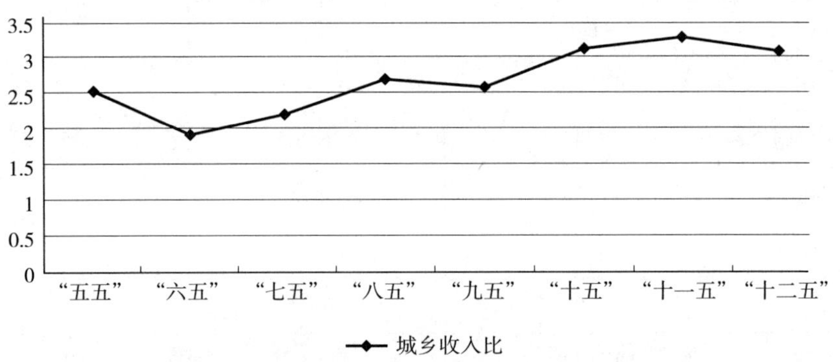

图5–2 改革开放以来城乡收入比变化趋势图

五是精神追求缺失。在市场经济条件下，商品本身是由人生产出来的，人们之间交换商品不过是一种所有权的交换，本质上反映的是人与人之间的关系。但在现实社会中，人们生产出来的商品能否卖得出去，卖的价格，最后获得的利润多少都是商品生产者无法决定的。人们生产出的商品最终能否交换出去决定着商品生产者的命运，人们之间的所有权关系直接表现为商品之间的关系，能否交换成功，取决于商品本身，人是无能为力的。市场经济中的人与人的关系被物与物的关系所掩盖，人们因此感到命运被自己生产创造出的外物所主宰的这种现象被马克思称为“商品拜物教”。商品社会由此还会衍生出“货币拜物教”。“钱能通神”“金钱万能”、“有钱能使鬼推磨”等等，一些人所信奉的价值观就是这种现象的反映。

政府行为是一种导向，对社会公众影响巨大。如果政府本身成为一个只关注经济发展的功利性政府，对公众利益、生态利益、优秀的传统文化价值和民族精神需求漠不关心，就必然导致整个社会急功近利，“一切向钱看”，唯“眼前利益”、“自我利益”、“部门利益”、“地区经济利益”之马首是瞻。这种状况对整个国家的社会稳定、经济社会的可持续发展和民族凝聚力的增强都是极大的损害。

3. 从技术结构看，技术的对外依赖程度较大，技术对我国经济的贡献度还比较低

前文已分析过，改革开放以来，我国技术进步巨大，但在一些关键领域、重要产业却一直缺乏核心技术；总体而言，我国经济仍然处于主要依靠资源和生产要素的投入来促进经济增长的粗放式增长阶段。我国历史发展已经证明，闭关锁国，单纯依靠“自力更生”，不可能实现民富国强的中国梦；改革开放，加强与世界其他国家合作共赢是获得先进理念和技术、加快产业结构升级换代的最佳途径。但在改革开放的过程中，确实存在着“引进—落后—再引进—再落后”的现象。一些学者的理论研究也证明，国际贸易会促使各国生产各自具有比较优势的产品，如果一国专业化生产某种学习速度低的初级商品，其技术进步率和经济增长率都将低于它处于自给自足时的情形[①]。黎开颜、陈飞翔通过借鉴

① Lucas，On the Mechanism of Economic Development，*Journal of Monetary Economics*，1988，22:3-221.

Arthur（1989）[①]的配置模型，证明我国在开放进程中，技术水平的发展具有路径依赖性，技术密集型产业中存在技术锁定效应。他们的研究发现，中国的技术依存度在20世纪90年代一直高居50%以上，1995—1998年还一度上升到70%；2000年以后，中国的技术依存度较前10年有了小幅的下降；但总体而言，1990—2006年，技术依存度的均值高于55%。[②]这种技术依赖和技术锁定效应本质上就是我国许多学者经常强调的"比较优势陷阱"，即发展中国家如果长期实行比较优势战略，生产并出口依靠劳动力要素和资源投入的初级产品和劳动密集型产品，则在国际贸易中，要么只能获得低附加值的利益，要么对发达国家形成技术依赖，在生产和贸易中总是处于不利地位，和发达国家的收入差距、技术差距始终存在甚至扩大。

4. 从需求结构看，经济增长对投资和外贸的依赖程度过大，消费对经济增长的贡献度还不高

我国经济增长对投资的依赖十分突出，但长期依靠高投资来促进经济增长的做法已经积累了许多问题和矛盾，诸如经济增长的高能耗、高污染、高水分、高浪费等，还有地方政府的高负债，许多地方政府甚至已经是"资不抵债"。这些问题和矛盾需要一段时期的消化吸收，若仍然依靠扩张投资加速经济增长将得不偿失。

外贸依存度高有促进经济增长、消化过剩产能的积极效应，但不确定因素多、受外部环境影响大、对外资和技术依赖严重等消极效应也在不断积聚和加强。如表5–6所示，改革开放以来，我国外贸依存度总体呈上升趋势，至"十一五"时期达到最高，为54.6%。"十二五"时期

① Arthur Competing Technologies, Increasing Returns, and Lock-In by Historical E-vents, *The Economic Journal*, Vol199, No1394:116-1311.

② 黎开颜、陈飞翔：《深化开放中的锁定效应与技术依赖》，《数量经济技术经济研究》2008年第11期。

有所降低，为47.3%，主要原因是国际经济普遍疲软造成的进出口贸易增速下降，我国结构调整、扩大内需的政策积极效应开始显现。图5–3能够把这种趋势表现得更为清晰。

表5–6　我国外贸依存度趋势

（单位：亿元）

年份	进出口总额（A）	GDP总值（B）	外贸依存度（A/B）
1978	355.0	3645.2	
1979	454.6	4062.6	
1980	570.0	4545.6	
“五五”均值	1379.6	12253.4	11.3%
1981	735.3	4891.6	
1982	771.3	5323.4	
1983	860.1	5962.7	
1984	1201.0	7208.1	
1985	2066.7	9016.0	
“六五”均值	5634.4	32401.7	17.4%
1986	2580.4	10275.2	
1987	3084.2	12058.6	
1988	3821.8	15042.8	
1989	4155.9	16992.3	
1990	5560.1	18667.8	
“七五”均值	19202.4	73036.8	26.3%
1991	7225.8	21781.5	
1992	9119.6	26923.5	
1993	11271.0	35333.9	
1994	20381.9	48197.9	
1995	23499.9	60793.7	

（续表）

年份	进出口总额（A）	GDP 总值（B）	外贸依存度（A/B）
“八五”均值	71498.2	193030.5	37.0%
1996	24133.8	71176.6	
1997	26967.2	78973.0	
1998	26849.7	84402.3	
1999	29896.3	89677.1	
2000	39273.2	99214.6	
“九五”均值	147120.2	423443.5	34.7%
2001	42183.6	109655.2	
2002	51378.2	120332.7	
2003	70483.5	135822.8	
2004	95539.1	159878.3	
2005	116921.8	184937.4	
“十五”均值	376506.2	710626.3	53.0%
2006	140974.0	216314.4	
2007	166863.7	265810.3	
2008	179921.5	314045.4	
2009	150648.1	340902.8	
2010	201722.1	401512.8	
“十一五”均值	840003.3	1538585.8	54.6%
2011	236402.0	473104.0	
2012	244160.2	519470.1	
2013	258212.3	568845.2	
“十二五”均值	738774.5	1561419.3	47.3%

资料来源：中华人民共和国国家统计局：《中国统计摘要 2014》，中国统计出版社 2014 年版，第 20、90 页。

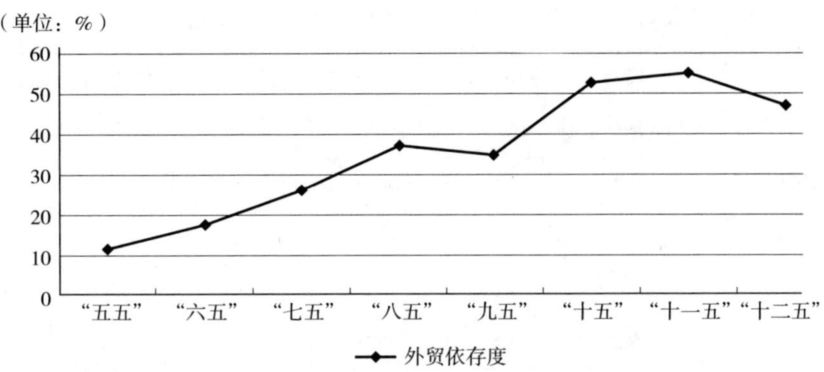

图 5-3　改革开放以来我国外贸依存度变化趋势图

前文分析过，消费和投资是一个问题的两个方面。实际上，还应当考虑货物和服务贸易进出口的影响，不能孤立地分析消费对经济的拉动作用。

相对于投资对经济的拉动，在“十五”之前的各个时期，消费对经济的拉动作用都超过投资。“十五”和“十一五”两个时期，投资对经济的拉动作用都超过消费。“十二五”时期的头三年，消费对经济的拉动作用再次超过投资。图 5-4 更清晰地描述了三大需求对经济的拉动趋势。

近年来，消费对经济拉动作用的回升反映了我国各种政策积极效应的扩大。例如，行政审批制度的改革，把市场本身能够解决的权利放开，政府履行监管和服务职能。这就极大地激发了市场的活力，也提高了行政效率，节省了管理成本。再如，政府鼓励大学生创业，在金融支持上给予许多优惠政策，使得许多大学生不仅实现了就业，而且当上了“老板”。还有，尽管经济下行趋势十分明显，但一些行业如“互联网 +”等却保持了高增长，等等。

表 5–7　三大需求对 GDP 增长贡献率和拉动趋势 ①

年份	最终消费支出		资本形成总额		货物和服务净出口	
	贡献率（%）	拉动	贡献率（%）	拉动	贡献率（%）	拉动
1978	39.4	4.6	66.0	7.7	–5.4	–0.6
1979	87.3	6.6	15.4	1.2	–2.7	–0.2
1980	71.8	5.6	26.4	2.1	1.8	0.1
“五五”均值	66.2	5.6	35.9	3.7	–2.1	–0.2
1981	93.4	4.9	–4.3	–0.2	10.9	0.5
1982	64.7	5.9	23.8	2.2	11.5	1.0
1983	74.1	8.1	40.4	4.4	–14.5	–1.6
1984	69.3	10.5	40.5	6.2	–9.8	–1.5
1985	85.5	11.5	80.9	10.9	–66.4	–8.9
“六五”均值	77.4	8.2	36.3	4.7	–13.7	–2.1
1986	45.0	4.0	23.2	2.0	31.8	2.8
1987	50.3	5.8	23.5	2.7	26.2	3.1
1988	49.6	5.6	39.4	4.5	11.0	1.2
1989	39.6	1.6	16.4	0.7	44.0	1.8
1990	47.8	1.8	1.8	0.1	50.4	1.9
“七五”均值	46.5	3.8	20.9	2.0	32.7	2.2
1991	65.1	6.0	24.3	2.2	10.6	1.0
1992	72.5	10.3	34.3	4.9	–6.8	–1.0
1993	59.5	8.3	78.6	11.0	–38.1	–5.3
1994	30.2	4.0	43.8	5.7	26.0	3.4
1995	44.7	4.9	55.0	6.0	0.3	
“八五”均值	54.4	6.7	47.2	6.0	–1.6	–0.4

① 贡献率指三大需求增量分别与支出法国内生产总值增量之比；拉动指国内生产总值增长速度分别与三大需求贡献率的乘积。

（续表）

年份	最终消费支出		资本形成总额		货物和服务净出口	
	贡献率(%)	拉动	贡献率(%)	拉动	贡献率(%)	拉动
1996	60.1	6.0	34.3	3.4	5.6	0.6
1997	37.0	3.4	18.6	1.7	44.4	4.2
1998	57.1	4.4	26.4	2.1	16.5	1.3
1999	74.7	5.7	23.7	1.8	1.6	0.1
2000	65.1	5.5	22.4	1.9	12.5	1.0
“九五”均值	58.8	5.0	25.1	2.2	16.1	1.4
2001	50.2	4.2	49.9	4.1	–0.1	
2002	43.9	4.0	48.5	4.4	7.6	0.7
2003	35.9	3.6	63.3	6.3	0.8	0.1
2004	39.1	3.9	54.0	5.5	6.9	0.7
2005	39.0	4.4	38.8	4.4	22.2	2.5
“十五”均值	41.6	4.0	50.9	4.9	7.5	0.8
2006	40.3	5.1	43.6	5.5	16.1	2.1
2007	39.6	5.6	42.4	6.0	18.0	2.6
2008	44.2	4.2	47.0	4.5	8.8	0.9
2009	49.8	4.6	87.6	8.1	–37.4	–3.5
2010	43.1	4.5	52.9	5.5	4.0	0.4
“十一五”均值	43.4	4.8	54.7	5.9	1.9	0.5
2011	56.5	5.3	47.7	4.4	–4.2	–0.4
2012	55.1	4.2	47.0	3.6	–2.1	–0.1
2013	50.0	3.9	54.4	4.2	–4.4	–0.3
“十二五”均值	53.9	4.5	49.7	4.1	–3.6	–0.3

资料来源：根据《中国统计摘要2014》第36页数据整理计算。

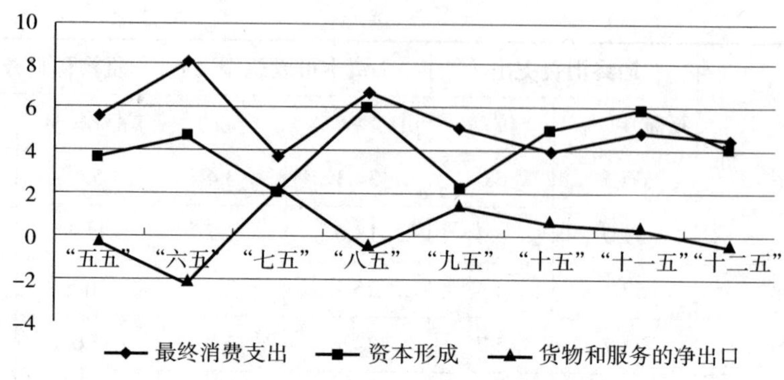

图 5–4　三大需求对经济的拉动趋势图

外贸在经历了"九五"、"十五"、"十一五"连续三个周期的正向拉动后，"十二五"时期连续三年出现了对经济增长的负向拉动。这种负向拉动，主要原因是服务贸易逆差所致。表 5–8 显示，从"八五"时期，服务贸易开始出现逆差，一直到"十二五"时期，逆差数额呈逐步扩大之势；图 5–5 表明，"十一五"之后，这种逆差开始呈现加速扩大。另外，对比表 4–18，我们发现，自"十一五"以来，服务贸易增速开始超过货物贸易增速，如图 5–6 所示。这些情况说明，服务贸易对我国经济的影响有加强之势，需要重视服务贸易的结构变化和发展。

表 5–8　我国服务贸易增长趋势

（单位：亿美元）

年份	进出口	增速（%）	出口	增速（%）	进口	增速（%）
1982	44	—	25	—	19	—
1983	43	−2.3	25	0.0	18	−5.3
1984	54	25.6	28	12.0	26	44.4
1985	52	−3.7	29	3.6	23	−11.5
"六五"均值	48.3	6.5	26.8	5.2	21.5	9.2
1986	56	7.7	36	24.1	20	−13.0

（续表）

年份	进出口	增速（%）	出口	增速（%）	进口	增速（%）
1987	65	16.1	42	16.7	23	15.0
1988	80	23.1	47	11.9	33	43.5
1989	81	1.3	45	–4.3	36	9.1
1990	98	21.0	57	26.7	41	13.9
“七五”均值	76.0	13.8	45.4	15.0	30.6	13.7
1991	108	10.2	69	21.1	39	–4.9
1992	183	69.4	91	31.9	92	135.9
1993	226	23.5	110	20.9	116	26.1
1994	322	42.5	164	49.1	158	36.2
1995	430	33.5	184	12.2	246	55.7
“八五”均值	253.8	35.8	123.6	27.0	130.2	49.8
1996	430	0.0	206	12.0	224	–8.9
1997	522	21.4	245	18.9	277	23.7
1998	504	–3.4	239	–2.4	265	–4.3
1999	572	13.5	262	9.6	310	17.0
2000	660	15.4	301	14.9	359	15.8
“九五”均值	537.6	9.4	250.6	10.6	287.0	8.7
2001	719	8.9	329	9.3	390	8.6
2002	855	18.9	394	19.8	461	18.2
2003	1013	18.5	464	17.8	549	19.1
2004	1337	32.0	621	33.8	716	30.4
2005	1571	17.5	739	19.0	832	16.2
“十五”均值	1099.0	19.2	509.4	19.9	589.6	18.5
2006	1917	22.0	914	23.7	1003	20.6

（续表）

年份	进出口	增速（%）	出口	增速（%）	进口	增速（%）
2007	2509	30.9	1216	33.0	1293	28.9
2008	3045	21.4	1465	20.5	1580	22.2
2009	2867	–5.8	1286	–12.2	1581	0.1
2010	3624	26.4	1702	32.4	1922	21.5
“十一五”均值	2792.4	19.0	1316.6	19.5	1475.8	18.7
2011	4191	15.6	1821	7.0	2370	23.3
2012	4706	12.3	1905	4.6	2801	18.2
2013	5396	14.7	2106	10.6	3290	17.5
“十二五”均值	4764.3	14.2	1944.0	7.4	2820.3	19.7

资料来源：中华人民共和国商务部网站，商务数据中心，http://data.mofcom.gov.cn/channel/includes/list.shtml?channel=mysj&visit=E。

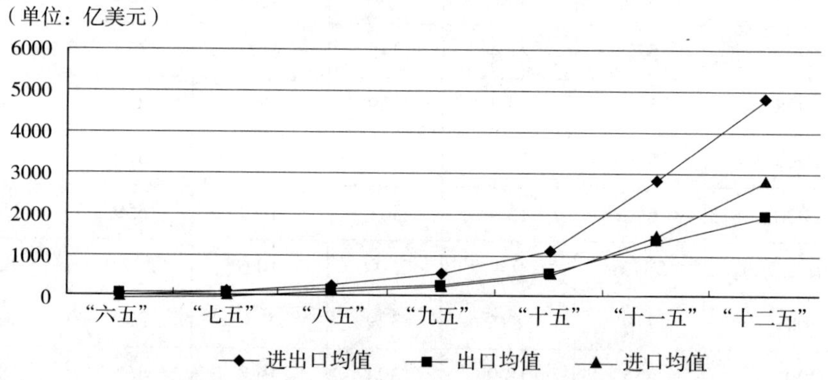

图 5–5　进出口总值、出口总值、进口总值趋势图

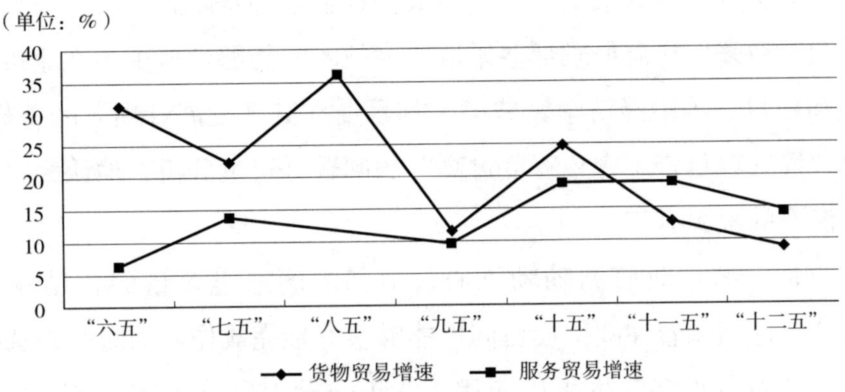

图 5-6　货物贸易和服务贸易增速趋势对比图

二、基于就业的结构调整方向和目标

（一）提高资源配置和资源利用效率

结构调整是为了解决前文分析的各种结构问题和矛盾，诸如产业结构中服务业发展滞后、要素结构中的要素约束力增强、技术结构中技术对外依赖过大、需求结构中消费需求不足，等等。这些问题和矛盾，恰恰制约着资源配置和资源利用效率的提高。例如，正是由于服务业发展的严重滞后，而教育又与服务业的发展相脱节，致使我国就业的结构性矛盾十分突出，许多大学毕业生的毕业就成了“失业”；正是由于政府职能没有正确履行，致使生态危机频发、环境污染加剧；正是由于自主技术不足，才不得不花巨资购买设备和专利，支付高额的专利使用费；正是由于分配结构的不合理，长期积累导致消费需求，其中又主要是居民消费需求不足。

结构调整应当考虑社会就业率。现代社会，就业是人们获取稳定收入的基本途径，社会就业率高低应当成为反映结构调整效果的重要指标。让更多的人实现就业，就是最大的民生工程。因为“失业”本身，既是人力资源的巨大浪费，也可能成为社会不稳定隐患。

政府要采取措施鼓励那些采取适度技术、能够创造更多就业机会的企业和项目。美国经济学家威廉·刘易斯在其《发展计划》的著作中，曾对“发展项目资本密集程度过高”的问题进行过分析，他认为，造成这种浪费的根源有三：

一是一些“政府的勃勃雄心，他们力图通过大量的花销获得威望”①。“这意味着在廉价设备同样能够很好地完成作业的时候却选择了漂亮、昂贵的设备，本可以使用100年的设备在30年之后就被拆毁，因为它已经被认为陈旧过时了。”刘易斯描述的这种情况在我国表现得淋漓尽致。据新华社《瞭望东方周刊》报道，国家大剧院竣工以来，全国30多个城市新建了投资在亿元级别的大剧院，总投资超过100亿元。根据仲量联行的统计数据，亚洲地区在“摩天大楼指数”中占据主导地位，中国高度超过300米的在建摩天大楼数量超过67座，在全球居于首位。② 据统计，在我国现运营的近180座机场中，70%以上亏损。仅江苏一个省就兴建了9座机场，其中大部分机场由于地缘近、规模小的缘故，一直处于“吃不饱”的状态。③ 一些地方建设占地面积巨大的广场，人员稀少，维护成本巨大。许多建筑建成没几年就被拆除的报道此起彼伏，屡见不鲜。

以上情况造成的浪费不可估量。一国在一定时期，其资金总量是一定的，用于这个方面，就不能用于其他方面。刘易斯分析其原因在于，“每个民族都为自己的纪念物感到骄傲，当人们看到那些给他们带来满

---

① ［美］威廉·刘易斯：《发展计划》，北京经济学院出版社1988年版，第56页。

② 徐金波：《数据显示中国在建摩天大楼居全球之首》，2014年5月6日，中国新闻网，http://finance.people.com.cn/money/n/2014/0506/c218900-24978671.html。

③ 董秋彤：《中小机场亏损普遍，运力过剩难挡地方航空投资热浪》，http://www.qqma.com/hyzx_detail.asp?id=36016。

足和骄傲的宏大建筑时，他们更情愿承担日益增加的费用。”①

二是“过于相信生产率最高的技术能产出最大化”②。资本密集程度越高，人均产量越大，总产出也越大。刘易斯指出，这种观念非常普遍，但这种观念是建立在就业水平不变的基础之上的。人均产量和总产量是不同的，人均产量的最大化不等于总产量的最大化。刘易斯举例进行论证，“向 A 工业投入一定数量的资本可以雇佣 100 人，平均生产率是 50，总产量达到 5000；在 B 工业中，等量的投资获得的平均生产率可能只有 40，但是，假设它为 150 人提供了就业机会，结果，B 工业的就业量和总产量都会更大。”③

三是确信“经济发展的道路主要是增加大规模计划项目”。我国许多地方官员都持有这样的观念和认识，认为发展地方经济就必须引进大项目、大企业。但实际上，项目规模过大，超过预期需求，必将造成资本闲置或浪费。这些大项目由于资本设备密集，所能提供的就业机会很少，对工资成本提高还十分敏感和脆弱。

当然，政府也不应成为新技术的阻碍者。政府需要关注那些对国家安全、重要产业具有重大影响的技术，并采取积极政策鼓励各类市场主体去创新和发展这些技术。

（二）促进收入分配的个人公平和社会公平

前文的讨论更多的是从生产力角度进行分类研究，实际上，结构调整的最终目标离不开收入分配结构的转型。我国要建设的是有中国特色的社会主义国家，社会主义的本质是解放生产力，发展生产力，消灭剥削，消除两极分化，最终达到共同富裕。在市场经济条件下，收入分配

① ［美］威廉·刘易斯：《发展计划》，北京经济学院出版社 1988 年版，第 56 页。

② ［美］威廉·刘易斯：《发展计划》，北京经济学院出版社 1988 年版，第 57 页。

③ ［美］威廉·刘易斯：《发展计划》，北京经济学院出版社 1988 年版，第 57 页。

结构的调整既要充分尊重市场经济规律，让“无形之手”——市场发挥决定性作用，但又必须反映社会主义本质的要求，让“有形之手”——政府正确更好地发挥作用，弥补市场的不足和缺陷。

社会主义市场经济应当是效率与公平的统一。市场本身在总体上不具有调节贫富差距功能，相反，市场机制本身是推崇“效率优先”的，“市场效率”长期演化发展的结果，会造成收入分配的“两极化”趋势，这种两极分化，对“社会公平”造成严重损害。政府从社会整体利益出发，完全有必要采取包括道德、法律、政策等各种手段和措施，适度遏制两极分化趋势，促进中等收入群体的不断扩大，逐步形成中等收入群体为主即中间大，高收入和低收入群体人数占比较低即两头小的橄榄型结构，实现收入分配的总体公平。

下面我们根据现代市场经济的一般要求，从理论上来探讨社会主义收入分配的公平实现的内在机制问题。

1. 公平分为个人公平和社会公平

在市场经济条件下，公平实际上主要由两组权利组成，第一组权利叫贡献权利，主要解决微观经济效率问题，可称为个人公平；第二组叫基本权利，主要解决宏观经济效率问题，可称为社会公平。这两组权利相互制约，相互依赖，相互影响，相互作用，成为现代市场经济运行机制中不可缺少的组成部分。

贡献权利的平等是人们占有自己生产的产品的权利和将自己占有的产品用于交换的权利的平等，这种平等是“多劳多得”意义上的平等，即个人生产的多，就应当得到的多；个人可供交换的产品多，从社会交换中所换取的产品也应当多。贡献权利的平等，说到底是人类追求自身利益最大化的一种客观要求。人类社会自诞生以来，就面临着人类需要的无限性和物质资源的稀缺性的矛盾，这一矛盾决定着人们必须追求经济效率。分工和交换既是人们追求经济效率的必然结果，又是人们经济效率得以提高的原因。承认贡献权利平等是个人分工和交换得以发生的基本前提。在交换经济中，人们占有自己生产产品的权利是平等的，人们将自己占有的产品用于交换的权利也是平等的，这种权利的平等激励着人们追求自我利益的最大化。

贡献权利的平等决定着个人的经济效率。而个人经济效率的高低可以说决定着经济体制的更替。效率高的经济体制最终会被人们选择，而效率低的经济体制最终会被人们淘汰，这是社会历史发展的规律。事实上，迄今为止，世界上几乎所有的重要国家都选择了市场经济体制。这是因为：市场经济体制依照贡献权利平等的规则运行，满足了人们追求自我利益最大化的基本需要，从而有效地解决了微观经济效率问题。

贡献权利的平等是市场经济发展的客观要求，本质上保障市场主体应当享有的各项权利。在市场经济条件下，每个人的贡献具体体现为他所拥有的生产要素或其他商品的市场价值。每个人的所得的多少与其对社会的贡献是一致的，市场机制是对其所得和贡献的最好评价。因此，所有有利于市场机制充分发挥作用的制度规则，对确保人们的贡献权利都是有利的，这些制度规则就成为人们享有的贡献权利的组成部分。具体说来，贡献权利主要包括这样一些权利：其一，人们拥有包括自身劳动力在内的商品的占有权、支配权和让渡权。市场经济顺利发展的前提一方面是对人们拥有的物质财产的保护，另一方面是让劳动力成为商品。人们除了对自己拥有物质财富的权利不受侵犯外，人们对自己的产品包括自己的劳动力也享有支配权和让渡权。马克思在分析资本总公式的矛盾时谈到，作为一般等价物的货币要转化为能够增殖的资本，其关键就在于劳动力成为商品。这就是说，货币顺利转化为资本的前提就是劳动力要和其他商品一样，其所有者有支配、让渡的权利。“劳动力只有而且只是因为被它自己的所有者即有劳动力的人出售或出卖，才能作为商品出现在市场上。劳动力所有者要把劳动力当作商品出卖，他就必须能够支配它，从而必须是自己的劳动能力、自己人身的自由的所有者。劳动力所有者和货币所有者在市场上相遇，彼此作为身份平等的商品所有者发生关系，所不同的只是一个是买者，一个是卖者，因此双方是在法律上平等的人。”[①]其二，人们在占有、支配、使用和交换自己产品的过程中，享有“法律面前人人平等”意义上的制度规则上的权利平等。市场经济是交换经济、竞争经济、法制经济，所有的市场主体应该有一致的制度规则，例如准入规则、交易规则、竞争规则等，这些制度规则是确保市场经济正常运行的前提。

总之，在市场经济体制下，对人们贡献的衡量和分配给人们的所得是由市场中的价格机制、供求机制、竞争机制等多种机制共同决定的，这些机制的作用是客观的不以个人的意志为转移的。在进行衡量和分配的过程中，市场的规则是一致的，大家享有的机会是均等的。在这种体制下，人们最大化自身利益的方式，就是让自己拥有的劳动力或者产品不断增殖，并拿到市场上去衡量，让市场决定其价值的大小。市场体制最大程度地满足了人们贡献权利平等的客观要求。

对贡献权利的平等追求，最终导致运行效率高的市场经济体制完全代替了运行效率低的计划经济体制。在计划经济体制下，人们的贡献大小没有也不可能找到一个公平合理的客观尺度来衡量，结果大家只能吃大锅饭，搞平均主义。在这种体制下，人们追求贡献权利平等的结果，只能是在安全的条件下，尽量减少自己的劳动投入，也就是在工作时，尽可能出工不出力。因为在所得相差无几时，投入越多，所得相对越少；投入越少，所得相对越多。要实现自己利益的最大化，就得想方设法减少劳动投入。显然，计划经济体制的运行方式和人们的贡献权利平

① 马克思：《资本论》第1卷，人民出版社1975年版，第190页。

等的客观要求是相悖的。这样，计划经济体制在运行过程中必然是低效的，而低效的经济体制最终是要被淘汰的。因此，高效率的市场经济体制取代计划经济体制就成为社会经济发展的必然结果。

在市场经济条件下，人们追求着贡献权利的平等，而贡献权利的平等又促进着经济效率的不断提高。但随着贡献权利平等的进步和经济效率的提高，市场经济机制本身又内在地演化出损害经济效率的一股力量。这股力量使得一部分人基本的生存需要受到侵害，这股力量足够大时，就会发生社会动乱，进而严重损害宏观经济效率。因此，在现代市场经济条件下，个人贡献权利的平等最终又导致一部分人基本权利的丧失，即个人公平又内在地演化出社会公平。社会公平同样是市场经济的客观需要。社会公平就是为了促进微观效率和宏观效率之间的协调和平衡，将社会全体公民划分成不同收入层次的社会群体，采取转移支付、社会保障等具体措施来维护最低收入群体的基本权利。这种基本权利是最低收入群体的人们享有的维持其生存的基本生活需要的权利，本质上是对个人贡献权利平等在市场经济条件下负面效应的一种弥补和矫正。

个人在生存意义上基本物质生活需要的平等，是指一种“天赋人权”意义上的平等，即这种基本权利处于人们经济权利的较低层次，是人们生存和发展所必需的最低权利。不管其贡献大小，只要是“自然人”，就天然地享有这种权利。这种最低权利主要指人们维持生存需要的权利。随着市场经济条件的发展，这种最低权利的内容和标准是不断丰富和提高的。例如，在现代市场经济条件下，它就应包括人们的受教育权，因为如果不包括这项基本权利，人们的贡献权利实质上就被剥夺了。

总体说来，一个社会越是能够确保对社会贡献多的人能够多得，越是能够确保绝大多数人基本权利得到实现，该社会就越是公平。

在现代市场经济条件下，无论是个人公平，还是社会公平，都是依靠竞争规则、交易规则、市场准入规则以及其他各种法律法规这些制度规则来实现的，因此，公平实际上就表现为“规则公平”。

市场经济条件下的公平具有这样几个特征：

一是公平概念有一定的主观性。无论是个人公平，还是社会公平，尽管都是经济社会自发演进的客观产物，但它毕竟是一种价值判断，因此，具有一定程度的主观性，不同立场、不同阶层的人，对公平的看法会有一定的差别。

二是公平概念的内容是不断变化发展的。就个人公平来说，它主要保障人们的贡献权利。随着社会的进步，贡献权利的标准不是一成不变的，例如，工业社会中，由于物质资本相对于人力资本更为稀缺，资本占有量及其对社会的贡献多少是衡量人们贡献的重要标准。而在知识社会中，由于知识取代物质资本而成为最稀缺的生产要素，因此，知识占有量及其对社会的贡献多少就成为人们贡献大小的更为重要的标准。就社会公平来说，它主要保障人们的基本生存需要的权利。这种基本生存需要的标准也要随社会的发展和历史条件的变化而修正。例如，随着社会的发展，贫困线的标准是不断提高的，生存要求的基本物质需要的内涵是趋于丰富的。

三是公平概念具有历史性和客观性。公平是一个社会历史范畴，对于不同时代的不同的人，公平标准会由于其价值取向的差异而产生深刻分歧。公平是一个客观的范畴，一定时代总会有一定的占主导地位的关于公平的理解和认识。例如，在封建时代，公平的基本内涵就是“均贫富”；计划经济条件下，人们强调按劳分配，实际上演变为等级制度加平均主义；在市场经济条件下，主要遵循按要素贡献大小与市场机制决定其价值大小进行分配的规律，这种公平本身就包含着财产和收入的巨大差异。

2. 在现代市场经济条件下，个人公平和社会公平二者之间是对立统一的关系

二者的对立在于：公平中的两种权利本身蕴含着内在的矛盾和冲突。公平的两种权利即贡献权利平等和基本权利平等之间的矛盾，最终表现为个人公平和社会公平之间的矛盾。一方面，一些规则符合个人公平中的贡献权利平等的原则，结果可能损害了一部分人的基本权利，从社会角度看，这就是不公平的。例如，在市场经济条件下，竞争、交易、市场准入等规则可能对任何个人都是平等的，但经济运行的结果却可能导致两极分化，这种两极分化主要表现在：一少部分人占据社会大量资源和财富，同时又有较大规模的贫困、失业人口以及由此引起他们的基本权利难以实现。这种情况从社会角度看又是不公平的。另一方面，一些规则从社会角度看是公平的，但结果可能又侵蚀了个人的贡献权利的平等。例如，从社会公平角度出发，通过税收制度将富裕阶层的财富通过各种方式转移给贫困阶层，在一定“度”的范围内是公平的，但一旦超出这个“度”的范围，就会危及“多劳多得”个人贡献权利平等原则。

二者的统一在于：公平中的两种权利平等一定程度上是相辅相成的。没有贡献权利平等，基本权利平等就失去了物质基础；缺乏对基本权利的保护，贡献权利平等的作用也得不到最大限度的发挥。总之，在现代市场经济条件下，贡献权利平等不可或缺，社会对基本权利的保障也必不可少。二者相互制约、相互影响、相互依赖、相互作用，共同促进着市场经济的发展。

3. 政府要努力做到个人公平与社会公平的统一

在现代市场经济条件下，个人公平和社会公平的对立统一关系是通过微观经济效率和宏观经济效率的对立统一来实现的。

贡献权利平等会促进微观经济效率的提高，但可能导致社会部分群体个人基本权利的损害，进而抑制宏观经济效率的实现。

在现代市场经济条件下，贡献权利平等的制度规则，能够促进有序高效的市场竞争秩序的形成，抑制市场中的各种垄断因素，促进市场交易效率的提高。但对贡献权利平等的追求，又会内在地演化出部分社会群体基本权利的丧失，这部分丧失了基本权利的群体又成为降低宏观经济效率的力量。在市场经济条件下，市场的价格、竞争、供求机制衡量着人们贡献的大小，并按照各自的贡献进行分配，人们尽其所能追求自我利益的最大化，但这种追求的结果，最终会导致两极分化，即富者愈富，穷者愈穷。富者权利愈来愈大，以至于获得了某种形式或一定程度的垄断权利；穷者权利愈来愈小，以至于其基本权利已不能保障。贡献权利是能够维护人们的产权、保障人们按贡献获得其相应报酬的权利，是一种激励人们提高个人效率的制度安排。但人们占有的资源是不同的，市场的机会毕竟是有限的，那些占有资源较多，较好地抓住了机会的人，就会得到更多的财富。更多的财富有利于其获得更多的机会，由此形成一个不断增强的自我循环。而那些占有资源少，或缺少能力把握机会的人们，就可能面临失业、贫困的厄运，能够改善命运的受教育机会相对更少，而市场经济的需求结构、要素结构、技术结构、产业结构却在不断提高，对劳动力的质量要求也越来越高，这些人通过就业、创业提高自身收入和改变自身命运的可能性不断降低，由此形成一个低层次的不断增强的恶性循环。这样，在市场经济条件下，对个人贡献权利平等的追求就内在地演化出部分群体个人基本权利的丧失。个人基本权利丧失达到一定的程度和规模时，社会动乱就难以避免了。那样的话，不仅微观经济效率受到影响，整个宏观经济效率也会大大降低。

需要说明的是，对于正处于从计划经济体制向市场体经济制转型阶段的国家而言，市场机制可以衡量人们的贡献，并能够给予相应的报酬，但绝不意味着市场机制可以自动实现人们贡献权利的平等。贡献权利平等的市场机制并不是一次性实现的，而是要在不断改革、持续探索中逐步实现的，主要取决于政府作用发挥得好坏和确保市场经济正常运行的竞争制度、交易制度等一系列制度规则的有效程度。好的政府应是在市场难以发挥作用的领域、在弥补市场缺陷方面、在促进市场机制的顺利运行方面、在降低市场交易成本方面大展宏图；坏的政府往往具有行政垄断偏好，往往用权力去设租寻租，往往抑制市场机制作用的正常发挥。好的市场制度规则对大家应是一致的，而且能够提高市场交易效率；坏的市场制度规则往往具有垄断性质，只能抑制市场交易效率，使个人从社会的所得与其对社会的贡献不对等。

社会公平会促进社会经济效率的提高，但可能导致对个人贡献权利的损害，进而抑制微观经济效率的增加。

社会公平的着眼点在于保护社会最低收入群体的基本权利，其目的和作用主要在于：一方面约束收入高的群体过度追求自我利益而产生损害收入低群体的行为，另一方面有效激励低收入群体提高其经济效率。社会公平的实质在于寻求社会中各个收入层次群体之间的权利平衡机制，通过这种机制来促进社会各个收入群体的收入能够达到整个社会总体满意的程度，但这种满意也有个“度”的限制，一旦超出这个“度”，同样会损害个人公平，进而导致微观效率和宏观效率的双重损失。

综上所述，一是必须重视个人的贡献权利的平等。个人公平极其重要，没有个人公平，就没有微观经济效率，没有微观经济效率，就不可能有宏观经济效率。

二是重视低收入群体的基本权利的维护。个人公平的结果可能导致社会不公平。当社会极度不公平时，就会有越来越多的人去打破以前个人公平的规则，经济运行的社会成本越来越大，以至于不得不用社会公平的手段和措施去弥补、修正、调整个人公平的社会规则。但是，这些社会公平的手段和措施也必须保持在一定“度”的范围内，这个度应是：对高收入群体贡献权利的“剥夺”不能过多地降低个人效率；对低收入群体的补偿要满足基本权利的要求，但又不能使其产生依赖而降低个人效率。要努力促进二者之间的协调平衡，达到整个社会经济效率的最优。

在现代市场经济条件下，我们必须深刻地认识、理解和把握个人公平和社会公平之间对立统一关系及其内在机制。既不能只追求效率，忽视公平；又不能片面地夸大现阶段的收入和财产分配上的不公平，从而采取的措施可能较大幅度地抑制效率。政府只有制定并实施真正符合现代市场经济要求的公平的法律制度、政策和措施，处理好政府和市场的关系，正确履行政府职能，维护公平公正的市场竞争秩序，才能长期有效地促进中国特色的社会主义市场经济的蓬勃发展。

（三）实现经济发展方式的转变

结构调整是转变经济发展方式的重要组成部分，结构调整要服务于经济发展方式的转变目标。转变经济发展方式内涵十分丰富，究竟向什么方向和什么目标转变，决定着结构调整的基本方向和战略目标。

关于经济发展方式向什么方向转变的问题，的确是见仁见智，观点多样。笔者尝试总结了一下，观点大致有十一种：（1）由数量扩张的粗放型发展，转向质量和效益的集约型发展。（2）整个国民经济体系的绿色转型。（3）由过度依赖出口的外向型经济，转向以国内消费为主导的内向型经济，或曰“从外贸依存型转向内需驱动型”。（4）由工业经济时代转型知识经济时代。（5）经济转型的基本目标是要终结 GDP 为中心的增长，实现公平与可持续的发展。①（6）由世界生产体系的低端转向高端，由微笑曲线的制造低端，转向设计品牌的高端。（7）由工业社

① 海南研究院于 2010 年 8 月提出《推动“十二五”改革六条建议》，参见 2010 年 8 月 20 日《经济参考报》。外电认为，廉价劳动力终结，意味着中国经济的重大转型。

会向生态社会、创新社会转型。（8）由依靠廉价劳动力和牺牲资源环境为代价，与西方进行不平等交换的低成本外向型经济，转向自主创新型的、由高级生产要素构成的经济。（9）转型的最终目标是形成以居民消费需求为主导的经济发展模式。（10）由高碳经济转向低碳经济。（11）收入分配由金字塔型转向橄榄型。

上述经济发展方式转变的基本内容包含四点：增长方式转变——由粗放转向集约；经济结构升级——产业结构、产品结构、技术结构、要素结构、需求结构等的升级换代；生态环境改善——由高碳经济转向低碳经济；收入分配公平——由金字塔型转变为橄榄型。既有生产力的转变，也有生产关系的转变；既体现人与人的关系，又反映人与自然的关系。

那么，党中央是如何认识经济发展方式转变这一问题的呢？

党中央对转变经济发展方式的认识是随着我国经济发展的实践而逐步提高的。

20 世纪 80 年代，党中央关于经济增长，主要强调速度、效益、比例的协调、强调适度的积累率、强调产品质量和经济效益；20 世纪 90 年代对"适度经济增长"量和质的规定性有了更为深刻的认识，"九五"时期明确提出"两个根本转变"；2003 年 10 月召开的党的十六届三中全会提出了科学发展观，科学发展观就是"坚持以人为本，树立全面、协调、可持续的发展观，促进经济社会和人的全面发展"，坚持"统筹城乡发展、统筹区域发展、统筹经济社会发展、统筹人与自然和谐发展、统筹国内发展和对外开放的要求"。

2007 年 10 月，党的十七大报告提出了经济发展方式转变的问题，当时的提法，是要进行"三个转变"：一是主要依靠投资出口拉动，向依靠消费、投资、出口协调拉动转变；二是主要依靠第二产业带动，向依靠第一、二、三产业协调带动转变；三是由主要依靠增加物质消耗，向主要依靠科技进步、劳动者素质提高、管理创新转变。

2010年2月3日，中央举办省部级主要领导干部研讨班，胡锦涛在开班式上发表讲话，提出要“加快经济发展方式转变”。他讲了八条意见，除重申了党的十七大提出的“三个转变”之外，又添加了一些内容，特别是关于收入分配方面的内容。从他的八条意见的排列顺序看，排在第一条的是“加快推进经济结构调整”，而在结构调整中，摆在首位的又是“加快调整国民收入分配结构”。在“三个转变”基础上加上“收入分配”，党中央在对经济发展方式的认识上更为全面。

温家宝在2010年3月5日的政府工作报告中，将转变经济发展方式概括为“要大力推动经济进入创新驱动，内生增长的发展道路”。即把重心放在技术创新与内需增长上。温家宝2010年4月1日在《求是》发表《关于发展社会事业和改善民生的几个问题》[①]一文中，进一步提出了收入分配的四个指导原则：“一是坚持和完善按劳分配为主体、多种分配方式并存的分配制度，鼓励一部分人通过劳动和创造先富起来，切实保护公民合法收入和私人财产。二是坚持走共同富裕的道路，尽快扭转城乡、地区和不同社会成员之间收入差距扩大趋势，坚决防止两极分化。三是兼顾效率与公平，初次分配和再分配都要处理好效率与公平的关系，再分配要更加注重公平。四是逐步形成中等收入者占多数的橄榄型分配格局。”中央领导关于收入分配结构转变的认识就更为清晰和准确了。

习近平在2010年4月10日的博鳌讲话中讲道，中国将在六个方面作出努力，“第一，转变发展方式，努力实现绿色发展。第二，高度重视科技，支撑实现创新发展。第三，坚持扩大开放，不断实现和谐发展。第四，继续加强合作，持续实现共同发展。第五，着力消除贫困，

① 温家宝：《关于发展社会事业和改善民生的几个问题》，《求是》2010年第7期。

逐步实现平衡发展。第六，大力培养人才，推动实现全面发展”。

习近平在不同场合都提到了“经济发展方式转变”问题。习近平认为，“增长必须是实实在在和没有水分的增长，是有效益、有质量、可持续的增长”①，“中国将把推动发展的着力点转到提高质量和效益上来，下大力气推进绿色发展、循环发展、低碳发展”②。

从世界经济的发展方向来看，“低碳经济”是必然趋势。1992年的《联合国气候变化框架公约》和1997年的《京都议定书》对“低碳经济”概念进行了系统的阐述。从国家角度最早提出“低碳经济”的是英国，英国于2003年发表能源白皮书，即《人类能源的未来：创建低碳经济》。“低碳经济”实质上是人类经济发展方式的变革，涉及传统的产业结构、工业结构、能源结构、人类传统的生产方式、生活方式和消费方式的转变。根据专家研究，大气污染物与温室气体排放具有同源性、拥有同排放介质和减排一致性的特征。③减少大气污染的措施也有利于降低温室气体的排放。温室气体主要包括二氧化碳、甲烷（CH_4）、氧化亚氮（N_2O）、氢氟碳化物（HFCs）、全氟化碳（PFCs）、六氟化硫（SF_6）等六种气体。非二氧化碳温室气体的浓度致暖与二氧化碳有着固定的函数关系，这样，非二氧化碳的温室气体排放量可以折算成二氧化碳排放当量。因此，人们用二氧化碳的排放量就可以测定温室气体的排放量。

综上所述，我们可以基本概括出我国经济发展方式的转变方向和总体目标：一要完成“三个转变”；二要逐步形成中等收入为主的橄榄形社会；三要从高碳经济转向低碳经济。

① 习近平：《习近平谈治国理政》，外文出版社2015年版，第112页。

② 习近平：《习近平谈治国理政》，外文出版社2015年版，第114页。

③ 田春秀、冯相昭、张曦：《建立大气污染物与温室气体减排统一监管体制》，《中国环境报》2013年12月10日。

三、基于就业的结构调整战略思路

结构调整是一个非常复杂的系统工程，需要政府、企业、居民的共同努力，完成社会整体的转型和各自的转型。

（一）推动城乡一体化发展

打破城乡分割，促进要素流动，推动城乡一体化发展。我国城乡二元结构的形成有其深刻的历史原因。计划经济条件下的统购统销、人民公社、户籍制度等都极大地限制了农村劳动力的流动，造成了城乡之间的长期分离。从收入角度看，改革开放后，城乡差距除了1978—1985年这段时期有所缩小，其他时期总体上是不断扩大的。

城乡二元结构具体表现在四个方面。一是城乡收入差距巨大。二是城乡公共服务差距巨大。农村的医疗卫生、义务教育、居民养老、农业科技信息服务、农村金融服务、农业灾害防治、农村水利设施、生态环境保护与建设等公共服务明显不足。三是农业发展严重滞后。根据中科院的研究报告，如果以农业增加值比例、农业劳动力比例和农业劳动生产率三项指标计算衡量，2008年，中国农业水平与英国相差约150年，与美国相差108年，与韩国相差36年。报告同时指出，中国农业劳动生产率比中国工业劳动生产率低约10倍，中国农业现代化水平比国家现代化水平低约10%。① 四是能够反映农民利益的政治组织和社会组织明显不足。

城乡二元结构造成我国城乡差距不断扩大，既不利于扩大内需，也不利于社会稳定。因此，要采取对策遏制这种扩大趋势，促进城乡差距保持在“适度”范围内。

① 《中科院报告称中国农业经济水平比美国落后100年》，《新京报》2012年5月14日。

从理论上说，要素能够自由流动是加强部门竞争、提高资源配置效率和资源利用效率的最佳途径。因此，结构调整的着眼点之一就是如何促进生产要素在各个部门之间的自由流动。

1. 要提高农民的知识技能

农民向非农产业和城市转移，被称为“农民工”。大量农民工的存在，确保了我国生产产品的长期低价优势，在我国经济发展过程中的贡献巨大，功不可没。农民工从“民工潮”，到“民工荒”，再到“技工荒”，反映了我国经济发展走过的不同阶段，也反映了农民工的知识技能跟不上现实经济发展的结构问题。总体来看，我国农民工的生存和发展状况是逐步得到提高的。2014 年 5 月国家统计局发布的《2013 年全国农民工监测调查报告》[①]显示，农民工总体情况趋于改善。2013 年，全国农民工共 2.69 亿人（其中，外出农民工 1.66 亿人，本地农民工 1.03 亿人）。按全国农户（2.68 亿户）平均计算，平均每户有一名农民工。这说明，我国农户兼业化已成为较为普遍的现象。在农民工总数中，80 后、90 后新生代农民工占 70%以上。

2013 年，全国农民工增加 633 万人，增长 2.4%，增长率同比下降 1.5 个百分点；外出农民工增加 274 万人，增长 1.7%，增长率同比下降 1.3 个百分点。这说明，农民工总量虽然仍在增长，但增幅已有所放缓。特别是东部地区，已出现了农民工负增长的现象，这一年东部地区农民工减少了 0.2%。

目前，农民工就业较集中的行业，是建筑业、制造业和餐饮服务业。2013 年，在这三个行业中，农民工所占比重是：建筑业为 81.8%，制造业为 73.6%，餐饮服务业为 67.4%。农民工已成为这三个行业的主

---

① 《2013 年中国农民工增至 2.69 亿　逾 1.6 亿人外出务工》，2014 年 5 月 12 日，中国新闻网，http://www.chinanews.com/gn/2014/05-12/6161392.shtmlhttp://www.chinanews.com/gn/2014/05-12/6161392.shtml。

要劳动力。

2013年，农民工月均收入为2609元，大体上相当于2012年城镇非私营单位职工平均工资（每月3897元）的67%。这一年，农民工的收入已占农户纯收入的一半左右，成为农户的首要收入来源。

截至2013年底，随农民工进城的随迁子女中，已有1277万人在城市中接受义务教育，占全国义务教育学生总数的9.3%。他们中的80.4%，是在公办学校中就学。2013年，有26个省份已解决了随迁子女参加流入地的中考问题，有12个省份解决了随迁子女参加流入地的高考问题。

截至2013年底，已有5018万进城农民工参加了城镇的医疗保险（其中有4667万人参加了城镇职工的医保），有4895万农民工参加了城镇基本养老保险，有7266万农民工参加了工伤保险，有3740万农民工参加了失业保险。

2013年，国务院已提出明确要求：地级以上城市，要把进城务工的农民工纳入住房保障范围。国务院的这个要求，各地正在逐步落实中。

为了将农民工培育成为新型产业工人，国家有关部门已制订了《农民工技能提升计划》，计划每年对1000万农民工进行一次政府补贴的就业技能培训，争取到2020年基本消除新成长农民工无技能上岗的现象。

但是，多年来，国家对农民的教育、培训投入相对很少。农民的知识技能明显不足，只能在低层次岗位上就业，如此不断形成恶性循环。“技工荒”不过是这种情况的客观反映。要打破这一恶性循环，必须加大对农民教育、培训的投入，逐步提高农民的技能，改善农村的创业条件，促进农民收入的提高，加速农民向非农产业的转移。诺贝尔奖获得者美国经济学家舒尔茨在分析改造传统农业时，认为在改造传统农业的过程中投资不仅要包括物质资本，还要包括人力资本，即要通过正规的教育、在职培训和保健工作等等把新知识与技能传授给农民，使农民拥有现代的意识、知识和技能。他特别强调了穷国在提高人口质量、提高人们知识水平方面的重要性，他说:“改进穷人的福利之关键因素不是空间、能源和耕地，而是提高人口质量，提高知识水平。”“土地本身并不是使人贫穷的主要因素，而人的能力和素质却是决定贫富的关键。”① 在农村教育和培训方面，要普及农村义务教育，逐步消除农村的文盲和半文盲；要加大对农民农业技能的培训力度，使农民掌握必需的改造传统农业的知识和技能；要对农民提供必要的职业技能方面的培训，增强其在城市中的就业能力。

2. 要鼓励人才向农村流动

人才不足是农村经济发展的最大障碍。政府要制定相关政策，鼓励各类人才向农村流动，促进农村经济的发展。

要鼓励“五有”农民工返乡创业。所谓“五有”，是指有点技能、有点资金、有点营销意识、有点办厂能力和对农村有点感情。“五有”农民工返乡创业，对农业发展有显著的作用。截至 2013 年底，全国已有 200 多万“五有”农民工返乡创业。他们中的多数，返乡后创办了家庭农场，成为专业的农业大户。

要鼓励城市中对农业有研究的人才到农村中发展。这方面日本的“一村一品”运动非常值得借鉴。笔者曾经专门研究过“日本的一村一品运动”②，认为其精髓表现在五个方面：

第一，“一村一品运动”成功开展的前提是必须有优秀的干部。

优秀的干部不仅要有雄心壮志，有高度的责任心，更要有履行职责的能力。平松守彦先生称得上是一个有着高度的责任心和履职能力的人。他毕业于东京大学法学系，在通产省任职多年，参与日本经济发展

① 西奥多 · W. 舒尔茨:《论人力资本投资》，北京经济学院出版社 1990 年版，第 40、44 页。
② 参见孟帆、赵棣生等:《日本的第三产业》，新华出版社 1985 年版，第 127—141 页。

规划的工作。大学毕业26年后，即1975年，平松守彦先生抱着振兴家乡的宏愿来到山多耕地少、农业长期处于落后状态的大分县任副知事。到任后，平松守彦先生深入农村进行调查研究。“曾五六十次地下乡访问，一村一镇地去了解那里的地理环境、历史、资源情况，找农民座谈讨论，倾听大家的意见，探讨怎样发挥当地潜力，把地方经济振兴起来。”在反复的调查研究中，平松守彦先生逐渐形成了“一村一品运动”的构想。1979年11月在一次恳谈会上平松守彦先生正式提出这一构想。平松守彦先生甚至还写了一本畅销书《提倡一村一品运动》，问世3年，连续发行14版，深受日本读者欢迎。

第二，“一村一品运动”的基本内涵是充分发挥各地的比较优势，不断开发具有当地特色的优势产品。

“一村一品运动”绝对不是说一个村庄只生产一种产品，而是要发挥各地在资源、生产上的比较优势，要因地制宜、结合实际积极地搞特色产品的开发。随着开发的深入，各地会逐渐拥有老的“一品”，形成新的“一品”，不断产生更新的“一品”。1979年平松守彦先生任大分县知事，上任伊始，他主要抓了两件事：一是在全县开展“一村一品运动”；二是在原有工业的基础上进一步发展尖端技术产业。“平松守彦先生要求全县各市、町、村都要因地制宜，就地取材，创造出一种具有地方特色，在全国乃至国际上堪称一流的产品来。”平松守彦先生在反复的调查访问中搜集掌握了大量资料，了解到全县虽然山地占70%，但各地也都有其长处。平松守彦坚信，只要善于利用当地的资源和优势，充分发挥人们的聪明才智，每一个穷山村都是可以变样的。大山町过去以种植稻、麦、麻、烟叶为生，经济水平十分落后，在县属58个市、町、村中名列第58位。但大山町开发较早，在平松守彦先生提出开展“一村一品运动”之前，该町770多户农民就结合当地特点，在生产上不断进行开发，取得了显著的成效。至1983年，全町农户平均收入已达434万日元，在整个日本已是中上水平。大山町除了生产占有九州市场份额80%的一种形状类似豆芽的蘑菇，还能够生产56种土特产品，能够加工生产20多种“大山牌”产品。

第三，“一村一品运动”是一场建立和挖掘人们的“竞争”、“创新”和“自力更生”等市场经济核心精神理念的精神革命。

“一村一品运动”的实质是一场“心理革命”或“精神革命”——就是要人们摆脱“小富即安”、“均贫富”等小农经济思想和“等、靠、要”等计划经济的思维方式，逐步形成或建立“竞争”、“创新”和“自力更生”等符合市场经济要求的观念和思维方式。

“一村一品运动”旨在激发人们的竞争精神和创新精神。平松守彦先生认为，开展“一村一品运动”的目的在于激发各地的相互竞争和挑战，以便协同一致地发展地方经济。各地都发挥自己的比较优势，都去开发有当地特色的产品并向市场销售，自然而然就带来竞争的压力和创新的动力，人们之间的竞争和各自的创新又成为各地进一步发挥比较优势的源泉，由此形成良性循环，推动各地的经济水平不断向前发展。

“一村一品运动”积极鼓励人们的自力更生精神。平松守彦先生认为，开展“一村一品运动”，就是要人们自力更生，发挥自己的想象力和创造力，如果有依赖思想，“一村一品运动”肯定搞不起来。人们津津乐道的一个例子就是汤布院町当初的养牛业是如何发展起来的。汤布院町有着丰富的牧场，如果多养些奶牛，既可以成为奶牛基地，又可以让人们旅游观光。但町里的农户一时拿不出买牛的钱，怎么办？年轻人想出了一个绝妙的主意：到东京、大阪等大城市寻找“牛的主人”——牛的出资人。城里人只要出资20万日元买一头小牝牛，交给农户饲养，5年可以还本，每年还能得到60公斤大米的红利。这一宣传果然奏效，城里的投资人多达数百。一头小牝牛长成后，5年平均生3头小牛，1头卖掉还本，其余归农户所有，农户劳有所值，得到回报，自然十分高兴。每年夏天，农户们还邀请牛的投资人和到汤布院町旅游的游客一起参加他们的赛歌大会，旅游观光业因之得到进一步的推动和发展。

第四，“一村一品运动”需要不断建立和完善培养和开发农业人才的激励机制。

人才的培养和开发是落后地区开发的关键。大山町鼓励年轻人学农并留在町里工作，从 1957 年起就立下了一条规矩：凡是进农业高中或农业大学的学生，都由农协每月给予一定的经费补助。大山町还经常派出青年到海外短期考察；提供贷款鼓励年轻人到国外旅游学习，开阔眼界。大山町年轻人的培养和开发取得了明显的成效，享有盛誉的“豆芽蘑菇”就是一位名叫矢蟠欣治的大学生引进的，仅此一项，就带给大山町年收入多达十几亿日元。

第五，“一村一品运动”需要政府提供必要的服务和支持。

一是要培养管理者和技术骨干。缺乏组织管理者和技术力量是一些地方开展“一村一品运动”的制约因素。为了解决这一问题，大分县办了 12 个培训班，每个班吸收 30 名左右学员，由该县的开发者、技术专家们讲授。县里还把各地的技术骨干送到县内外去参观学习。

二是要进行技术指导。大分县鼓励各地发展介于农业和工业之间的农产品加工业即“1.5 次产业”，为此还成立了农产品加工综合指导中心，对各地进行技术指导。

三是要提供必要的低息贷款。大分县对“一村一品运动”搞得好的地方提供低息贷款，资助其兴办加工厂。

四是要提供交通等基础设施条件。日本公路四通八达，从县城到大山町——大山中的一个小镇，也有一条很好的公路相通。

从我国的实际情况看，我国各地经济发展水平、自然条件差别巨大，许多落后地区交通不便，水利等基础设施落后；缺乏优秀的管理干部和农业技术人才；市场观念不强，竞争创新意识不足；有些地方政府越俎代庖，直接干预农民的生产活动，成为不适当的市场主体；等等。这些都是我国开展“一村一品运动”较大的制约因素。因此，要真正让“一村一品运动”成为振兴我国农村经济的一剂良方，政府就必须发挥积极正确的作用，建立健全选拔优秀干部的机制，选拔出一批热爱农村工作、有责任心和工作能力的干部；要对各地的基本情况作深入细致的调查，提供必要而非包办的支持和服务；要创造鼓励人们开发新产品、保护人们劳动成果，让大家公平竞争，让人们奋发有为、努力向上的经营环境、法律环境和文化环境。

3. 要加大工业对农业的反哺力度

农村过剩劳动力问题需要在工业化、城市化和农村自身经济建设的协调发展中加以解决。工业化、城市化是解决农村过剩劳动力问题的必由之路，但这一过程进行到一定阶段就需要农村的经济发展与其相适应。根据专家的研究，经济发展过程中农业与工业相互关系的演化有三个基本阶段①：第一阶段叫以农补工，即农业提供剩余支持工业。第二阶段为工农并重，即农业和工业发展各依靠自身剩余的积累进行发展。第三阶段是以工补农，即工业部门的剩余以资金要素的形式流入农业，对农业进行反哺，以促进农业的进一步发展。目前，我国经济仍然在快速增长，工业化进入全面深入的发展阶段。技工短缺的普遍化，从一个侧面表明农村经济的发展滞后已明显成为国民经济进一步发展的瓶颈。因此，由已经具备强大生产能力的工业对农业进行反哺就变得十分必要。党的十六届五中全会提出“建设社会主义新农村”的发展战略，可谓恰逢其时。这一战略抓住了我国经济增长中主要矛盾，是促进我国经济长期稳定增长的必由之路。要实施这一战略，就需要从提高农民技

① 冯海发：《中国经济发展到什么阶段才能反哺农业》，中国农业出版社 2001 年版。

能等基本素质、增加农业科研开发投资和改善农村基础设施这几方面同时入手。一要加大农村教育和农业科研开发方面的投资。我国近年来农村基础教育支出的绝对数量较大，但占农村财政支出的比例并不高，占政府整个财政支出的比例更低。这是造成我国农村义务教育普及率低下的主要原因。农业科技三项费用在农业财政支出中所占份额最少，近年来基本徘徊在0.5%—0.9%，比教育支出和基本建设支出都少，甚至低于农村救济费用支出。这是造成我国农业发展滞后的重要原因之一。而农业科研开发投资和农村教育投资的产出效应却是最大的。有关研究表明，农业科研开发投资每元回报率达9.59元；农村教育投资每元回报率达3.71元，是农村所有投入中回报率最高的。因此，政府加强这两方面的投入是十分必要的。二要逐步增加提高农民生产能力的支出。相关研究同时表明，政府扶贫资金投入产出不成比例，扶贫资金的投入量巨大，但扶贫效果不明显。因此，如果把这项资金的一部分用于农村培训或农村教育，将会直接提高农民从事生产活动的能力，进而增加农民的收入，促使人们尽早脱贫致富。① 三要加大农村的水利、交通、电力、通信、邮政、金融、保险等基础设施的投入，进一步减少农民交易成本、提高交易效率、改善交易预期，全面促进农村经济的深入发展。

（二）加快实现农业现代化

必须重视农业现代化问题，这是解决我国城乡一体化发展的根本途径之一。

1. 农业现代化的内涵

农业现代化内涵不是一成不变的，而是与时俱进的。20世纪50年代到21世纪初，农业现代化大多被理解为“为农业生产发展本身服务

① 高振宇：《中国农业政策转变评述》，《山西财经大学学报》2005年第1期。

的机械化、电气化、水利化和化学化”。2007 年的中央一号文件提出了新时期农业现代化的内涵，即“用现代物质条件装备农业，用现代科学技术改造农业，用现代产业体系提升农业，用现代经营形式推进农业，用现代发展理念引领农业，用培养新型农民发展农业”①。农业部市场与经济信息司司长张合成认为，市场化是农业现代化的灵魂，品牌化是农业现代化的标志，信息化是农业现代化的制高点。市场化、品牌化与信息化是农业现代化的三个核心内容。②我国政府相关部门官员和学术界人士对“农业现代化”的认识和理解是不断深入的。但上述定义更多是从“途径和方法”角度探讨农业现代化的内涵，缺乏明确的最终发展目标和方向的引导。

笔者认为，农业现代化的内涵是：建立在现代生物和信息技术基础上的、拥有完备农业基础设施的生态农业。这一内涵包含三个组成部分：一是指农业现代化必须是生态农业；二是农业现代化必须具备完备的农业基础设施；三是农业现代化必须建立在良种化、机械化、信息化和品牌化的现代科技基础之上。

（1）农业现代化是生态农业

生态农业，就是按照生态学原理和生态经济规律建立发展起来的可持续发展的农业。

自 20 世纪 50 年代以来，世界各国竞相发展“化工农业”，大量使用化肥、农药、农膜、饲料添加剂等化学合成物，造成了一系列严重后果，包括土壤污染、耕地质量严重下降、食品不安全等问题。目前，我国 40%的耕地质量退化，19.4%的耕地被污染，就是“化工农业”带来

① 孔祥智、毛飞：《农业现代化的内涵、主体及推进策略分析》，《农业经济与管理》2013 年第 2 期。

② 刘月姣：《市场化品牌化信息化：农业现代化的新内涵——访农业部市场与经济信息司司长张合成》，《农村工作通讯》2015 年第 6 期。

的不良后果。这种状况发展下去，必然造成人与自然关系失衡的生态危机。

进入21世纪以来，由“化工农业”转向“生态农业”，已成为大多数国家的政府和经济界人士的共识。世界各国纷纷调整了农业发展的基本思路，全球已有162个国家提出了发展生态农业的战略。可以这样说，发展生态农业，是21世纪全球农业发展的主导模式和主要潮流。截至2009年，全球生态农业种植面积已达4.8亿亩，占全球耕地（230亿亩）的2.1%；预计到2020年，可达80.5亿亩，占全球耕地面积的35%。因此，从生态农业角度考察，全球农业现代化才刚刚开始。

生态农业，包括绿色农业和有机农业两大类。绿色农业是指，严格地有限度地使用化肥、农药等化学合成物，实行测土配方施绿肥作业的农业生产方式。绿色农业的实质，就是要把化肥、农药等的使用量控制在警戒线以下，防止化学合成物的过度使用带来的土壤和农产品的污染。世界公认的化肥使用量的警戒线是：每亩地不能超过15斤。我国平均每亩地的化肥使用量为26.7斤，是警戒线的1.8倍，是欧美发达国家每亩平均化肥使用量的4倍多。我国农药使用量也远远超标，是世界平均水平的2.5倍。2013年9月，广东省政协十一届三次常委会议发布的《关于“农村环境污染治理”的调研报告》显示：广东省化肥施用强度高达852.4公斤/公顷，是发达国家警戒线的3.8倍；农药使用量达40.27公斤/公顷，是发达国家对应限值的5.75倍。①

有机农业是指，不使用任何化学合成物的农业生产方式。

生态农业是农业现代化的重要内容和任务，是确保我国农产品安全的治本之策。目前，我国生态农业的种植面积为6750万亩，仅占耕地总面积的3.7%。这个比重太小了，今后需要加快生态农业的发展步伐。

① 《广东农村污染严重　化肥施用度为发达国家警戒线3.8倍》，南都网，2013年9月26日，http://news.nandu.com/html/201309/26/305085.html。

党的十八大提出，我国要进行“新四化”，即新型工业化、城镇化、信息化和农业现代化。2015年4月25日，中共中央国务院发布《关于加快推进生态文明建设的意见》，文件进一步提出，协同推进“新五化”（即新型工业化、城镇化、信息化、农业现代化和绿色化）的战略任务。绿色化的基本内涵是：资源节约、污染控制和生态保护。① 发展生态农业，具有农业现代化和绿色化的双重意义。

（2）农业现代化要具备比较完备的农业基础设施

其内容主要为：防灾减灾设施，包括水利设施、防护林设施等；节水灌溉设施；农田基本设施；农村电力、交通、通信、信息设施；等等。

目前，我国农业的基础设施还很不完备。全国防灾减灾设施薄弱，农业因灾每年损失粮食1000亿斤；全国有效灌溉面积仅占耕地面积的20%；高标准农田只有5.5亿亩，仅占耕地面积的30%，全国70%的耕地是中低产田；全国40%的耕地质量退化；全国还有5000多条中小河流和4万多座小型病险水库尚未治理；等等。总之，我国农业基础设施薄弱，靠天吃饭的局面没有根本转变。②

2010年，中央下了很大决心，进行以下两项基础设施建设：一是从2011—2020年，在全国开展我国历史上规模最大的水利工程建设。总投资为4万亿元（平均每年投资4000亿元，由中央和地方分担），要求到2020年，建成全国的防洪、抗旱、减灾体系。此项重大的水利建设工程，正在进行中。我国是一个人多、地少、水缺、多灾的国家，此项重大工程，对保证我国农业现代化的实现，具有重要意义。

二是从2011—2020年，用两个五年规划的时间，在全国开展一次大规模的高标准农田建设。要求在十年内，建成旱涝保收的高标准农田

① 《中共中央国务院关于加快推进生态文明建设的意见》（2015年4月25日），《人民日报》2015年5月6日。

② 徐隽、毛磊：《农产品供求“紧平衡”将成新常态》，《人民日报》2014年12月24日。

8 亿亩，即每个五年规划建 4 亿亩。到 2020 年，使我国的高标准农田面积达到 13.5 亿亩，占全国耕地的 74%，这将大幅度地改善和提高我国耕地的质量。同时，把节水灌溉面积由原来的4亿亩，扩大到6亿亩。这将大大节约农业用水资源。我国农业用水占全国用水总量的 62%，节约用水的最大潜力在农业。

除以上两大工程外，农村公路建设、电网建设、通信设施建设也正在大规模地展开。例如，截至 2014 年 4 月，全国农村公路总里程已达 377 万公里。全国乡镇和建制村通沥青（水泥）公路者分别为 98% 和 89%；全国乡镇和建制村开通客车者分别达 99% 和 93%。① 根据农业部规划，力争到 2020 年，完成贫困地区存量危房改造。② 预计到 2020 年，我国农业基础设施的规模和效率，将有较大的提高。

（3）农业现代化要以良种化、机械化、信息化和品牌化为基础

第一，良种化。种子是农业的命脉，向农业提供用现代生物技术培育的良种，是实现农业现代化的一个核心环节。我国低水平的良种化已经实现，96%的耕地已用上了商品化的良种，主要是杂交品种。但用现代种业标准（主要是运用生物技术，如基因技术、分子育种等新技术）来衡量，我国的现代种业还比较落后。例如玉米。我国的杂交玉米，良种亩产可达 800 多斤，而美国的转基因玉米良种，亩产可达 1300 斤；我国大豆亩产 240 多斤，美国的转基因大豆每亩产量达 370 斤。国际的种业跨国公司已纷纷进入我国，对我国的种业造成了很大压力。中央对此十分重视。2010 年，中央在 1 号文件中，明确提出，要“切实把农业科技的重点，放在良种培育上”。2011 年 4 月，国务院专门发布

---

① 《人民日报》2014 年 4 月 29 日。

② 韩长赋：《国务院关于推进新农村建设工作情况的报告——2014 年 12 月 23 日在第十二届全国人民代表大会常务委员会第十二次会议上》，中国人大网，2014 年 12 月 23 日，http://www.npc.gov.cn/npc/xinwen/2014-12/23/content_1890469.htm。

的《关于加快现代农作物种业发展的意见》指出:“农作物种业是国家战略性、基础性核心产业,是促进农业长期稳定发展、保障国家粮食安全的根本。”[①]农业部专门成立了种子管理局。2012年12月26日以国务院办公厅文件正式印发了农业部会同国家发展改革委、财政部、科技部等16个部门共同编制完成的《全国现代农作物种业发展规划(2012—2020年)》。规划将现代种业发展目标分为2015年和2020年两个阶段,到2015年基本实现“两个分离”,即积极引导和推进科研院所和高等院校逐步退出商业化育种,科研院所和高等院校与其所办的种子企业事企脱钩。到2020年建立以产业为主导、企业为主体、基地为依托、产学研相结合、“育繁推一体化”的现代农作物种业体系。实现“四个提高”,即主要农作物良种覆盖率由目前的96%提高到97%以上,良种在农业增产中的贡献率由目前的43%提高到50%以上,商品化供种率由目前的65%提高到80%以上,前五十强种子企业的市场占有率由目前的30%提高到60%以上。[②]

北京农业规模很小,只有340万亩耕地,仅占全国耕地的0.19%;农业增加值,仅占北京GDP的0.7%。但是,在全国的农业现代化进程中,北京市的农业却担负着特殊的使命,它是全国农业现代化的关键性力量。

把北京建设成我国的“现代种子产业之都”,是我国实现农业现代化的一个关键环节和重大举措。2010年8月,科技部、农业部与北京市政府共同努力,在北京市建设“国家现代农业科技城”和“现代种子之都”。北京市承担了建设“种子之都”的重大任务,是全国三大种业

① 《国务院关于加快推进现代农作物种业发展的意见》(国发〔2011〕8号),中央政府门户网站,www.gov.cn,2011年4月18日,http://www.gov.cn/zwgk/2011-04/18/content_1846364.htm。

② 宋修伟:《助力种业向育繁推一体化大步迈进》,2013年2月4日,农民日报—中国农业新闻网,http://www.farmer.com.cn/jjpd/zzy/xdzy/201302/t20130204_805802.htm。

研发中心之一。全国10大种子公司有4个在北京。北京郊区340万亩耕地不许再占用，这些耕地除供应北京市菜篮子和维护首都生态平衡外，将用于育繁推现代化种子产业。

北京农业科技城设立了四个园区和五个中心。四个园区是：通州国际种业园；顺义园，主攻花卉科技；昌平园，发展智能装备产业；延庆园，探索未来生态农业的农场模式。五个中心是：农业科技网络服务中心；金融服务中心；创新创业促进中心；种业创新和交易中心；国际合作交流中心。2010—2015年，通州国际种业园已进驻现代种子产业科研院所和种子企业60个，实施现代种子"育繁种一体化"作业，已育繁种蔬菜新品种3591个，打造了自己的品牌。北京作为全国"种业之都"，其成果首先在畜牧业上表现出来。目前，全国的奶牛，60%是北京奶牛的后代，即采用北京的奶牛品种。北京的蛋鸡品种，占领了全国一半的市场，全国餐桌上鸡蛋，有一半是北京品种的蛋鸡下的蛋[①]。北京凭借高科技育种，北京的"一鸡一牛"的品种已辐射全国，占领了全国鸡牛品种的半壁江山。

第二，机械化。从2004年开始，全国正式实施了《农业机械化促进法》，并实施了农机购置补贴。2004—2014年，中央财政的农业购置补贴累计总额超过1200亿元，共计补贴农民购置农机具超过3500万台（套）。这十年，是我国农业机械化发展的黄金十年。截至2014年，全国的耕种收综合农机化水平，已达到61%，提前一年实现了"十二五"规划的目标，达到了"中等程度的农机化"水平。这标志着我国的农业生产方式，已经实现了由人力、畜力为主，向机械作业为主的历史性跨越。目前，全国已建立了农机合作社170万个，可以完成全国2/3耕地的农机作业。全国31个省（区、市）中，有9个省及全国的国有农场，

① 《中国餐桌鸡蛋一半源自北京》，《北京日报》2015年10月20日。

农机化水平已达70%以上。国有农场平均为86%，重点农场已达90%以上，达到了“高级农业机械化”的水平。但还有4个省农业机械化水平低于40%。停留在“初级农机化”的水平上，最落后的是贵州省，农机化水平低于20%。我国农机化今后的目标是：一是使全国的耕种收综合农机化提高到高级程度；二是逐步实现农业全过程农机作业，包括非粮作物机械化，以及烘干、仓储、加工等环节的机械化。目前，因烘干、仓储机械化滞后，加工、运输落后，每年损失粮食700亿斤。700亿斤的粮食，一年足够养活2亿人口，太可惜了。三是我国农机工业总产值2013年达3571亿元，已占全球近一半，居全球第一位，能够满足国内市场的90%以上，但主要是中低端农机产品。农业部规划明确了农业机械化的重点工作：“力争到2020年，粮棉油糖等大田作物基本实现机械化。”①

第三，信息化。在市场经济条件下，现代农业必须实现较高水平的信息化，使农业经营主体，包括国有农场、合作社、家庭农场、专业大户、广大农民等，能够及时获得和掌握农业的市场信息、科技信息，以提高农业的竞争力。主要农产品，应贴上“追溯码”，以保证舌尖上的安全。目前，全国有4万个涉农网站，12316服务热线已覆盖了全国1/3以上的农户。农业部已在一些地方进行了举办“农村信息服务站”的试点工作。我国的农业信息化已取得了一些初步进展，今后应加大发展的力度。

第四，品牌化。农业品牌化的工作，我国才刚刚起步，处于初级阶段。农业品牌化是提高农产品竞争力的一个核心环节。目前，我国一些国有农场和农民专业合作社，已在建设农产品的品牌方面取得了一些进

① 韩长赋：《国务院关于推进新农村建设工作情况的报告——2014年12月23日在第十二届全国人民代表大会常务委员会第十二次会议上》，中国人大网，2014年12月23日，http://www.npc.gov.cn/npc/xinwen/2014-12/23/content_1890469.htm。

步。截至2012年底，全国农产品注册商标，共有125万件。但是，具有明显竞争力的农产品品牌还不多，不少品牌还停留在局部地区，跨地区的品牌不多，国际知名品牌就更少。农业部已提出:“品牌化建设已成为一项紧迫任务”，要求大力促进农产品的标准化生产，促进商标的创造和应用。

2. 农业现代化的支撑条件

实现农业现代化，需要具备一系列的支撑条件。主要有四项:

（1）现代科技

农业的根本出路在于发展现代科技。大力发展现代科技，特别是现代生物技术，是推进和实现农业现代化的核心条件。

我国的农业科技水平，已远远落后于发达国家。2014年，我国农业科技进步的贡献率只有55.6%，大大低于发达国家该指标为80%的平均水平。发达国家，平均每亩100亩耕地就有1名农业科技人员，而我国建立农业科技特派员的工作现在才刚刚开始。2013年，我国农业的人均劳动生产率，只有世界平均水平64%。因此，大幅度增加农业科技的研发投资，大力提高我国农业科技水平和农业科技的普及程度，是推进和实现我国农业现代化的核心条件。

对待转基因新技术，一要大胆研究，自主创新;二要慎重推广，确保安全。按照“非食用—间接食用—食用”三个步骤来推广，现已广泛应用于棉花生产。

转基因技术是解决全球粮食危机的根本途径。全球转基因作物的商业化种植，始于1996年。美国是最早商业化种植转基因作物的国家，美国生产的玉米、大豆，90%是转基因的。目前，美国市场上70%的加工食品都含有转基因成分。我国食用的植物油，约80%是转基因大豆压榨的，也已食用了十多年。

（2）巨额资金支持

农业是一个弱势产业，仅靠农业自身的积累是根本无法实现现代化的。美国和其他农业现代化发达国家的实践经验证明，要实现农业现代化，必须由国家和社会进行大规模的投资和扶植，实行“以工补农”、“以城带乡”以及国家给予农民直接补贴的政策。我国又是一个“缺水”、“多灾”的国家，如果国家不进行大规模的水利工程和其他防灾减灾工程体系的建设投资，农业现代化的实现基本是遥遥无期的。

由政府给农民发放各种农业补贴，是当今世界各国普遍采取的一种对农业的支持、保护政策。我国农业补贴，已有12年的历史（2003—2015年），对增加农民收入，支持农业生产起了很好的作用。截至2013年底，我国实施的农业补贴有四种：种粮补贴、良种补贴、农机购资补贴、农业生产资料综合补贴。补贴总额，2013年为1760亿元，是2004年补贴总额140亿元的12.1倍，增长速度很快。2004—2013年，我国粮食实现了十年连续增产，打破了世界纪录（美国、日本等国有连续5年到7年的增产记录），也打破了传统的农业周期（半、平、欠周期）。这与我国政府彻底取消农业税，并给农民直接补贴，从而调动了农民的生产积极性有关。

但是，我国的农业补贴政策仍然需要改进和不断完善，有两大问题需要解决：

一是补贴总量仍然太小。

我国从2003年开始实行国家对农民的直接补贴以来，至2013年，十年时间，农业补贴总额翻了11番。纵向上看，补贴增长速度很快。

但从横向对比来看，我国的补贴是远远不足的。2013年，我国对农民的直接补贴为1700亿元，农村常住人口有1.8亿户。每户平均只得到补贴944元，仅占农户当年的户均总收入31136元的3%。据统计，目前发达国家对农民的补贴，一般都占农民总收入的40%。美国是世界上农业现代化程度最高，出口农产品最多的现代农业强国，其对农民的补贴，也占农民总收入的40%。挪威、冰岛、瑞士等国对农民的补贴，甚至占农民总收入的60%。

现阶段，我国仍然是发展中国家，2013年人均GDP只有6747美元，大大低于世界平均水平10486美元，更大大低于高收入国家的入围标准——2012年为人均12475美元。在全球人均GDP的排名中，我国为81位。我国的财力还很有限，在农业补贴上不可能与发达国家相提并论。

近年来，农产品市场价格持续上升，主要农产品价格超过了进口价；一些农产品的生产补贴也已达到世贸规则的上限；而农业生产的成本即农村雇工成本、租地成本、购买农资成本却在不断上升。

上述情况表明，我国农业现代化遭遇到了前所未有的挑战，这些挑战意味着，除了进一步完善补贴方式，增加补贴额度，还需要探索和开发更多更有效的提高农业生产效率的办法和途径。

二是需要进一步改善补贴的方式和结构。

2014年中央的一号文件中，对改革今后的农业补贴政策，提出了明确的要求，“稳定存量，增加总量，完善方法，逐步调整”。

关于补贴的方式，确有一些值得改进的地方。例如粮食的补贴，现在是按各户的承包地亩数来补贴的，就有不少弊病：农民把地撂荒了，补贴照给；农民进城打工去了，已经完全脱农了，补贴也一分不少；农民把耕地改种其他庄稼或作别的用途，非粮化甚至非农化了，补贴照给。就是说，补贴与粮食生产脱钩了，却照给“种粮补贴”，补贴没起到鼓励种粮的作用，而成了给承包户的一种“收入型福利”。有鉴于此，中央一号文件提出要“开展按实际粮食种植面积或产量对生产者补贴的试点”。即补贴要给实际种粮的人，亦即“谁种粮，补贴谁”，“不种粮者不补”。如果耕地租给种粮大户、家庭农场、合作社去种了，而且确实是连续种粮食，那就补给大户、农场、合作社，起到真正激励种粮者的作用。这样做，发放补贴就复杂多了，要求乡村干部做许多调查核实工作。所以文件要求先搞试点，要通过试点积累经验，然后再推广，达到改革补贴方式的目的。

关于补贴的结构，主要是补贴的项目太少，只补贴了四项。2014年开始增加重要农产品“目标价格补贴”，例如，从2014年秋季开始，已开始实施新疆“棉花价格补贴”。中央确定的对新疆棉花的目标价格，是每吨19800元，即每斤9.9元，而新疆棉花市场价格为每吨14000元，即每斤7元。这就意味着，政府对棉农的补贴，应达到每斤2.9元。还有许多应补贴的项目没有补贴，不利于运用补贴来引导农民科学调整种植结构，促进农业可持续发展。在这方面，业内人士提出了很多建议。例如，在生态环境脆弱的地区，为了让耕地休养生息，恢复地力，应像美国那样，向农民发放“休耕补贴”；在湖南等土地受重金属污染的地区，要求农民调整种植结构，改种其他农作物，不准再种水稻，防止镉米事件再发生。为保证农民收入不降低，就应当给农民发放“改种补贴”；在东北地区，为了引导农民多种大豆、玉米，应给农民发放“轮作补贴”；在河北严重缺水地区，为了引导农民不种水稻，改种旱作农业，要给农民发放“旱作农业补贴”，等等。

总之，就是让农业补贴再多样化一些，多发挥指挥棒的引导和激励作用，以促进农民调整种植结构，实行“科学种田”。

除国家投资和补贴外，还必须调动金融企业、工商企业对农业提供信贷支持和投资支持。近几年，国内一些大型工商企业例如恒大、联想、网易等，纷纷投资现代农业，是个好现象。在这方面，现在还缺乏系统的经验，需要继续努力。

2015年中央一号文件《关于加大改革创新力度加快农业现代化建设的若干意见》要求：“尽快制定工商资本租赁农地的准入和监管办法，

严禁擅自改变农地用途。”就是说，如发现工商资本下乡“圈地”，搞“非粮化”、“非农化”者，必须坚决制止、纠正。2015 年 5 月，中央农办、国土部、农业部、工商总局已联合发布了《关于工商资本租赁农地监管和风险防范的意见》，规定了监管细则。

（3）适度规模经营

现代农业，客观上需要适度的规模经营。为此，必须对农业生产关系进行适当调整。除国有农场实现灵活多样的企业化经营方针外，主要就是在广大农村，进行生产关系的适度调整，实行农业的土地集体所有权、农户的承包权和农业经营主体的经营权的“三权分离”。在“三权分离”的基础上，形成适度的规模经营，以利于现代农业的展开。2014 年 11 月 20 日，中央发布了《关于引导农村土地经营权有序流转发展农业适度经营的意见》，对“三权分离”和适度规模经营的实施，做了详细规定。至 2014 年底，全国实行“三权分离”、适度规模经营的耕地已达 4 亿亩，占农户承包耕地总面积的 30.3%。其中，由工商企业租用农户承包地的面积达 3864.7 万亩，据检查，其中搞“非粮化”、“非农化”的问题比较突出，还需迅速予以纠正。

（4）高素质农业劳动力

据统计，发达国家的农民，大约有 40%接受过正规的农业高等教育。我国农业劳动者人数众多，要达到发达国家的教育水平是很困难的。但为了实现农业现代化，必须有几亿高素质的农业劳动力与之匹配。依靠低素质、低文化的劳动力，是不可能实现现代化的。这就要求我国在普及和提高农村基础教育的基础上，发展大规模的农业职业教育，开展对广大转业农民的职业培训，包括各类农业经营者（农业的职业经理人）的培养和培训。2014 年 11 月 20 日，中央在《关于引导农村土地经营权有序流转发展农业适度规模经营的意见》中，专门部署了“开展新型职业农民教育培训”工作，要求制定和“实施新型职业农民培训工程”的规划和政策，在全国“努力构建新型职业农民和农村实用人才培养、认定、扶持体系，建立公益性农民培养培训制度，探索建立培育新型职业农民制度”①。这项工作起步较晚，但有望大规模地有序地在全国展开。在2014年12月召开的中央经济工作会议上，中央再次强调：“要完善职业培训政策，提高培训质量，造就一支适应现代农业发展的高素质的职业农民队伍”。②

3. 农业现代化的基本方向

2014年底和2015年初这段时间，中央农村工作会议和中央2015年一号文件，均提出：“要把产业链、价值链等现代产业组织方式引入农业，促进一、二、三产业的融合互动。”③ 2015年4月30日，习近平在政治局会议上，进一步强调：“要加快建立现代农业产业体系，延伸农业产业链、价值链，促进一、二、三产业交叉融合。”④

2015年4月3日，人民网公布了《中共中央国务院关于深化供销合作社综合改革的决定》（以下简称《决定》）。《决定》明确提出了深化供销合作社综合改革的基本目标，“到2020年，把供销合作社系统打造成为与农民联结更紧密、为农服务功能更完备、市场化运行更高效的合作经济组织体系，成为服务农民生产生活的生力军和综合平台，成为党和政府密切联系农民群众的桥梁纽带，切实在农业现代化建设中更

---

① 中共中央办公厅、国务院办公厅印发《关于引导农村土地经营权有序流转发展农业适度规模经营的意见》，2014年11月20日，新华网，http://news.xinhuanet.com/2014-11/20/c_1113339197.htm。

② 《中央经济工作会闭幕：提2015年5项任务》，新浪财经2014年12月11日，http://finance.sina.com.cn/china/20141211/185221054526.shtml。

③ 《把现代产业组织方式引入农业，促进一、二、三产业融合互动》，《人民日报》2015年2月15日。

④ 习近平：《健全城乡发展一体化体制　让广大农民共享改革发展成果》，新华网，2015年5月1日，http://news.xinhuanet.com/2015-05/01/c_1115153876.htm。

好地发挥作用。”[①]我国的供销社要成为向“三农”提供一系列社会化服务、推动“三农”工作的重要组织体系。今后若干年，要逐步将全国的供销社系统，改造成为不仅从事流通服务，而且从事为农业生产、科技推广、合作金融、农民生活服务的“农村综合服务的大系统”。

农民专业合作社是商品经济发展到一定阶段的必然产物，与供销社有着密切的关系。农民的专业合作社尽管是独立的经济实体，和供销社是平等的经济关系，但供销社由来已久，在农村社会经济活动中，有着强大的组织优势。许多专业合作社就是以传统的供销社为依托，采取供销社和农民合作共同组建的办法建立的。从这个角度分析，专业合作社是供销社服务体系不可或缺的组成部分。专业合作社的功能和作用的发挥，直接关系到整个供销社服务体系运行的质量和效果。供销社要大力发展农民专业合作社，将农民专业合作社吸收为供销社联合社的成员社，夯实供销社的组织基础，筑好供销社的服务平台，逐步增强服务能力；要努力构建功能完备、城乡并举、工贸并重的农村商品现代流通体系，不断提高市场竞争力，逐步成为农民专业合作社发展的主导力量。

建立现代农业产业体系，一、二、三产业融合互动，以此大幅提高农业比较效益，大幅增加农民收入。这是我国农业今后发展的基本方向，也是加快农业现代化建设的根本途径。

（三）建立国内消费主导的经济发展模式

保持适度投资增长，降低外贸依赖，建立以国内消费为主导的经济发展模式。

依靠投资拉动经济，已经积累了许多矛盾，例如地方债务，需要一

① 《中共中央国务院关于深化供销合作社综合改革的决定》(2015 年 3 月 23 日)，《人民日报》2015 年 4 月 3 日。

定时间消化。关于“投资增速过高，经济增长质量必然不高”这一观点，前文论证比较充分，在此不再赘述。

依靠外贸拉动经济，增长空间相对狭小。我国出口和进口是“大进大出”，“大出”必然“大进”。这种情况导致我国经济受外贸影响较大。例如，1997 年东南亚金融危机和 2008 年美国次贷危机，对我国外贸企业影响巨大，损失惨重。我国正处于追赶发达国家的“跨越式”发展阶段，外贸增长主要依靠低附加值、低成本、低端产业环节取胜，换句话说，是依靠高投入、高消耗、高污染赢得竞争优势，外贸依存度比发达国家高一些很正常，但长此以往，两方面的风险会不断积聚和膨胀：一方面是国内经济发展与要素约束、与技术依赖、与社会管理等的矛盾不断加剧；另一方面是，在后危机时代，一些发达国家已经开始实施“扩大出口，减少进口，执行第二产业回归和制造业再造”的新政策，有的提出了“再工业化”的口号。美国经济呈现复苏态势，欧盟和日本经济复苏乏力，主要新兴经济体处于恢复期、调整期。这些情况使得我国工业品的出口面临的不确定因素很大。

因此，我国必须改变主要依靠投资和出口拉动的现状，坚持扩大内需特别是扩大居民消费需求的战略。

一要降低投资率，同时控制政府消费率，提高居民消费率。把提高居民消费率作为考核地方官员政绩的指标。要控制我国的投资增速，至少要控制在改革开放以来 30 多年的平均增速 22%以下。要降低公款出国旅游、公款吃喝、公车消费等三大畸形消费、腐败消费。2012 年 12 月 4 日，中共中央政治局召开会议，审议通过关于改进工作作风、密切联系群众的“八项规定”。中央“八项规定”的出台，对我国社会生态和政治生态的改变发挥了重要作用。干部吃喝之风被迅速扭转，以公款消费为主要目标客户的高档酒店风光不再；利用举办会议、出国考察为名大肆挥霍公款进行旅游的行为得到有效遏制。

二要降低外贸依存度。把那些因国际市场变动而过剩的贴牌出口企业、加工贸易企业逐步改造成为中国老百姓、特别是中国农民消费服务的有生命力的企业。同时，要“优化对外贸易结构”、“促进进出口结构转型升级”、实行“吸收外资和对外投资并重”的新政策，以便在国际市场、国际竞争中加强我国的控制力、影响力，更好地稳定和拓展外需，更好地利用国际资源，为我国的经济建设服务。要大力推进外贸从规模速度型向质量效益转变，推动我国产业在全球分工中逐步从低端向高端转变。充分利用国际市场变化的历史机遇，压缩外企出口和加工贸易在出口中的占比，扩大自主品牌在出口中的比重，实现真正的而不是虚假（利润大多被外企拿走）的顺差。把我国外贸从外企控制的加工贸易型，逐步转变为内企控制的自主贸易型。

三要加快发展第三产业。重点是发展生产性服务业、城市社区家庭服务业、广大农业服务业三项。政府要发挥引导作用，市场发挥主导作用，提高服务业投资比重，尤其要重视生产性服务业的发展，逐步使服务业成为国民经济的主导产业。要依法打击和抑制服务业中的垄断行为，扶持中小企业发展。落实“十二五”规划纲要的就业优先战略，完善有利于中小企业发展的政策法规体系。要维护市场公平竞争，加大国有企业的改革步伐和力度，加强垄断行业的竞争，解决小企业融资难、税负高、社会负担重的现实问题，创造良好服务环境，激发中小企业发展活力。

四要调整收入分配结构。要逐步扩大劳动者在国民收入分配中的比重。要把外资和私企老板的收入纳入法制化轨道，禁止其违法收入。要切实增加亿万农民的收入。调整收入分配结构是系统工程，需要多管齐下才能有所成效：要推进税收制度改革，适当降低中小企业税负，提高中小企业发展能力，增加农民工就业机会；加强对农民工教育和培训的投入，提高其就业和创业能力；推进农业现代化，增加对农业的补贴，大幅度增加在乡务农的专业、兼业农民的收入；推进新型城镇化和农民工市民化，解决已经转移到城镇中的农民及其家属的一系列公共服务问题，诸如增加收入、融入城市、解决住房、子女上学等。

五要扩大社会保障覆盖面。健全覆盖城乡居民的社会保障体系，形成良好的消费预期。从数据比较来看，我国的广义社保支出占财政收入比重较低。政府的广义社保支出，包括三项内容：政府的狭义社保支出，指的是政府在社会救助、社会保险、社会福利和就业服务方面的支出；政府的教育支出；政府的医疗卫生支出。2010年，我国政府的狭义社保支出为9130.6亿元，教育支出为12550.0亿元，医疗卫生支出为4804.2亿元，三项合计为26484.8亿元，占财政支出（89874.2亿元）的29.5%。2013年，我国政府的狭义社保支出为14417.2亿元，教育支出为21876.5亿元，医疗卫生支出为8208.7亿元，三项合计为44502.4亿元，占财政支出139744.3亿元的31.8%。[①]从上述数据可以看出，从2010年到2013年，我国政府的广义社保支出的绝对额和相对额都有所增长。但这个水平，还是远低于世界平均水平。例如2008年，人均GDP在3000美元以下的国家，其广义社保支出占财政支出的比重，平均为43%；人均GDP在3000美元至6000美元之间的国家，这个比重为54%。[②]改进和提高我国政府的广义社保支出，应是今后政府改革和努力的方向。

六要降低居民生活成本，改善消费环境，创造老百姓消费的条件，促进城乡居民扩大消费和消费升级。首先要想方设法降低人们的吃穿住行成本。2012年国庆长假，仅取消过路费一项，就让游客数量猛增，相应带动了旅游收入和各种消费。根据全国假日办和商务部的数据，十一长假期间，全国共接待游客4.25亿人次，实现旅游收入2105亿元，

---

① 根据《中国统计摘要2014》第68页数据计算整理。

② 参见《人民日报》2010年6月7日。

同比分别增长40.9%和44.4%；全国重点监测零售和餐饮企业销售额8006亿元，比2011年国庆黄金周期间增长15%左右。因此，政府有必要采取正确的政策措施，切实解决长期存在的路费、租费、税费、油费、房价、损耗过高，流通环节过多等导致的居民生活成本居高不下的问题。

其次要改善居民消费环境。便捷、安全、卫生的消费环境，对居民消费的增长十分有利。随着居民收入的不断增长，人们对消费环境的要求越来越高。各级政府部门要高度重视消费环境的建设和完善。要制定并不断完善各种交易规则和标准，严格执法，规范提供消费品和消费服务的各种企业的行为，提升其产品质量和服务能力；要促进公共服务的均等化，提高落后地区的消费能力；鼓励发展民间消费者保护组织，加强对消费者权益保护的社会监督；积极开展消费者权益教育，增强消费者对自身权益的保护意识和保护能力。

（四）发展低碳经济、绿色经济、循环经济

世界正在进行一场以生物、信息、新材料、新能源为中心的产业技术革命，我国的产业结构调整和经济发展方式转变也要适应这次产业技术革命的大势，用新技术改造传统产业，积极发展新兴产业，促使社会经济由高碳向低碳转型。

1. 开展向低碳经济主导型模式转变的试点

2003年，英国能源白皮书《我们能源的未来：创建低碳经济》中首次提出低碳经济的概念。在生态环境恶化、全球变暖趋势加强和世界经济危机的冲击下，低碳经济逐步得到世界各国的认可并形成共识。世界各国普遍认为，发展低碳经济是解决人类社会可持续发展的根本之路。

低碳经济的本质就是“低能耗、低污染、低排放”。我国经济发展

方式现阶段仍然以高投入、高能耗、高污染的粗放式增长为特征，转向低碳经济无疑面临巨大的挑战。

能源转型是经济转型的关键环节。2010 年中央经济工作会议的一项重要决定是要开展低碳经济试点，目的是为“十二五”期间大力发展低碳经济积累经验。广东省率先制定了《低碳经济发展试点方案》；全国已有保定、上海等 10 个城市提出了“建立低碳城市的构想”。

北京市于 2010 年 3 月 6 日在《北京日报》上公布了《绿色北京行动计划（2010—2012）》，其中提出：“把发展绿色经济、建设低碳城市作为首都未来发展的战略方向”；还提出，到 2020 年，把北京初步建成“绿色现代化的世界城市”。

中国科协于 2010 年 4 月 29 日，启动了“全国低碳国土实验区”建设。拟在五年内，在全国建立一批“低碳国土实验区”（包括云南丽江、吉林通化等市），政府有关部门支持走中国特色的低碳经济发展道路。

发展低碳经济，包括：建设低碳城市，发展低碳产业，倡导低碳生活方式。

第一，建设低碳城市的关键，是发展城市森林，种植乔木，提高林木覆盖率，以吸收二氧化碳。2010 年 4 月 27—28 日，在武汉召开的“中国城市森林论坛”，发表了《武汉宣言》，倡导全社会行动起来，发展城市森林，打造低碳城市。城市森林是城市之肺。我国发展城市森林的目标是：2020 年，全国森林应比 2005 年增加 6 亿亩，森林蓄积量增加 13 亿立方米。这也是我国应对气候变化的指标。

要对城市的工业、交通、建筑进行低碳改造。我国二氧化碳的排放，有一半来自燃煤火电厂，我国的煤炭，一半以上用于发电；40%来自城市的建筑（包括建筑施工过程和建筑物使用过程）。这两项抓住了，二氧化碳就可以有大幅度的减排。全国地级以上城市 287 个，二氧化碳排放占全国总量的 71%；全国经济 100 强城市，二氧化碳排放占全国总量的 50%[①]。把这些城市的碳排放控制住了，低碳经济就有希望了。

第二，发展低碳产业的重点，是开发新能源，改造火电厂，进行能源革命。我国水电、风电、核电、农村沼气正在大规模发展；太阳能发电、生物质能、潮汐能、煤层气（CH_4）利用、地热发电等也已上马。2009 年，新能源占能源消耗的 9.5%；2009—2020 年，投资 3 万亿元，争取达到能源消费量的 15%。任务艰巨，困难重重。计划 2020 年目标：水电 3.2 亿千瓦，现为 1.9 亿千瓦。风电 1.5 亿千瓦，现为 0.2 亿千瓦。核电 0.8 亿千瓦，现为 900 万千瓦。太阳能发电 0.2 亿千瓦，生物质能发电 0.3 亿千瓦，合计 0.5 亿千瓦。

第三，倡导低碳生活方式的本质，就是要人们树立“低消耗、低排放、低污染”的理念，在生活和工作中培养有利于节能、节电、节水、降低污染和排放的各种行为习惯。

2. 发展绿色经济

后危机时代，绿色经济将成为全球新的经济增长点。发展绿色经济，是对全球经济近 300 年来工业化对地球生态环境造成重大破坏的一种矫正，是全球经济发展模式的一个大转变。2009 年 8 月，联合国环境署建议世界各国，尽快投资 7500 亿美元发展绿色经济，以促进世界经济复苏[②]。2009 年 9 月 22 日，胡锦涛在联合国气候变化峰会上讲话，也郑重宣布：中国要“大力发展绿色经济”[③]。

什么是绿色经济？至今还没有一个国际公认的正式定义。“绿色经济”一词源自英国环境经济学家皮尔斯于 1989 年出版的《绿色经济蓝

① 郭嘉：《加快转变中国迈出怎样的步伐？——访全国政协委员、中科院可持续发展战略研究组组长牛文元》，《人民日报》2010 年 5 月 12 日。

② 徐惠喜：《绿色经济：全球经济复苏的新引擎》，《经济日报》2009 年 9 月 10 日。

③ 胡锦涛：《携手应对气候变化挑战——在联合国气候变化峰会开幕式上的讲话》（2009 年 9 月 22 日，美国纽约），新华网，http://news.xinhuanet.com/world/2009-09/23/content_12098887.htm。

图》一书。一些环境经济学家认为，绿色经济是自然环境和人类自身可以承受的经济。北京工商大学世界经济研究中心主任、遂宁绿色经济研究院院长季铸教授是绿色经济系统理论的创建者和实践者之一，他认为，绿色经济是以效率、和谐、持续为发展目标，以生态农业、循环工业和持续服务产业为基本内容的经济结构、增长方式和社会形态。① 还有学者认为，绿色经济是以市场为导向、以传统产业经济为基础、以经济与环境的和谐为目的而发展起来的一种新的经济形式，是产业经济为适应人类环保与健康需要而产生并表现出来的一种发展状态。② 国际商会认为，绿色经济是经济增长与环境责任相辅相成、共同支持社会发展进程的新型经济模式。国际绿色经济协会认为，绿色经济是以实现经济发展、社会进步并保护环境为方向，以产业经济的低碳发展、绿色发展、循环发展为基础，以资源节约、环境友好与经济增长成正比的可持续发展为表现形式，以提高人类福祉、引导人类社会形态由“工业文明”向“生态文明”转型为目标的经济发展模式③。从以上定义可以看出，绿色经济实际上是倡导生态和环保理念、减少经济增长带来的污染、增强经济社会可持续发展能力的经济发展方式。低碳经济、绿色经济、循环经济在发展理念上是一致的。

2008年10月，联合国环境署发起“绿色经济倡议”，建议世界各国大力发展下列产业：清洁能源，例如水能、风能、太阳能、潮汐能；有机农业，指不使用化肥、农药的农业，即无污染的农业，例如发展菌肥、抗虫作物、抗草作物等以现代生物技术为基础的有机农业；环保产业；农村生物能源，例如沼气；低碳产业，指能够减少 CO_2 排放的产业；

---

① 百度百科：绿色经济。http://baike.baidu.com/link?url=Puyg0Faj620H_U0P35QbMYZF9sCrqFr-MqLW83mZpHZYY3azrijCw7snWrxrgr_BMn1FpUt6P_gcMmFsnvgVjJ8bkEMpjkbzHUwHa8jpR_1a。

② 徐惠喜：《绿色经济：全球经济复苏的新引擎》，《经济日报》2009年9月10日。

③ 郑德凤、臧正、孙才志：《绿色经济、绿色发展及绿色转型研究综述》，《生态经济》2015年第2期。

节能交通工具；节能建筑。

全球绿色经济的发展，是以绿色科技的发展为基础的。全球正处于绿色科技革命和绿色产业革命的前夜。世界各个大国都在积极部署，迎接这一场新的科技革命和产业革命的到来。从世界各个大国的部署来看，重点是发展两大产业：一是以现代生物技术为基础的现代生物产业，包括生物农业、生物医药、生物能源、生物化工、生物环保等五大产业；二是新能源产业，主要是指水电、风电、太阳能光伏发电等可再生的清洁能源。

我国在科技创新方面存在明显缺陷，主要反映在三个方面：一是原始科学创新动力不足。中国的科技工作者基本上处在前沿跟踪的水平上，创新者寥寥无几；二是关键核心技术受制于人；三是科技、经济两张皮问题尚未根本解决。

2009 年 9 月 21—22 日，温家宝连续召开了三次“新兴战略性产业发展座谈会”。专家们的建言献策大都与绿色经济有关。温家宝在会上特别强调，我国发展新兴战略产业，其要害在于“要真正掌握关键核心技术”。① 我国要发展绿色经济，发展现代生物产业、新能源产业，必须努力在关键核心技术上取得突破。

我国今后如何发展绿色经济？至今国家还没有拿出一个统筹的规划。已经出台的只有一个发展现代生物产业的规划（2007 年），还有一个即将出台的新能源发展规划。

西方国家的研究工作动手较早。2009 年 9 月 10 日《华尔街时报》发表了一个民间研究机构的报告：《2009 年中国绿色科技报告》。报告中，提出了大约 300 个绿色科技、绿色经济的项目，建议中国“切实推行”。这 300 个项目包括：清洁能源；绿色建筑（配备有太阳能发电、

① 参阅《经济参考报》2009 年 9 月 23 日。

太阳能热水设备的建筑）；清洁运输（电动汽车、火车）；清洁水；等等。这个报告估计，如果中国实施了这300个项目，其收益今后可达每年1万亿美元。其实，这些项目我国也都在搞，有的已大搞，如水电、风电、电动火车；有的在中搞，如太阳能光伏发电；有的在小搞，如绿色建筑，其光伏发电设备，由财政给予补贴。

据统计，目前全球与绿色经济有关的产品和服务，年营业额大约1.3万亿美元。预计在今后12年内有望翻一番[①]。其市场前景是很大的。

但是，我们也要看到：我国目前的经济，从总体上说，还是一种高消耗、高排放、高污染的“高碳经济”，要把它转变为低消耗、低排放、低污染的“低碳经济”和“绿色经济”，面临的困难不言而喻。

2009年9月26日胡鞍钢提出，“我们今天面对气候变化，需要构想新的现代化，我们称之为绿色现代化”。“我们将来要做到，用科技使经济增长的同时，要使碳排放下降甚至脱钩”。[②]

我国现代化建设原来的构想，只是包括工业、农业、国防、科技的现代化，以及综合国力和人均GDP达到中等发达国家水平的内容。其中，并没有包含实现低碳经济、绿色经济的要求。现在，全球面临气候变暖、温室效应等生态灾难日益显现的新局面，联合国于2008年6月提出“推行低碳经济”，2008年10月又发出“绿色经济倡议”，世界上主要的国家都在积极部署发展低碳经济和绿色经济。在这样的形势下，我国原来现代化建设的标准和要求就需要进一步完善，需要增加实现低碳经济和绿色经济的要求。因此，我国现代化建设的目标、要求和内容需要做出更高层次的调整、构想和提升。近几年来，中央已经连续提出了要建设资源节约型、生态友好型、技术创新型的现代化国家的新要求，提出了大力发展低碳经济和绿色经济的新任务。这些实际上都是现

① 孙冰：《全球经济靠“绿色”复苏》，《中国经济周刊》2009年第37期。

② 参阅《经济参考报》2009年9月30日。

代化标准的提高和现代化构想的升级。

什么是绿色现代化？笔者认为，是指国民经济发展以低碳经济、绿色经济、循环经济为主导的现代化。关键是要进行能源革命和经济转型，整个社会要逐步实现向以低碳能源和绿色能源为基础，以低碳经济、绿色经济和循环经济为主导的经济发展方式的转型。

3. 发展循环经济

工业革命让人类生产能力迅速增大，人类在获得巨大物质财富、生活水平迅速提高的同时，其赖以生存和发展的自然环境也遭到前所未有的破坏，生物多样性危机、土壤沙化、环境污染、温室效应，等等，已严重影响到人类生活的质量和人类社会的可持续发展。循环经济是对传统“高开采、低利用、高排放”生产方式的反思和变革的结果；和低碳经济、绿色经济一样，是经济发展模式的革命。

在实施过程中，循环经济遵循三大原则，减量化（Reduce）、再利用（Reuse）、再循环（Recycle），简称3R原则。减量化是源头控制，是从源头节约资源使用和减少污染物的排放；再利用是过程控制，尽量使产品和包装容器以初始形式多次使用，减少一次性用品的污染；再循环是终端控制，尽量让使用过的废弃物品重新变成再生资源。

发展循环经济是从思想观念、行为方式、循环经济技术到税收制度、法律制度的全方位的转型与变革。发展循环经济必须进行三个方面的创新：

一是观念创新。必须从根本上认识到循环经济的价值和意义，让人们在工作和生活中培养节约能源、物尽其用、减少污染的良好习惯。

二是制度创新。政府要出台相应的政策和法律，确保废弃物的回收和利用有利可图。

三是技术创新。政府要鼓励和保护循环经济的技术创新，促进循环经济技术不断进步。

（五）实现政府转型

明确政府职能定位，处理好政府和市场之间的关系，实现由“GDP 崇拜型政府”向“公共服务型政府”的转型。

政府对经济发展有着巨大的影响力。改革开放 30 余年来，我国地方政府更多地承担了经济建设主体和投资主体的角色。在 GDP 政绩指标的激励下，各级政府都有发展各种资金密集、设备密集的工业大项目，建立各种工业园区和经济开发区的强烈意愿，而各级政府又掌握着土地、信贷等重要的经济资源和项目审批等行政资源。这种情况让我国经济高速增长了 30 余年，但由此对我国经济也造成了巨大的负面影响。政府权力过于集中，市场没有发挥出其决定性作用；上学难、看病难等社会问题突出，社会管理明显滞后；大气、水、土壤的污染加剧，生态环境恶化。

政府要明确自己的职能定位。要由“GDP 崇拜型政府”转向“服务型政府”。这一“转向”的前提和关键是改革政绩考核指标体系。不再把 GDP 作为考核政绩的主要指标，而代之以改善“公共服务”，即要把包括就业、教育、卫生、治安、环境等，以及居民收入、消费差距作为政府政绩的主要考核指标。在收入分配方面，总的指导思想，不仅要做大蛋糕，不断提高人均 GDP；而且要分好蛋糕，要合理分配，逐步缩小收入差距。①

政府要提高财政资金利用效率，实现财政转型。要由片面的“经济建设型财政”，也就是“工业投资型财政”和“出口加工投资型财政”，转变为“公共财政”、“民生财政”。把主要财力用于提高公共服务水平、广义的社会保障水平和改善民生上面。广义的社会保障支出包括医疗、教育、社会保障、公共就业服务四项支出。竞争性领域的

---

① 有学者建议，对地方政府的考核指标，应从做大蛋糕，转变为分好蛋糕，把基尼系数作为首要的考核指标。参阅《经济参考报》2010 年 5 月 31 日。

经济项目投资要“政府引导，市场主导”，即政府要“以小搏大”，以少量的资金，撬动巨大的市场资金。充分发挥市场配置资源的决定性作用，采取 PPP、BOT 等模式，引导市场和民间资本进入；要加大对公共服务的财政支出比重，提高基础教育、基本医疗、社会保障、基础研究、公共基础设施等基本公共服务投资占比。把广义的社会保障支出占国家财政支出的比重，从目前的 32%，至 2020 年，提高到 37%以上。①

政府要深化行政审批制度改革，简政放权，激发市场活力。据报道，2014 年 1 月至 9 月，全国城镇新增就业人数 1082 万人，同比多增 16 万人，提前实现全年城镇新增就业人数 1000 万人的既定目标；三季度末城镇登记失业率为 4.07%，远低于全年 4.6%的控制目标。统计数据显示，2014 年前三季度我国 GDP 增长 7.4%。在经济增速下行压力不断加大的情况下，为什么就业目标还能够提前实现？人力资源和社会保障部认为主要由于三个原因：一是我国 GDP 基数增大，每增长 1%，带动就业绝对人数增加；二是我国经济结构不断优化，带动就业能力强的第三产业比重扩大，2014 年前三季度服务业增加值的比重继续上升至 46.7%；三是国务院行政审批制度改革的积极作用。国务院持续推进简政放权，减少行政审批事项，实施注册资本登记制度改革，鼓励大学生创业。这些改革举措，极大地激发了大学生等社会群体创业的热情，加速了个体私营经济的发展。国家统计数据显示，2014 年 3 月至 8 月，新登记注册的企业同比增长了 61%。②

政府把市场能够解决的问题交给市场，一方面有助于防止权力膨胀

---

① 根据广义社保支出与财政支出占比，2010 年和 2013 年分别为 29.5%和 31.8%，占比年均增长 0.77%。以此推算，至 2020 年，7 年时间占比可增长 5.39%。即 2020 年，广义社保支出与财政支出占比应当达到 37%以上。

② 邱玥:《经济放缓就业缘何势头不错》,《光明日报》2014 年 10 月 26 日。

引起的腐败，另一方面可以让政府腾出更多的精力来切实履行“监管者”和“服务者”的职能，扮演好“裁判员”的角色。

政府改革要在“依法行政”上下功夫。李克强总理在出席 2014 年天津夏季达沃斯论坛开幕式致辞时强调：中国全面深化改革未有穷期，政府应带头自我革命，开弓没有回头箭。李克强给制度建设开出三张清单——“权力清单”、“责任清单”和“负面清单”。制定“权力清单”，明确政府该做什么，做到“法无授权不可为”；给出“负面清单”，明确企业不该干什么，做到“法无禁止皆可为”；理出“责任清单”，明确政府怎么管市场，做到“法定责任必须为”。①

政府要构建“转变经济发展方式”，即“经济转型”的主要指标体系。一般而言，越是近期的转型目标，指标设计上就越需要具体细致一些；越是远期的转型目标，指标设计上越需要笼统抽象一些。笔者认为，以下 10 个指标基本能够反映我国经济转型的目标要求：

一是从投资出口主导型转向消费主导型。三个指标：按生产法计算的投资率，即资本形成率 = 全社会固定资产投资占 GDP 的比重，应逐步下降到 35%以下；外贸依存度，即进出口总额占 GDP 的比重，应逐步下降到 25%左右，即美国、日本现在的水平；按支出法 GDP 计算的居民消费率，应先恢复到 50%，再提高到 21 世纪初期中等收入国家的水平（58%—65%）。

二是从技术对外依赖型转向技术独立型。主要指标有三：国民经济技术对外依存度，由目前的 50%以上，逐步下降到 30%以下，即达到目前发达国家的平均水平；科技成果转化率，由目前的 40%（农业为 52%），提高到 70%以上，发达国家为 80%左右；全社会研发投入占 GDP 的比重，由 2010 年的 1.75%，提高到 3%，目前，发达国家平均

① 《权力清单、责任清单、负面清单：三张清单看改革》，《光明日报》2014 年 10 月 9 日。

为2.5%。

三是产业结构要从工业主导型转向服务业主导型。主要指标有二：一是服务业占GDP比重，今后十年应提高到50%以上；二是生产性服务业占服务业比重，今后十年应达到50%以上。

四是收入分配结构由金字塔型转向橄榄型。我国是大国，情况复杂，城乡差别巨大。2010年，世界上多数国家的城乡收入之比为1.6∶1，我国为3.23∶1。

基尼系数是衡量个人收入分配的有效指标。依照国际公认的标准，基尼系数在0.2以下，为高度平等；0.2—0.3为相对平等；0.3—0.4为中等程度不平等；0.4—0.5为严重不平等；0.5以上为高度不平等。根据相关研究机构（主要是北京大学、中国人民大学、南开大学等）的研究成果，1995年以前，我国的基尼系数在0.3—0.4，为中等程度不平等。其中，1995年，为0.389。1996年开始突破0.4的警戒线，达到0.425，进入了严重不平等阶段。1996—2002年，基尼系数在0.43—0.47。2003年突破0.5的警戒线，进入高度不平等。2003—2005年，连续3年基尼系数在0.5以上。2006年回落到了0.496，此后一直持续回落到2014年。2014年为0.469，是2003年以来的最低值，但这一数值仍然比发达国家的平均值要高近0.16。2010年，发达国家的基尼系数平均为0.31。

二战后，北欧国家用了30年时间，把基尼系数降到了0.25左右。我国降低基尼系数需要40年时间，分四步走：10年降至0.4；20年降至0.35；30年降至0.30；40年降至0.25。

五是高碳转向低碳。主要任务有两个方面：一方面，要进行一次能源革命，由高碳型能源结构转向低碳和无碳型能源结构；另一方面，对全国的工业、建筑、交通运输和社会生活进行大规模的低碳改造，建立起低碳城市、低碳产业和低碳消费，并且实现煤炭的清洁利用。

主要指标：无碳和低碳能源占全社会总能源的比重，要逐步提高到70%以上。据工程院140多位院士专家的研究报告：目前，我国无碳、低碳能源占比，在2010年仅为8.3%，2015年要达到11.4%，2020年可以达到15.9%，2030年可以达到26.5%，2050年可以达到38.8%。

我们把上述指标体系做一表格，如表5–9所示。

表5–9　反映经济转型目标的基本指标

转型内涵	转型指标
经济增长驱动力从投资出口主导型转向消费主导型	资本形成率；外贸依存度；居民消费率
经济发展方式从技术对外依赖型转向技术独立型	国民经济技术对外依存度；科技成果转化率；全社会研发投入占GDP的比重
产业结构从工业主导型转向服务业主导型	服务业就业比重和产值比重；生产性服务业在整个服务业中的占比
收入分配从金字塔型转向橄榄型	基尼系数
社会发展从高碳经济转向低碳经济	无碳和低碳能源占全社会总能源的比重

（六）促进企业转型

所有的产业结构调整或产业的转型升级，最终都要落实到企业转型上。就业需求是一种引致性需求，没有企业，劳动者无从就业。因此，企业的顺利转型，是广大劳动者能够就业的基本保证。

必须深刻认识到目前企业转型面临的困难和挑战。

我国经济发展创新能力不足的现实迫切需要企业转型。经过30多年的发展，我国企业的生产能力早已今非昔比。制造业发展水平是反映一国生产能力水平和工业化程度的最重要的标志。据世界银行统计，2012年，我国制造业增加值为23306.8亿美元，已超过美国位居世界第一。但我国制造业增加值率仅为21.5%，而工业发达国家均大于35%，美国、德国等超过40%；制造业增加值约占我国GDP的32.6%，但其能源消费却占全国能耗的58%。另据统计，我国的创新能力指数及全球竞争力指数在世界上仅位于25名到30名左右。[①]我国制造业大而不强的现实，意味着我国必须实现企业的转型升级。企业需要从低成本、低附加值、高污染、高消耗的生产模式转向高附加值、低消耗的生产模式，不断提升自主创新能力，集中精力突破一些共性、核心技术，进一步扩大自主品牌的市场占有率。

我国各大产业的产能严重过剩客观上倒逼企业转型。解决产能过剩的总体途径有二：一是现阶段从需求着手，通过加大投资需求已经不合时宜，只能是采取各种措施增加出口、提升国内消费；二是从供给着手，依靠技术创新或者通过企业之间的合并重组、分拆重组，压缩产能，促进产品升级换代。2014年12月30日，中国南车与中国北车合并成为"中国中车股份有限公司"；2015年5月29日，中国电力投资集团公司与国家核电技术有限公司重组成立"国家电力投资集团公司"。这两件大事应成为我国国企转型升级的标志性事件，预示着新一轮改革大潮将扑面而来。2015年5月18日，国办批转了发改委《关于2015年深化经济体制改革重点工作意见的通知》，明确提出，要完善国企改革的"1+15"体系。"1"是指顶层设计文件——深化国有企业改革指导的意见，"15"指包括制定改革和完善国有资产管理体制、国有企业发展混合所有制经济等在内的系列配套文件。[②]在产能过剩的困境和政府政策的强有力的推动下，国有企业的合并重组与分拆重组将成为未来一段时期的新常态。

此外，法制环境的改善和社会环境的变化推进实现企业转型。在市场经济条件下，社会法制的进步和完善是必然趋势。近年来，关于规范市场竞争秩序的国家法律、行政法规在全国各地得到实施，地方性法规、政府规章及其他规范性文件逐步健全和完善，依法行政和执法监督

① 沈慧：《"制造强国"少不了创新和匠心》，《经济日报》2015年4月27日。

② 祝君壁：《国企"瘦身健骨"赢市场》，《经济日报》2015年5月30日。

不断加强。一方面，政府服务企业能力不断提升；另一方面，政府对企业“依法生产经营”的监管也逐步强化。随着人们物质生活水平和精神生活水平的日益提高，人们对企业的“挑剔性需求”会不断增加。那些信用意识淡薄，存在拖欠款、违约、侵权、发布虚假信息、制售假冒伪劣产品等失信行为的企业将越来越难以生存和发展。市场法制体系的完善，政府依法监管的加强，社会需求的变化，最终会促使企业向遵纪守法的规范化经营，向法制化、科学化管理的轨道转型。

企业转型是一场思想理念的洗礼和革命。企业转型是企业适应市场环境变化的必然结果。一方面，世界的科技进步日新月异，企业必须跟上科技进步的步伐；另一方面，随着人们收入的提高，社会需求也在发生变化，人们对产品质量的要求越来越高，个性化的需求越来越普遍。企业只有让自己的产品不断适应这些变化，才能持续生存和发展下去。企业的转型是多方面的，既有组织结构的转型，也有生产模式的转型，还有生产产品的转型。但笔者认为，首要的是思想理念的转型。

马克思的理论告诉我们，劳动过程包含三个要素：劳动者、劳动对象、劳动资料，这三个要素中，劳动者——人是最活跃、最能动、最有生命力的因素，在劳动过程中居于主导者地位。从这个角度分析，人无疑是生产过程中的第一生产力。企业转型时期，无论是企业内部组织结构变化、生产工艺和产品结构的调整，还是企业的分拆重组或合并重组，对企业的“人”的影响都是巨大的。因此，企业转型必须做到未雨绸缪，提前布局。

企业要适应经济增速下降、经济竞争加剧、产品更新周期缩短、需求多样化趋势加强的“新常态”。中国经过30多年的高速增长，经济体量已经跃居世界第二位，各种要素成本日益增加，资源和能源的约束不断增强，能够迅速增大GDP的投资领域相对减少，同时消费增长相对缓慢，对经济的拉动作用不可能迅速增大，因此，经济增速由高速转向中高速是必然趋势。同时，两大因素导致企业间的竞争必然加剧。一是普遍的产能过剩和技术进步周期加速；二是人们收入水平的提高，让社会需求出现个性化和多样化趋势。企业需要审时度势，增强自身学习能力和适应能力，加速企业的转型升级。

企业要加强创新能力的培育，重视创新人才的培养。中国企业家调查系统 2014 年针对 2446 位企业家的调查数据显示，超过六成的企业家认为“创新人才缺乏”是目前妨碍企业创新工作的最主要因素，排在所有 9 个选项的第一位。① 技术创新能力强的企业，其转型的适应能力就强，转型相对容易一些。相反，技术创新能力弱，其转型的适应能力就弱，转型就十分困难。企业在发展过程中，要从理念、文化、制度的不断完善中，加强对创新人才的激励和培养。

要重视企业员工就业能力的培养。员工和生产中所需的原材料一样，常常被视为企业成本的重要组成部分。我国改革开放以来的竞争优势被认为是低劳动力价格带来的低成本，这在一定程度上强化了把“员工视为成本”的观念。事实上，完全可以这样认为，员工更是一种财富，不仅是企业的财富，也同时是社会的财富。员工是创造财富的主体，与一般物质财富不同的是，员工有能动性，有学习能力。其创造财富的能力因之而会不断变化，一般来说，在企业良好制度和政策的激励下，这种能力会不断提高。当员工的能力得到真正提高之时，其对社会转型变化的适应性会大大增强，这有助于降低结构调整和国有企业改革的成本和难度。有段时期国企改革强调“减员增效”，实际上企业的“减员增效”是以“社会成本上升”或“社会效益下降”为代价的，究竟总效益如何，是值得反思的。

① 李兰：《完善企业创新环境推动企业转型升级》，《中国经济报告》2015 年第 3 期。

第六章

京津冀的经济增长与结构调整

本章可视为前文研究的进一步论证和补充。京津冀三地面临的一些共同问题，如环境污染严重、城乡二元结构突出、产业结构不合理、收入差距大、社会管理滞后等等，在全国其他许多地方都普遍存在。京津冀协同发展战略的实施，在全国具有示范和引导效应，对其他地区会产生重要影响。在对京津冀三地连续多年实地调查研究的基础上，本章分析了京津冀发展的现状和问题，提出了三地协同发展和结构转型的总体性思路。进一步以地热能开发利用为例，强调政府职能转变的意义，提出了转变的具体途径。

一、区域经济合作基本理论简评

区域合作的理论和实践可以划分成两个阶段：

一是第二次世界大战前。该阶段关于国际分工与合作的理论主要有：亚当·斯密的绝对优势理论；大卫·李嘉图的相对优势理论；约翰·穆勒的相互需求理论；瑞典学派创始人赫克歇尔和俄林的生产要素禀赋理论。

二是第二次世界大战之后。该阶段区域合作形成了两次高潮。一次是在二战后到20世纪60年代末；一次是在20世纪80年代末至今。北美自由贸易区（NAFTA）、欧盟（EU）、亚太经济合作组织（APEC）、东盟（ASEAN）等区域合作组织稳步发展。合作模式经历了签订双边贸易协定、自由贸易区、关税同盟、共同市场、货币联盟、完全一体化这样一个合作内容由简到繁，合作成员由少到多，合作层次由低到高的过程。这一时期，学者们结合传统理论，及时对现实经济合作情况进行理论化、系统化的研究和探讨，形成了一些地区合作的基本理论，主要有：法国经济学家佩鲁的增长及理论；瑞典经济学家缪尔达尔的循环积累因果原理；美国经济学家波斯纳的技术差距理论（动态优势理论）；美国哈佛大学教授R. 弗农（Raymond Vernon）产品生命周期理论；在生命周期理论基础上形成的区域经济梯度转移论；美国经济学家理查德·库柏区域发展的相互依赖理论；美国经济学家迈克尔·波特的国家竞争优势理论。上述这些理论对我国区域经济合作的理论研究和社会实践产生了重要影响。

（一）生产要素禀赋理论

某个地区发展，是因为该地区相对于其他地区具有某种优势，这种优势可以概括为成本优势或价格优势，关于这种优势的形成原因的探讨是不断进步的。

亚当·斯密提出了绝对优势理论。亚当·斯密认为，分工有利于提高效率。两地都生产自己占绝对优势即绝对成本比较低的产品，然后双方进行交换，双方都能获得比以前不分工更多的产品和收入；大卫·李嘉图提出了相对优势理论。大卫·李嘉图认为，交换双方只需要各自生产具有比较优势的产品，然后进行交换即可，这样双方都能节约劳动。

在大卫·李嘉图比较优势理论的基础上，英国经济学家约翰·穆勒于 1848 年提出国际分工和国际贸易的“相互需求原理”。穆勒认为，两国进行交换，其交换比率取决于双方各自对该项商品需求的大小，并稳定在输出货物恰好能抵偿输入货物的水平上。商品的市场价格是由供求双方的力量共同决定的，市场价格也会自行调整，以使供求相等。因此，商品的国际交换比率就是由两国相互的需求来决定，并且将确定在双方各自对对方产品的需求相等的水平上。

瑞典学派创始人赫克歇尔和俄林提出了生产要素禀赋理论。绝对优势理论没有解释形成绝对优势的深层次原因，比较优势理论仅从劳动角度解释了形成比较优势的原因。赫克歇尔和俄林的生产要素禀赋论从生产要素禀赋差异的角度较好地解释了各地比较优势的来源。该理论认为区域之间发生贸易的直接原因是商品价格的差异；地区间商品价格差异则源于各地区生产要素价格差异；生产要素价格差异又主要是由不同地区各生产要素的自然禀赋差异造成。换句话说，每个国家或地区生产要素禀赋各不相同，与其他地区相比，那些具有禀赋优势的生产要素价格较低，利用这些要素来进行生产的商品成本也相对较低，利润较高；相反，禀赋较差的生产要素由于稀缺，具有较高的价格，利用这些要素进行生产的商品成本也相对较高。由于不同商品所包含生产要素比例高低有别，可以把商品分成劳动密集型、资源密集型、资本密集型和技术密集型四种类型。各地区应根据生产要素禀赋的状况，利用供应相对丰裕的生产要素进行商品生产，用于交换那些本区域相对稀缺和昂贵的要素密集型商品。用商品的流动代替生产要素的流动，促进生产要素在不同经济空间的合理配置，使生产要素的利用效率达到最大。

（二）增长极理论

20 世纪 50 年代，法国经济学家佩鲁首次提出增长极理论。佩鲁认为，经济空间是不均衡的，经济增长的路径也是不均衡的，经济增长一般首先发生在具有创新能力的企业、部门和地区，通过具有创新能力的主导企业在某些地区聚集而形成一个集生产、科技、人才、金融等多种经济功能于一身的经济中心，即增长点或增长极。他认为，经济增长首先出现于一些增长点或增长极上，然后通过不同渠道向外扩散，并对整个经济空间产生不同的影响。这种影响主要表现在两个方面：一是极化效应，也就是向心力，即这些极点对周围地区产生一定的吸引力和吸纳力，吸引周围地区的经济要素不断向极点聚集，增强了极点的自我发展能力和竞争能力。二是扩散效应，也就是离心力，即增长极的生产要素向外围转移，对周围地区产生辐射作用。增长极通过其技术、产品、资本、人才、信息等活动，把经济动力与创新成果传导到广大腹地，促进腹地经济的增长。

1958 年，赫希曼也在《经济发展战略》中提出了不平衡发展战略。他认为，发展是按照主导部门带动其他部门增长、由一个行业引发另一个行业增长的方式进行的。为此，他提出了产业前向关联效应和产业后向关联效应两个概念。产业前向关联效应是指某一产业的发展引起其上游产业发展的作用效果；产业后向关联效应是指某一产业的发展而引起其下游产业发展的作用效果。由于各种产业的特点不同，关联效应大小以及强弱也不同。

20 世纪 60 年代，法国布代维尔把区位理论纳入增长极理论之中，认为经济空间不仅包括与一定地理范围相联系的经济变量之间的经济关系，而且也包括经济现象的地域结构关系。这样，增长极概念就有两种意义：一是指经济意义上的主导产业部门，二是指地理意义上的区位条件优越的地区。

（三）缪尔达尔的循环积累因果原理

1957 年，瑞典经济学家缪尔达尔在他的代表作《经济理论与不发达地区》中提出，经济发展过程在空间上并不是同时产生和均匀扩散的，而是从一些条件较好的地区开始，一旦这些区域由于初始优势而比其他区域超前发展，这些区域就能通过累积因果过程不断积累有利因素，从而进一步强化和加剧区域间的不平衡。

“循环累积因果理论”认为，社会经济各有关因素之间存在着循环积累的因果关系。这种循环因果发展的趋势分为上循环和下循环两种形式。上循环表现为扩展效应，指各种生产要素从经济中心向落后地区扩散的积累性效应。下循环表现为回荡效应，指由于种种原因某一地区的发展导致生产要素更有利于发达地区而不利于其他落后地区的积累性效应。回荡效应的结果是发达地区越来越发达，落后地区越来越落后。而且由于市场机制的作用，回荡效应总是先于和大于扩散效应，因为一个区域的发展速度一旦超过了平均发展速度，这一地区就获得了连续积累的竞争优势，而落后地区则不断积累对自己不利的因素，所以，市场力量通常倾向于增加而不是减少区域经济差异。因此，由于循环积累因果的作用使经济在空间上出现了“地理二元经济”结构，即经济发达地区和经济不发达地区同时存在。

缪尔达尔认为必须依靠政府干预才能限制地区差距的扩大。政府应通过不平行衡发展战略，优先发展那些有竞争优势的地区，然后通过这些地区的扩展效应带动其他地区的发展。同时为了防范积累性因果循环带来的地区差距扩大，政府应制定相应的刺激措施帮助不发达地区发展经济。

（四）动态比较优势理论

动态优势理论是指随着区域要素禀赋优势的变化，及时调整产业结构和贸易模式的理论。由于发达地区的某些生产要素成本，如劳动力价格、土地、房屋、油、电、气、农产品等的成本会逐步上升，其要素禀赋从成本优势转向成本劣势，在劳动密集型行业及较低技术装备的行业逐渐丧失竞争优势，这种趋势倒逼发达地区的产业结构转型升级，区域贸易结构也因之而变化。从制鞋、纺织、塑胶、钢铁、化工、一般机械等逐次减少或退出在贸易市场上的份额，而经济欠发达区域则逐次扩大发达地区丧失的市场份额，逐步改善其贸易结构。

美国经济学家波斯纳于 1961 年建立了技术差距模型，认为发达的工业国凭借其强大的科技创新能力，总是能够不断地开发出新技术、新的产业和产品，并用于大规模出口。发展中国家获得这些新技术后，凭借其较低的劳动力成本开始模仿生产，仿制品开始在本国或他国市场上低价销售，最终凭借低价甚至可以占领发明国市场。此时，发达的工业国则不得不放弃这些产品的生产，转而从发展中国家进口。但由于技术差距总是存在，发达的工业国会创新新的技术和产品，并能够向国外进行新一轮新产品的出口。

新技术新产业及新产品之所以诞生并发展于发达的工业国，是因为这些国家具有相对丰裕的研发经费和高素质的劳动力；发展中国家之所以能够在技术标准化后实现模仿并大规模生产，则是依赖于其劳动力要素的相对丰富和廉价。因此，动态比较优势实际上是产业发展不同阶段对生产要素密集度要求的不同与不同发展水平国家要素禀赋差异相结合的产物。

（五）区域经济梯度转移论

20 世纪 60 年代中期，为了解释国际直接投资的动机、时机与区位选择，美国哈佛大学教授 R. 弗农提出了产品生命周期理论。在经济理论和实践的发展过程中，产品生命周期理论和区域经济发展的理论相互融合，逐步形成了区域经济梯度转移理论。

弗农将产品生命周期划分为四个不同阶段，即产品创新阶段、发展阶段、成熟阶段和标准化阶段。

1. 产品创新阶段。弗农认为，在产品创新阶段，由于前期高研发投入和高生产成本，产品首先出现在技术最先进、高收入消费者最密集的美国。在该阶段生产一般集中在美国国内，并部分出口到其他高收入的发达国家例如西欧诸国。

2. 产品发展阶段。弗农认为，在产品的发展阶段，该产品在一些发达国家例如西欧诸国开始仿制，因为这些国家技术和需求与美国相近。产品创新国即美国的出口竞争力在仿制国市场逐步下降。

3. 产品成熟阶段。弗农认为，在这一阶段产品需求增加，产品逐渐标准化，企业的技术垄断地位和寡占市场结构被削弱，价格因素在竞争中的作用增强。由于产品基本定型，仿制增加，加上西欧国家市场扩大，劳动力成本低于美国，以及关税和运输成本的不利影响，导致美国对西欧国家直接投资，产品直接在当地市场销售并出口到发展中国家。

4. 产品标准化阶段。弗农认为，在这一阶段，产品的生产技术、规模及样式等都已经完全标准化，企业的垄断优势不复存在。产品的成本与价格因素更为重要，发展中国家的低成本优势凸显。该阶段跨国公司开始在劳动力成本最低、投资环境较好的发展中国家进行直接投资，生产该产品并向其他国家出口。原来的创新国美国则需要从这些发展中国家进口该产品。

产品生命周期理论认为，企业需要根据生产条件和竞争条件而做出对外直接投资决策。经济和生物一样，在发展过程中必须经历创新、发展、成熟和标准化四个阶段，各工业部门在不同时期处于不同的生命循环阶段上。在不同的生命周期阶段上，创新能力、仿制能力、产品生产成本和价格等发挥着不同的作用。初始阶段，创新能力至关重要；发展阶段，仿制能力发挥首要作用；成熟阶段，产品生产成本占据优势；标准化阶段，产品生产成本完全取决于劳动力成本。

区域经济梯度转移理论认为，从区际经济发展角度考虑，在区域范围内，由于地理环境、发展条件、历史基础等原因，客观上存在着经济技术梯度。经济创新活动所包含的新兴产业、新产品、新工艺、新技术和新管理方法的创建和运用首先发源于高梯度地区，然后随着时间的推移高梯度地区优势不再，生产优势逐步转向低梯度地区。

区域经济的盛衰主要取决于产业结构的优劣，而产业结构的优劣又主要取决于地区经济主导部门在生产循环中所处的阶段。

创新能力和生产成本是决定区域发展梯度层次的决定性因素。创新活动大都发生在高梯度地区。随着时间的推移及生命周期阶段的变化，生产活动逐渐从生产成本高的高梯度地区向生产成本低的低梯度地区推移，这种梯度推移过程主要是通过经济发展水平处于不同层次的各级城市系统来逐步扩展的。

从动态的角度讲，区域经济的发展受极化效应、扩展效应与回荡效应三种综合力量的影响，而何种力量占主导地位，则将影响到区域经济所处的发展梯度及区域之间的差异。

（六）区域发展的相互依赖理论

20 世纪 50—60 年代，随着世界经济的发展，国际相互依赖理论开始兴起。1968 年，美国经济学家理查德·库柏出版了《相互依赖的经济》一书，首次系统阐述了国际相互依赖理论。区域发展的相互依赖理论认为，国家与国家之间、地区与地区之间经济社会发展不是独立的，而是彼此依存、相互联系的，各国各地区之间应该积极开展经济合作，促进共同发展。经济技术的发展，使各国都具备了各自的特殊优势，同时也都不可能在一切技术领域居领先地位，经济技术的不均衡格局使各国都必须依赖于其他国家的经济技术力量完成本国的技术进步和经济发展。

实际上，当前发达国家的大部分最终产品都是通过多国家、多区域合作完成的。现代化的交通通信使世界各个角落的信息往来得以在瞬间完成，大大提高了各国开展经济合作的效率，更进一步加深了各国间相互依赖的程度。

综观上述各种区域经济理论，多是从区域所具有的各种要素优势来解释区域非均衡性质的。

绝对优势理论讲的是由于自然条件和技术方面的原因，生产产品所需的要素的成本绝对低，因而其市场价格也低，产品因此在贸易中获得绝对竞争优势。比较优势理论讲的是要素成本不必有绝对优势，只需要具有相对优势就可以了，具有相对优势的贸易双方只需要专门生产自己具有相对优势的产品然后和他国同样具有相对优势的产品相交换，贸易双方都能节约要素的投入量，都能从交易中获利。生产要素禀赋理论强调的是各国所具有的要素丰裕程度决定着要素的成本，各国应生产自身要素禀赋密集的产品，与其他国家要素密集而自身稀缺的产品相交换，交换双方都能提高要素使用效率，获得贸易利益。

增长极理论重点突出创新能力和主导产业。某地区拥有的创新能力而形成了主导产业，由此吸引周边各种生产要素向该地区集中，同时，随着该地区经济竞争能力的增强，该地区的技术和产业也开始向周边扩展和渗透。

循环积累因果理论阐明了市场经济会产生“马太效应”——两极分化，这种两极分化难以自我修复，需要政府及时调整政策，避免差距越拉越大。

动态比较优势理论、产品生命周期理论、区域经济梯度转移理论的理论基础是一致的，都强调创新能力的优势作用，其次是生产要素成本决定的产品价格优势。

区域发展的相互依赖理论则从更高的视角观察问题，认为每个国家都不可能具有所有的技术优势，都有所长，又有所短，因而，各国应相互合作，共同发展。

这些理论无疑对发展中国家具有重要的借鉴意义。在中国这样一个地域广阔、经济发展极不均衡的大国，各地区经济发展正处于不同的发展阶段，经济综合实力差距很大，需要根据具体情况，采用适当的发展战略。

各地区应发挥比较优势，遵循产业发展由低级到高级的规律，先从适合当地要素优势的产业做起，逐步向产业两端延伸，把产业链做大做强。

政府要在避免各地区经济发展差距扩大方面发挥积极作用。要采取措施促进欠发达地区的经济发展，增进和积累这些地区发展的比较优势。

各地区还要培育自己的创新能力。发达地区具有科技创新优势，这种优势具有长期性。而劳动力、自然资源的低价格的成本优势是难以持久的，总是伴随着这些要素价格的上升而优势不再，逐步转向要素价格低的地区。

需要指出的是，上述理论缺乏对制度创新的论述。创新能力、要素竞争优势的获得，都离不开地区制度环境。地区制度环境是否优越，对技术创新有制约作用。

二、京津冀区域发展的有利条件与结构障碍

（一）京津冀协同发展处在最有利的历史发展阶段

经过多年的探索、磨合、积累和发展，京津冀目前处于最为有利的发展阶段。

1.“京津冀协同发展”受到党中央和三地领导人的高度重视

2014年2月26日，习近平总书记主持召开座谈会，听取北京市工作汇报，并发表重要讲话。讲话对北京发展提出五点要求：明确城市战略定位；调整疏解非首都核心功能；提升城市建设特别是基础设施建设质量；健全城市管理体制；加大大气污染治理力度。同一天，习近平在北京主持召开座谈会，专题听取京津冀协同发展工作汇报，针对京津冀协同发展问题发表讲话，提出了“四个立足”，“四个以为”，“七个着力点”。强调要努力实现京津冀一体化发展，自觉打破自家“一亩三分地”的思维定式，抱成团朝着顶层设计的目标一起做。3月初，在李克强总理所作的政府工作报告中，把“加强京津冀及京津冀地区经济协作”写入2014年重点工作。

2014年3月1日至2日，北京市委召开十一届五次全会，郭金龙书记在会议上提出，学习贯彻总书记重要讲话精神，做好首都工作，要在十个方面有新认识，其中一个新认识就是“在推动京津冀协同发展上有新认识”。强调要“自觉打破自家一亩三分地的思维定式，跳出北京看北京，着力推动三地经济继续朝着目标同向、措施一体、作用互补、利益相连的路子走下去，努力实现一加一大于二,一加二大于三的效果”。3月26日，河北省出台《河北省委、省政府关于推进新型城镇化的意见》，明确了保定、廊坊、石家庄、唐山等城市在实施京津冀协同发展国家战略中的功能定位。天津市委书记孙春兰认为，天津在京津冀协同发展中要着力做好三项工作，一是在城市定位上错位发展、相得益彰，要突出国际港口城市、北方经济中心和生态城市的城市定位，与北京的城市定位相辅相成、相得益彰；二是在发展环境上优化服务、便利高效；三是在城市群建设上完善功能、生态宜居。

综上所述，党中央和三地领导对京津冀协同发展的高度重视无疑为该区域的发展创造了良好的环境。

2. 京津冀协同发展顶层设计初步完成

京津冀一体化发展问题由来已久，三地在认识上一直存在较大分歧。据报道，国家发改委于 2004 年 11 月正式启动京津冀都市圈区域规划的编制工作。2010 年 8 月，《京津冀都市圈区域规划》上报国务院，该规划按照“8+2”的模式制订：包括北京、天津两个直辖市和河北省的石家庄、秦皇岛、唐山、廊坊、保定、沧州、张家口、承德 8 地市。此后，关于京津冀都市圈区域规划再无下文。2011 年 3 月，国家“十二五”规划纲要提出“打造首都经济圈”。相关部门和学术界提出了“1+4”、“1+14”、“1+1+9”、“1+3+6”等各种方案。河北则提出了“环首都经济圈”，后来把“环首都绿色经济圈”写入河北省“十二五”规划，提出“14 县 1 圈 4 区 6 基地”。从“京津冀都市圈区域规划”到“首都经济圈规划”，历经十年，规划范围多种多样，规划方案几度变更，难免让人们在认识上感到比较混乱，无所适从。

但实际上，经过多年的探索和磨合，京津冀三地形成的共识点越来越多。2010 年以来，在中央领导、北京市领导和国家发改委的支持下，北京加快了制定“首都经济圈规划”的步伐。2011 年 3 月十一届全国人大四次会议通过的国家“十二五”规划纲要明确“推进京津冀区域经济一体化发展，打造首都经济圈”。2012 年 5 月，首都经济圈发展规划被列入国务院区域规划审批计划，国家发改委明确由北京市牵头开展规划前期研究，起草发展规划建议稿，并联合天津市、河北省发改委上报国家发改委。按照京津冀三省市与国家发改委已经达成的共识，首都经济圈规划范围包括北京、天津两个直辖市及河北省全境，陆域面积 21.58 万平方公里，占全国的 2.2%。2012 年地区生产总值 57261.18 亿元，约占全国的 11%。年末总人口 10769 万人，占全国的 7.9%。同时，将山西省大同市，内蒙古自治区赤峰市、乌兰察布市等作为协作区。首都经济圈规划实质就是京津冀协同发展规划。2015 年 3 月 23 日，中央财经领导小组第九次会议审议研究了《京津冀协同发展规划纲要》。中共中央政治局 2015 年 4 月 30 日召开会议，审议通过《京津冀协同发展规划纲要》。纲要指出，推动京津冀协同发展是一个重大国家战略，核心是有序疏解北京非首都功能，要在京津冀交通一体化、生态环境保护、产业升级转移等重点领域率先取得突破。

上述情况表明，经过多年的研究和准备，京津冀协同发展的顶层设计已经初步完成。

3. 京津冀合作程度不断加深

近年来，北京市委党校中青班对天津、河北和北京的一些区县及相关部门做了大量实地调研，调研结果显示，京津冀的合作程度在逐步加深。

产业外溢之势显现。相关产业的合作协议增加。例如，2012 年签署的《京张共建战略性新兴产业合作协议》、《供京蔬菜基地建设合作框架协议》，总投资额逾 60 亿元；相关的合作项目增多。例如，2006 年以来，京张签约经济技术合作项目 1034 项，合同引资 2053 亿元。2013 年 10 月最大的云计算与数据中心产业基地落户张北县，计划总投资 48.5 亿元。近年来，由于北京土地资源短缺，房地产价格高企，人口过于集中，交通拥堵问题严重，不适合首都发展的一些产业开始向外部转移。例如，新发地蔬菜批发市场在河北涿州建立了占地 318 亩、年交易量 10 亿斤的分市场，大红门服装批发市场的卢氏兄弟在河北永清建立了浙商服装城，吸引了众多北京服装企业落户。

合作领域拓宽。包括：一是首都社会稳定及安全方面的合作，如“北京、保定社会治安综合治理协作协议”。二是水资源保护与生态环境治理方面的合作。实施潮白河流域“稻改旱”工程；森林防火基础设施和设备配置；畜禽良种繁育和产业化养殖、劳动力转移技能培训等。三是首都生活保障方面的合作。河北省是北京的农产品供应保障基地，占北京蔬菜供应的40%。调查显示，保定唐县瑞丽肉食品公司每日向北京供应羊肉约80吨；汉唐牧业公司每日向北京供应生猪约500头。四是产业项目方面的合作。例如，张家口市与北汽福田、北京金隅集团、北京新发地市场等143家北京企业建立合作关系，引进项目147项。五是企业根据自身发展需求形成的两地之间的合作。表现为两种形式：一种是总部在北京、生产基地设在保定。如保定四方三伊电气有限公司，主要进行电子产品生产。其母公司在北京，是一家上市公司，即北京四方继保股份公司。另一种是总部在保定，而将研发、营销功能放在北京。如天河环境工程有限公司，其总部在保定，研发和市场中心则在北京。前者主要解决北京制造业资源成本过高问题，后者主要解决人才难以迁移以及市场影响问题。

4. 京津冀协同发展战略使我国区域战略布局变得完整而均衡

自1980年中国开放深圳、珠海、汕头、厦门四个经济特区开始，中国东部地区先行先试，经济快速增长，沿海与内地的经济差距迅速扩大；1999年西部大开发战略正式实施，拉开了中国区域均衡发展的大幕；2003年，振兴东北战略提出；2006年，中部崛起战略实施。四大区域整体战略的陆续推出，让中国经济形成了东、中、西、东北四大板块并行、东部沿海地区三大经济圈即珠三角、长三角和环渤海共同发展的基本格局。

“十二五”时期，中央又提出了“三大发展战略”，即：“一带一路”、长江经济带、京津冀协同发展。这三大战略，在全国区域发展格局中有各不相同，但又不可或缺的地位和作用。

“一带一路”中的“丝绸之路经济带”是沿着陇海线从东部区域、经过中部区域、再到西部区域的梯度开发，把东中西乃至中亚、西亚和欧洲连接贯通起来；“一带一路”中的“21世纪海上丝绸之路”则把福建作为建设21世纪海上丝绸之路核心区，进一步延伸把珠三角、港澳台连接贯通起来。珠三角本身开放最早，外资经济发达，是中国经济最具活力的地区。2014 年 7 月 16 日，国务院原则同意珠江—西江经济带发展规划，意味着珠江—西江经济带发展正式上升为国家战略。珠江—西江经济带主要在粤桂两省区，包括广东省的广州、佛山、肇庆、云浮 4 市和广西壮族自治区的南宁、柳州、梧州、贵港、百色、来宾、崇左 7 市，区域总面积达 16.5 万平方公里，2012 年末常住人口 5191 万人。珠江—西江经济带战略的实施，表明珠三角由东向西、由南向北更大范围和更深层次的梯度开发已经展开。“一带一路”成为大西北和南方经济社会发展的引擎和平台。

“长江经济带”依托长江这一黄金水道，通过三大城市群从下游到中游再到上游的梯度开发，连接贯通东、中、西部的九省二市。有五个“综合改革配套试验区”和一个“自贸区”汇聚于长江经济带。该区域的长三角民营经济发达，市场力量强大，一定程度上冲破了行政分割的障碍，是我国综合经济实力最强的区域。“长江经济带”成为华东、华中和西部经济社会发展的引擎和平台。

“一带一路”和“长江经济带”两大战略把珠三角、长三角，进而把整个中国南方、华东、中部和大西北都沟通联结起来。但在整个华北和东北，环渤海经济圈的带动作用十分有限。

沿海的珠三角、长三角和环渤海三大经济圈中，环渤海的概念上个世纪 80 年代就提出来了，但发展最为滞后。“环渤海”地理范围广、区域内行政分割严重、国有经济比重大、民营经济不发达、市场力量不强等让其难以形成合力带动本区域经济发展。

“京津冀协同发展战略”的提出，就是要打破这种局面，让京津冀形成一个强大的增长极，不仅要带动京津冀区域，还要逐步拓展，通过渤海湾由南到北经过辽宁的“五点一线”到吉林的长春，再到哈尔滨的哈大齐工业走廊，由南往北梯度开发以带动整个东北的发展。

没有京津冀协同发展战略，我国的区域战略布局显然是既不完整，也不均衡。“京津冀协同发展战略”在全国区域格局中的地位和作用主要体现在三个方面：其一，它是带动我国环渤海经济圈和整个北方经济发展的新引擎；其二，它是促进我国改革开放进入更高水平的新平台；其三，它是实现全国科技创新引领区、城乡统筹示范区、生态修复和环境恢复示范区的新举措。

（二）京津冀三地总体差距较大

1. 北京、天津、河北三地发展定位不同

（1）北京

北京的发展战略定位大致经历了五个阶段。

① 20 世纪 50 年代到 70 年代。在经济非常落后、两个阵营对立、战争风险较大特殊时期，全力发展经济是全国的大局，是每个城市的头等大事。这个阶段的北京的城市职能强调的是三个中心，即国家的政治中心、经济中心、文化中心。这一定位对北京的建设与发展起到了巨大推动作用。

② 20 世纪 80 年代。由于工业耗能、耗水量大，北京市的经济增长同北京资源环境承载能力不相匹配。严重缺水缺能源、严重污染，也限制了首都政治、文化中心职能作用的发挥。北京不能再强调首都全国经济中心的职能。1983 年，中共中央、国务院批准了《北京市城市建设总体规划方案》并做了十条重要批复，再次强调了北京城市的国家政治中心和文化中心的基本职能。

③ 20 世纪 90 年代。《北京城市总体规划（1991—2010）》继续强调了北京是全国的政治中心和文化中心，北京不再发展重工业的发展方针。在总体规划中第一次明确提出了北京要成为国际交往中心的定位，这是首都城市职能的再次丰富与发展。

④ 21 世纪初期。《北京城市总体规划（2004—2020）》提出：北京首先是全国的政治中心，也是全国文化科技中心；是国家经济管理中心，也是国际交流中心。21 世纪初，根据北京是众多国家经济管理机构、国家级国有企业总部所在地的事实现况，又将国家经济管理中心定为北京的城市职能之一。不能以这两个职能挤压政治中心和文化中心职能。

⑤ 2014 年"2·26"讲话。习近平讲话的五点要求，更是明确了北京的功能定位。全国政治中心、文化中心、国际交往中心、科技创新中心的核心功能，深入实施人文北京、科技北京、绿色北京战略，把北京建设成国际一流的和谐宜居之都。

北京正确的发展战略定位让北京的经济发展质量不断提升。

以 2005 年首钢搬迁为标志，一批批高污染、高能耗的产业，逐步被淘汰出局。2015 年 6 月 2 日，二七轨道交通装备有限责任公司 4 台燃煤锅炉拆除工程启动，北京城六区剩余的规模最大的锅炉房正式"退役"。2015 年 6 月 1 日起，北京率先全面实施重型柴油车第五阶段排放标准，成为全国首个全面实施国五阶段机动车排放标准的城市。据统计，2013 年至今，北京已经建成投运 3 个燃气热电中心，关闭了 3 个燃煤电厂，改造燃煤锅炉超过 1 万蒸吨，压减燃煤 900 万吨左右；退出了 680 家污染企业，2013 年和 2014 年共有 84.2 万辆高排放老旧机动车被报废更新。

北京的空气质量有明显进步。北京的《北京市大气污染防治条例》和《2013—2017 年清洁空气行动计划》，在压减燃煤、控车减油、治污减排、清洁降尘等 4 大关键领域集中发力，5 年全社会总投资近 1300 亿美元。2014 年，北京市的 $PM_{2.5}$ 浓度比 2012 年下降了 10.2%；2015 年 1—5 月，与上年同期相比又下降了 17.7%。[①]

① 《2020 年北京空气质量将有更明显改善》，中央政府门户网站，www.gov.cn，《经济日报》2015 年 6 月 5 日，http://www.gov.cn/xinwen/2015-06/05/content_2873487.htm。

“十一五”时期，北京确定了六大高端产业功能区，北京的产业结构进一步优化。全市万元产值能耗、水耗大幅下降。

北京的国际影响力也在增加。随着中国经济地位在国际范围内的提高，北京的影响力也在扩大。北京文化产业发展迅速，成为北京的支柱产业；具有国际影响的活动例如奥运会、北京车展等让北京的影响力增加不少。

从各项具体指标看，北京在许多方面都领先全国。

北京经济增长质量较高。中科院交叉科学中心唐山科学发展研究院编纂的《中国科学发展报告 2011》，通过数量维（发展度）、质量维（协调度）和时间维（持续度）三者本质叠加的最大化构成了“GDP 质量指数”，把各地区 GDP 的质量排序与国家统计局公布的 GDP 数量排序进行了分析比对。报告显示，北京位于中国各地区 GDP 质量排行的第一位，全国排序前 10 名的依次是：北京、上海、浙江、天津、江苏、广东、福建、山东、辽宁、海南。

第三产业占 GDP 的比重最高。2011 年，北京市第三产业占 GDP 的比重为 75.7%，大大高于全国的平均水平（43.1%），已达到了当今发达国家的水平（70%以上）。北京市在 2002 年就率先进入了服务经济时代（该年北京市第三产业占 GDP 的比重已达 61.3%）。目前，北京仍是全国唯一一个进入了服务经济时代的省、自治区、市。

城乡居民的收入高且差距较小。2011 年，北京市城镇居民的人均可支配收入为 32903 元，比全国城镇居民的人均可支配收入（21810 元）高 50.9%；北京市农村居民人均纯收入 14736 元，比全国农村居民人均纯收入（6977 元）高一倍多；更为重要的是，北京市的城乡居民收入差距也比全国小得多，全国平均为 3.13∶1，北京市仅为 2.23∶1。

人均 GDP 较高。2011 年，北京市的人均 GDP 为 80394 元（折合 12447 美元），比全国人均 GDP（34999 元，折合 5419 美元）高一倍多。

研发投入占 GDP 的比重在全国领先。2011 年，北京市的研发投入为 932.5 亿元，占 GDP 的 5.83%，大大高于全国的平均水平（全国研发投入 8610 亿元，仅占 GDP 的 1.83%）。

技术合同成交额占 GDP 的比重较高。2011 年，北京市的技术合同成交额为 1890.3 亿元，占 GDP 的 11.8%，大大高于全国的平均水平（全国技术合同成交额 4763.6 亿元，仅占 GDP 的 1.01%）。而且，北京市的技术合同成交额占全国技术合同成交总额的比重，高达 39.7%，北京已成为全国的技术交易中心。

万元 GDP 的用水量不断降低。2011 年，北京市万元 GDP 用水量为 22.5 立方米，仅为全国万元 GDP 用水量（139 立方米）的 16.2%。

每一万人口拥有的在校大学生人数位居全国前列。2011 年，北京市每一万人口，拥有在校大学生 287 人，比全国的平均水平（每一万人口拥有在校大学生 171 人）高 67.8%。

每一万人口拥有的医生人数。2011 年，北京市每一万人口，拥有医生 35 人，比全国的平均水平（每一万人口拥有医生 19 人）高 84.2%。

（2）天津

天津市在京津冀协同发展战略中的定位，是“一个基地三个区”，即全国先进制造研发基地、国际航运核心区、金融创新示范区、改革开放先行区。从发展战略定位研究天津，可以把天津的发展分为三个大的发展阶段。

① 1860—1949 年，天津开埠成为天津超越北京的契机。近代京津冀协同发展的主要节点，最早是 1860 年天津被辟为通商口岸，至 20 世纪 30 年代发展成为中国北方“洋务”运动的基地、第二大工商业城市和北方最大的金融商贸中心。

② 1949—2002 年，天津整体发展相对落后。在新中国成立后直

到改革开放前的30年间，天津发展现对缓慢。在与首都北京的工业化竞争中，许多大型和重点工业项目优先落户北京。到20世纪60年代末，北京工业产值已经开始超过天津。1949年至1958年2月，天津是中央直辖市。1958年2月天津划归河北省，1967年1月恢复直辖市。1949—1980年，天津在功能性质上则一直定位于综合性工业基地。1982年《天津市城市总体规划》则首次把天津确定为我国北方的经济中心并一直延续至今。1986年国务院批复《天津市城市总体规划方案》，强调天津作为开放型、多功能经济中心的性质。1999年国务院批复《天津市城市总体规划（1996—2010年）》，再次强调天津是环渤海地区的经济中心，要努力建设成为我国北方重要的经济中心。

③ 2003年至今，天津进入快速发展轨道。2003年1月，戴相龙成为天津市市长；2007年，张高丽成为天津市委书记。他们对天津的快速发展发挥了重要作用。2006年国务院批复《天津市城市总体规划（2005—2020年）》，进一步强调天津是环渤海地区的经济中心，要逐步建设成为北方经济中心。2006年3月22日，国务院常务会议把天津完整定位为“京津冀地区经济中心，国际港口城市，北方经济中心，生态城市”，并将“推进滨海新区开发开放”纳入“十一五”规划和国家战略，设立为国家综合配套改革试验区。2009年11月10日，国务院批复同意天津市调整滨海新区行政区划，天津经济获得新的发展动力，天津已经形成了“双城双港”的城市形态。天津承办了2012年第九届全国大学生运动会和2013年第六届东亚运动会，还将承办2017年第十三届全国运动会，天津还是夏季达沃斯论坛常驻举办城市。总体上从“十五”时期开始，众多重大项目相继落户天津，天津步入难得的高速发展阶段。

（3）河北

河北在京津冀协同发展战略中的定位，也是“一个基地三个区”，即“全国现代商贸物流重要基地、产业转型升级试验区、新型城镇化与城乡统筹示范区、京津冀生态环境支撑区”。河北省发展战略定位大致经历了三个大的阶段：

① 1949—1978 年，拱卫北京。

这个阶段河北的首要职能是确保首都稳定，是首都的“护城河”。其发展战略可概括为四句话：“提高两线、开发两片、建设山区、开发沿海”。“两线”指：京山（山海关）铁路；京广线河北段。“两片”指：河北的两大贫困集中区。即坝上黑龙港地区（53 个县，包括衡水、邢台、邯郸、沧州四市）。“山区”指：燕山、太行山。沿海指：秦唐沧。北京和天津两个地区从地理位置上将河北地区分成了南北两个部分。

② 1985—2005 年，发展战略不稳定，左右摇摆。

1985 年，河北省委书记邢崇智提出“山海坝”（太行山、渤海、坝上草原，贫穷之地）发展战略。

1986 年，提出“环京津”战略。依托北京，带动河北。

1988 年，提出“两线（京山、京广线）一区（河北沿海地区）大开发”战略。目光转向沿海。

1992 年，提出“一线（秦唐沧沿海一线）两片（石家庄和廊坊为代表的冀中南和冀东）带多点（开发区）”。

1993 年，河北省委书记程维高重提“两环开放带动战略”。环渤海、环京津。前者面向海洋开放，后者是对京津开放。1994 年，该战略写入河北“九五”规划，成为对河北影响最大、最长久的发展战略。但这个战略也没有达到发展的预期。北京依托中央驻地优势，行政级别远超一般的省、自治区和直辖市，聚集了京津冀区域甚至全国范围内的资源，承载了越来越多的经济职能，虹吸现象明显。环京津不仅没有大的发展，反而出现了贫困带。

③ 2006 年至今，沿海经济强省发展战略。

2005年，曹妃甸港区建设经国务院批准后，其港区建设日新月异，大项目不断落户，成为河北省沿海地区开放、发展的新起点。2006年11月，河北省七次党代会提出建设沿海经济社会发展强省的目标，首次提出用15年建成沿海经济社会发展强省目标。2011年12月1日，《河北沿海地区发展规划》获批，成为国家战略。这一战略，将会是促进河北、带动河北发展的一个新高地，有利于京津冀沿海发展的合理布局。《河北沿海地区发展规划》明确了河北沿海地区发展的近期目标和远期目标：到2015年，综合实力明显增强，建成京津冀地区新兴增长区域；到2020年，区域发展水平进一步提高，成为全国综合实力较强的地区之一。

随着经济全球化深入发展，我国工业化、城镇化发展迅速，消费结构开始升级，产业结构调整步伐加快，区域之间的体制性和政策性差异逐步缩小。继"珠三角"、"长三角"崛起之后，京津冀地区正在成为我国新的经济增长极，京津发展从要素集聚阶段向集聚与扩散并重阶段转变，京津冀区域合作加强，京津冀都市圈和京津冀经济圈加速崛起，这种发展趋势必将对河北省的经济发展产生巨大的推动作用。

2. 北京、天津、河北三地经济发展的生产要素和各种资源条件差异较大

（1）北京政治资源、文化资源、智力资源丰厚，但自然资源短缺

世界上只有极少数城市能够像北京一样长时间作为一个国家的政治和文化中心。北京有着3000余年的悠久历史和850多年的建都史，是世界历史文化名城和中国四大古都之一。公元前221年秦始皇统一中国以来，北京一直是中国北方重镇和地方中心；自公元938年以来，北京又先后成为辽陪都、金上都、元大都、明、清国都。1949年10月1日正式定为中华人民共和国首都。

北京是全国政治中心、金融管理中心。国家金融宏观调控部门中国

人民银行、中国银行业监督管理委员会、中国证券监督管理委员会、中国保险监督管理委员会均设在北京。北京承担着国家宏观调控和资源配置的中枢功能，是国内外经济、金融、科技、信息、人才等交流与合作的重要枢纽。

北京文化资源名列前茅。北京是全国文化中心，文化底蕴深厚，积淀了中华民族优秀传统文化和近现代文化的精髓。旅游资源丰富，世界级文化遗产 6 处，全国重点文物保护单位 99 处，市级文物保护单位 327 处，历史文化保护区 43 片，与伦敦、纽约、巴黎、东京等世界城市相比，文化资源毫不逊色；与国内其他著名历史文化名城相比，全国文化中心地位牢固。

北京科技智力资源密集。北京拥有的全国普通高校数量最多，达 89 所，有全国 1/4 的重点高校，1/3 的研究生院；拥有中国工程院院士 327 人，占全国的 43%；中国科学院院士 425 人，占全国的 56%；国家级重点实验室 88 所，占全国的 31%；2010 年拥有高新技术企业 6378 家，占全国的 19%，形成了以电子信息、生物医药、能源环保、新材料、先进制造、航空航天为重点的高新技术产业集群；2010 年全市专利申请量 5.7 万件，专利授权量 3.4 万件，技术合同数 5 万件，成交总额 1579 亿元，其中，中关村示范区获得国家科技进步一等奖超过 50 项，创造的国家标准、国际标准分别为 590 项、79 项；2011 年技术合同成交总额达 1800 亿元。

北京是全国陆上交通总枢纽。北京与东南、华南经济发达地区的交通都相当便利，京沪铁路一带是中国人口最密集的东部沿海平原地带，京广铁路则纵贯中国南北中轴线，同时又有京哈铁路贯穿东北。京广高铁的开通，更是拉近了北京与中部和南部省市之间的距离。

但北京自然资源贫瘠，城市发展迅速，资源约束日益严峻。

水短缺严重。北京属于严重缺水的特大城市，人均水资源占有量是全国人均的1/8，多年来以年均不足24亿立方米的水资源支持年均36亿立方米的用水需求。

能源依赖大。北京是全国第二大能源消耗城市，2011年全市资源消费总量约为7000万吨标准煤，98%的煤炭、64%的电力、42%的成品油、100%的石油和天然气都需外部供给。

土地供给有限。北京市域面积1.64万平方公里，其中平原6400平方公里，占38%。真正可用于建设的土地极为有限，且成本越来越高。

劳动力成本提高。根据调查，北京近年来在养老业、餐饮业、美容美发等许多生活服务业领域，保姆、月嫂、服务员价格不断提高，用工成本提高了20%—50%。

环境制约加大。从自然条件来看，北京三面环山、缺少水源、人口密集，易造成空气污染，且易受西北部风沙影响；作为首都来讲，对环境有更高的要求，但由于城市规模扩张带来的人口密集、交通拥堵、空气质量下降等问题日益严重，北京环境压力凸显。

（2）天津油气、海盐、矿产、地热、土地等自然资源较为丰富，智力资源也有一定优势

天津始于隋朝（公元581—618年）大运河的开通。在南运河和北运河的交汇处、现在的金钢桥三岔河口地方，史称"三会海口"，是天津最早的发祥地。唐代之后，天津成为军事重镇和漕粮转运中心。1860年被辟为通商口岸后，天津逐渐成为当时中国第二大工商业城市和北方最大的金融商贸中心。1949年新中国成立后，天津作为直辖市，经济建设和社会事业全面发展，进一步巩固了中国重要的综合性工业基地和商贸中心的地位。1978年改革开放以来，天津作为沿海港口城市的优势不断增强，对外交流日益广泛，各项事业蓬勃发展。"十五"到"十一五"期间是天津历史上经济发展和综合实力提升最快的时期，全市生产总值年均增长接近15%，在全国名列前茅。

天津距北京120公里，是拱卫京畿的要地和门户。天津地处太平洋西岸京津冀经济圈的中心，背靠华北、西北、东北地区，面向东北亚，是中国北方十几个省区市对外交往的重要通道，也是中国北方最大的港口城市。

天津自然资源丰富，这使天津在未来发展中优势明显。一是油气资源丰沛。天津有渤海和大港两大国家重点开发的油气田，2005年年产原油1783万吨，天然气8.8亿立方米；2014年年产原油3074.84万吨，天然气21.15亿立方米。二是海盐资源充裕。天津有中国最著名的海盐产区长芦盐场，2005年年产原盐230万吨，占全国海盐总产量的1/10。三是金属和非金属矿产资源丰富。有锰硼石、锰、金、钨、钼、铜、锌、铁等10多种金属矿产，其中锰、硼为国内首次发现。非金属矿产也具有较高的开采价值，主要包括水泥石灰岩、重晶石、迭层石、大理石、天然石、紫砂陶土、麦饭石等。四是地下热水资源蕴藏量大。已发现的10个具有勘探和开发利用价值的地热异常区，热水总储藏量达1103.6亿立方米，是中国迄今最大的中低温地热田。水温多为30℃至90℃，埋藏浅、水质好。五是土地资源成本低廉。天津市土地总面积119.19万公顷。其中耕地面积44.55万公顷，占全市土地总面积的37.4%；居民点及工矿用地26.25万公顷；未利用地面积13.82万公顷。全市的土地，除北部蓟县山区、丘陵外，其余地区都是在深厚积沉物上发育的土壤。在海河下游的滨海地区有待开发的1214平方公里的盐碱荒地。这些地区交通条件好，开发费用低，相对北京，天津土地优势突出。①

天津在智力资源方面，也有一定优势。目前天津市的科学研究与试验发展经费投入强度位列全国第三位。高等院校55所，科研单位众多，

① 资料来源：天津统计信息网，天津概况：http://www.stats-tj.gov.cn/showpage.asp?id=2。

包含航空航天、生物医药以及信息产业等多个领域。部署于国家超级计算天津中心的业务主机天河一号和曙光计算机天津产业基地生产的曙光星云，为世界超级计算机运算速度的第一名和第三名。

（3）河北省是人口大省，矿产、油气、风能、太阳能、地热、海洋资源比较充裕

河北省（冀）的面积为18.47万平方千米，位于华北地区的腹心地带，北京、天津两市的外围，自古就是京畿要地。2011年，全省常住人口为7241万人，总人口数位居全国各省、区、市第六位。

矿产资源丰富。目前已发现各类矿产156种。其中探明储量的矿产125种，储量居全国大陆省份前5位的有39种。

油气资源储量较大。油气资源集中分布于渤海沿岸和海域的冀中、大港和冀东油田。截至2008年，石油累计探明储量27亿吨，天然气累计探明储量1800亿立方米。

地热资源分布广泛。地热资源主要集中于中南部地区。据河北省地热资源开发研究所统计数据显示，河北省地热资源总量相当于标准煤418.91亿吨，地热资源可采量相当于标准煤93.83亿吨。

风能资源前景广阔。陆上风能资源总储量7400万千瓦，近海风电场技术可开发量超过200万千瓦。其中坝上地区风能资源储量高达1700万千瓦，建有国家第一个风电示范基地——坝上地区百万千瓦级风电基地。2008年全省新增装机容量50万千瓦，总装机达到110万千瓦，居全国第三位。

太阳能资源有一定潜力。从年日照时数看，张家口、承德及沧州东部为全省最大区，每年达2800—3000小时；邢台、邯郸西部及中部是全省最少的地区，每年为2500—2600小时；其他大部分地区为2600—

2750小时，日照率为50%—70%。

海洋资源丰富。河北省有海岸线487公里，海岸带总面积达110万公顷，地处京津冀的中心地带，是全国五个重点海洋开发区之一，海洋生物、港口、原盐、石油、旅游等海洋资源丰富，具有发展海洋经济的巨大潜力。①

3. 北京、天津、河北三地经济发展水平所处层次和阶段不同

（1）从总量指标看，北京综合实力最强，其次是天津，最后是河北

从GDP指标看，河北经济总量最大，北京其次，天津最小；从人均GDP数量来看，排序正好相反，天津第一，北京第二，河北最低；从人均可支配收入看，北京最高，天津第二，河北最低；从地方财政一般预算收入看，北京最高，河北第二，天津最低；从GDP年均增速和地方公共财政预算收入年均增速看，排序正好相反，即天津最快，其次河北，最后是北京。

第一，北京综合经济实力保持在全国前列，在三地中，地方公共财政预算收入、人均可支配收入最高。2014年末，北京市常住人口2151.6万人，比2013年末增加36.8万人。其中，常住外来人口818.7万人，占常住人口的比重为38.1%。常住人口中，城镇人口1859万人，占常住人口的比重为86.4%，农村人口292.6万人，占常住人口的13.6%。2014年，地区生产总值21330.8亿元，人均地区生产总值为99139元（按年平均汇率折合16146美元，地区生产总值/常住人口=人均地区生产总值，以下计算方法相同）；城镇居民人均可支配收入达到43910元，高出天津39%；农村居民人均纯收入20226元，高出天津18%；地方公共财政预算收入为4027.2亿元，约为天津的2.29倍。

① 数据来源：中国·河北，走进河北：http://www.hebei.gov.cn/article/20110811/360722.htm。

2005—2014 年，地方生产总值年均增长 10.0%，地方公共财政预算收入年均增长 18.7%，人均公共财政预算收入为 18717 元（公共财政预算收入 / 常住人口 = 人均公共财政预算收入，以下计算方法相同）。详见表 6–1。[①]

表 6–1　北京地方生产总值和地方公共财政预算收入及增长速度

年份	地方生产总值（GDP）（亿元）	增长速度（%）	地方公共财政预算收入（亿元）	增长速度（%）
2005	6969.50	12.1	919.21	23.5
2006	8117.78	13.0	1117.15	21.5
2007	9846.81	14.5	1492.64	33.6
2008	11115.00	9.1	1837.32	23.1
2009	12153.03	10.2	2026.81	10.3
2010	14113.60	10.3	2353.93	16.1
2011	16251.90	8.1	3006.28	27.7
2012	17879.4	7.7	3314.93	10.3
2013	19800.8	7.7	3661.11	10.4
2014	21330.8	7.3	4027.20	10.0
2005—2014 均值		10.0		18.7

第二，在三地中，天津经济增速和人均 GDP 最高，GDP 和财政收入增长最快。2014 年末全市常住人口 1516.81 万人，比上年末增加 44.60 万人；其中，外来人口 476.18 万人，增加 35.27 万人，占常住人口增量的 79.1%。居住证制度顺利实施。年末全市户籍人口 1016.66 万人，其中，农业人口 371.61 万人，占户籍人口总数的 36.6%，非农业人口 645.05 万人，占户籍人口总数的 63.4%。2014 年，地区生产总值（GDP） 15722.47 亿元，人均地区生产总值为 103654 元；全年城镇常

① 数据来源：《北京统计年鉴 2014》，北京统计信息网：http://www.bjstats.gov.cn，以及《北京市 2014 年国民经济和社会发展统计公报》，部分数字经笔者计算处理。

住居民人均可支配收入31506元，高出河北约30.5%；全年农村常住居民人均可支配收入17014元，高出河北约67%；地方公共财政预算收入为2390.02亿元，人均公共财政预算收入为11603元。2005—2014年，地区生产总值年均增长15.3%，地方公共财政预算收入年均增速为25.1%。地区生产总值增速和财政收入增速远远高于北京和河北。详见表6–2。①

表6–2　天津地方生产总值和地方公共财政预算收入及增长速度

年份	GDP（亿元）	增长速度（%）	地方公共财政预算收入（亿元）	增长速度（%）
2005	3663.86	14.5	331.74	28.2
2006	4462.74	14.7	417.05	25.7
2007	5252.76	15.5	540.44	29.7
2008	6719.01	16.5	675.62	25.1
2009	7521.85	16.5	821.99	21.6
2010	9224.46	17.4	1068.81	30.1
2011	11307.28	22.6	1455.13	36.1
2012	12893.88	14.0	1760.12	21.0
2013	14442.01	12.0	2079.07	18.1
2014	15722.47	8.9	2390.02	15.0
2005—2014均值		15.3		25.1

第三，河北省经济发展比较平稳，在三地中，经济总量最大、地域最广、人口最多。2014年，全省常住人口为7383.75万人，该年全省生产总值实现29421.2亿元，人口和地区GDP在全国排名都是第六。其GDP总量高出北京的38%，比天津高出87%。人均地区生产总值为

① 数据来源：天津统计信息网：http://www.stats-tj.gov.cn/Index.html，以及《2014年天津市国民经济和社会发展统计公报》，部分数字经笔者计算处理。

39846元。全年城镇居民人均可支配收入达24141元；农民人均纯收入达10186元；地方公共财政预算收入2446.6亿元，约为北京的60.8%，仅比天津高出2.4%，人均公共预算财政收入为3313.5元。2005—2014年，地区生产总值年均增长10.8%，地方公共财政预算收入年均增长19.8%，地区生产总值年均增长和地方公共财政预算收入年均增长都略高于北京。但河北的人均地区生产总值分别是北京、天津的40%、38%；河北城镇居民可支配收入分别是北京、天津的55%、77%；河北农民人均收入分别是北京、天津的50%、60%；河北的人均地方公共预算财政收入分别不到北京、天津的18%、29%。详见表6-3。①

表6-3　河北地方生产总值和地方公共财政预算收入及增长速度

年份	GDP（亿元）	增长速度（%）	地方公共财政预算收入（亿元）	增长速度（%）
2005	10012.11	13.4	515.70	26.5
2006	11467.60	13.4	620.53	20.3
2007	13607.60	12.8	789.12	27.2
2008	16011.97	10.1	947.59	20.1
2009	17235.48	10.0	1067.12	12.6
2010	20394.26	12.2	1331.85	24.8
2011	24228.00	11.3	1737.4	30.4
2012	26575.00	9.6	2084.2	19.9
2013	28301.40	8.2	2293.5	10.0
2014	29421.20	6.5	2446.6	6.6
2005—2014均值		10.8		19.8

① 数据来源：《河北省统计局：河北经济年鉴2011》，http://www.hetj.gov.cn/article.htm1?id=4760，以及《河北省国民经济和社会发展统计公报》（2012—2014年），部分数字经笔者计算处理。

（2）从产业结构和城镇化指标看，北京第三产业发达，进入服务经济为主的发展阶段，城镇化水平全国领先；天津处于工业化后期阶段，城镇化水平较高；河北处于工业化中期阶段，城镇化水平低

第一，北京第三产业发达，城镇化水平最高。2014 年，北京三次产业产值比重为 0.7∶21.4∶77.9。2014 年，常住人口中，城镇人口 1859 万人，占常住人口的比重为 86.4%。北京的优势产业集中在总部经济、金融、现代装备制造、高技术产业、文化创意产业等等。

第二，天津第二产业优势明显，第三产业相对滞后，城镇化水平中等。2010 年，天津三次产业结构为 1.4∶52.5∶46.1。2014 年，天津三次产业结构为 1.3∶49.4∶49.3。2014 年，天津常住人口 1354.58 万人。年末全市户籍人口 1016.66 万人，其中，农业人口 371.61 万人，非农业人口 645.05 万人，非农人口占户籍人口比重为 63.4%。

天津工业发达、门类齐全，是中国近代工业的发祥地，也是中国重要的老工业基地和中国传统与当前重要的工业城市。自滨海新区成为国家综合配套改革试验区以来，天津开始采取依靠重大工业项目拉动的策略优化产业结构，主要产业分布在八大领域即航空航天、石油化工、装备制造、电子信息、生物医药、新能源新材料、轻纺和国防。2011 年，八大优势产业完成工业总产值 18881.52 亿元，占全市规模以上工业的比重为 90.5%。高新技术产业产值完成 6487.93 亿元，占规模以上工业的 31.1%。文化产业快速发展。文化产业增加值 392.73 亿元，占全市生产总值的 3.5%。国家动漫产业综合示范园投入使用，动漫产业公共技术服务平台达到世界领先水平。世界 500 强企业中已有 150 家在天津设立了分公司和办事处。2006 年 6 月 8 日国家发改委宣布，在天津滨海新区建立空客 A320 系列飞机总装线，这也是空中客车继法国、德国之外的第三条总装线。天津成为全国唯一兼有航空与航天两大产业的城市。

第三，河北发展不均衡严重，二元结构矛盾突出，城镇化水平落后。河北省三次产业产值比重为11.7：51.1：37.2，产值结构有所提升，但提升幅度不大，第三产业每年占比提升平均不足0.6%。

2014年，全省常住人口为7383.75万人，总人口数位居全国各省、区、市第六位。①2014年，河北全省城镇化率达49.3%。②

河北省内部各地区发展也很不均衡。沿海城市如唐山、秦皇岛、沧州等地经济较为发达，承德、张家口等地经济发展比较落后。在承德、张家口、保定等北京远郊区县周边地区，还存在着一个集中连片且程度较深的贫困带。这一贫困带中，目前有国家和省级扶贫开发工作重点县25个（其中20个为革命老区县），贫困村2804个，贫困人口154万人，占河北省贫困人口总数的42%。③

从乡村型社会向城市型社会的转变，是经济发达、社会进步和现代化的重要标志之一。根据中国社会科学院城市发展与环境研究所发布的2012年城市蓝皮书——《中国城市发展报告（2012）》，北京、上海、天津3个直辖市因其在城镇化率、空间形态、社会生活等方面达到相关标准而进入高级城市型社会。

城市型社会按照人口城镇化率可以划分成四个阶段：城镇化率在51%至60%之间，为初级城市型社会；城镇化率在61%至75%之间，为中级城市型社会；城镇化率在76%至90%之间，为高级城市型社会；城镇化率大于90%，为完全城市型社会。

按照上述标准，河北进入初级城市型社会还有一段距离。根据统

① 数据来源：《河北省统计局：河北经济年鉴2011》，http://www.hetj.gov.cn/article.htm1?id=4760，以及《河北2014年国民经济和社会发展统计公报》。

② 网易河北：《2014年河北城镇化率达49.3%比上年提高1.2%》，http://hebei.news.163.com/15/0411/16/AMUEOBBU02790775.html。

③ 李钧德、晏国政、刘旸辉：《首都边上的贫困县》，《瞭望》新闻周刊，http://www.lwgcw.com 2011-7-26。

计数据，2011 年、2012 年、2013 年，河北省城镇化率分别为 45.6%、46.8%、48.0%。中国整体已进入初级城市型社会阶段。2011 年、2012 年、2013 年中国城镇化率分别为 51.3%、52.6%、53.7%。河北比中国城镇化率平均水平要低近 6%。

以上对比可见，京津冀二元结构矛盾突出，城镇化水平差异较大。北京、天津对周边地区的带动作用还比较有限。

（三）京津冀面临的共同问题和挑战

1.GDP 和财政收入为政绩考核主要依据的机制和由此形成的零和思维方式

零和思维方式的产生主要原因有两个：一是以私有制为基础的商品经济。私有制让人们对自己生产的产品拥有所有权，商品经济让人们按照绝对优势或比较优势进行分工，生产出产品并进行等价交换，在交换中商品生产者或所有者实现了自我利益的最大化。生产者生产商品的目的不是为了获得商品的使用价值，而是为了商品的价值；不是为了商品的价值，而是为了商品的剩余价值。只要人们的欲望没有止境，对商品价值增值的追求就没有止境，这也成为商品社会经济发展不竭的动力来源。二是机会主义。追求自我利益最大化必然导致机会主义行为。只要是一次性买卖的场合，机会主义对卖方是最有利的。卖方凭借其对商品的信息优势，只要让劣质产品以高价卖出，就能够获得最大利益。决定官员职位升迁的 GDP 考核机制和利税制度，在一定程度上加剧了官员的机会主义行为。

零和思维方式是导致“公地悲剧”的重要原因之一。零和思维方式让地方政府在发展当地的经济过程中，各自为政、以邻为壑、恶性竞争。

调查显示[①]，京冀两地的一亩三分地的零和思维方式严重。以“首都经济圈”规划的区域范围方案为例，北京提出过“1+4”方案，即北京＋廊坊＋保定＋承德＋张家口；“1+14”方案，即北京＋14个河北相邻县；“1+1+9”方案，即北京＋天津＋石家庄＋保定＋廊坊＋承德＋张家口＋唐山＋秦皇岛＋沧州＋衡水；认同度较高的方案是“1+3+6”，即以北京为核心，加上天津的三个区县武清区、宝坻区和蓟县，再加河北的六个地级市张家口、承德、廊坊、保定、唐山和秦皇岛。河北则提出了“环首都绿色经济圈”的概念，并列入了其“十二五”规划。简称“十三县一圈四区六基地”。“十三县”即毗邻北京的十三个区县；“一圈”，即“环首都绿色经济圈”；四区，即高层人才创业园区、科技成果孵化园区、新兴产业示范园区、现代物流园区。“六基地”，即养老基地、医疗健康保健基地、休闲度假基地、观光农业基地、绿色有机蔬菜基地和宜居生活基地。“1+3+6”方案地域面积14.55平方公里，首都绿色经济圈地域面积4.65平方公里，地域范围都无法对接，更无论其他了。

从京冀两地的实际调研情况看，两地部分领导干部的“零和思维”重于“均胜思维”。北京方面多从北京水源上游即张家口和承德地区水量的供给和水质的保障、森林生物灾害的防治、社会治安的联防联保等出发，给予资金、物资、项目等各方面的支持，要求张承地区充分发挥其保障性功能，“援助思维”明显。承德方面认为，自己不能发展工业，每年损失利税50个亿，减少就业岗位30万个，农民得到的项目补偿不能弥补同一块土地进行农业生产或放牧养殖的收益，进而提出“下游的

① 2013年11月11日至29日，北京市委党校43期中青班第4小组学员及指导老师以“产业发展定位与京津冀经济合理布局”为调研题目，前往河北省保定市、北京市房山区两地开展了调研实践活动。报告指导老师：王昊；执笔人：曾鹏；调研小组成员：吴宗兴、张艳、刘建华、李刚、阳结南、高秀英、张民、李路海、张严、文战和、王永武。

生态需求不能限制上游的经济发展”。张家口、保定等相关方面也都表现出一定程度的“外援思维”、“等靠思维”，“自主思维”、“共赢思维”明显不足。

2. 北京非首都功能的疏解

2014 年 2 月 26 日习近平讲话的五点要求，进一步明确了北京的功能定位。全国政治中心、文化中心、国际交往中心是北京的传统核心功能。这次提出科技创新中心的城市核心功能定位，主要源于北京创新资源丰裕的实际情况和经济社会发展的需求。北京市集中了全国 1/4 的重点高校、1/3 的国家重点实验室以及超过 2/3 的两院院士，拥有以中关村为代表的 14 个国家级高新区和经济技术开发区。2013 年，北京市认定登记的技术合同成交额 2851.2 亿元，总量占全国的 38.2%；成交项数达 62743 项。北京的技术交易有 56.7%服务京外，正成为全国经济转型的强大驱动力；另有 22.9%的技术交易出口国外。① 北京已经成为我国重要的技术创新源头和全球创新的重要节点。

北京首都功能的定位，是北京经济社会发展历史和现实选择的结果，也是京津冀区域协同发展的客观要求。依据这四大功能定位，北京要有序疏解各种非首都功能。《京津冀协同发展规划纲要》已经明确了北京四类产业和机构要有序疏解，即一般性制造业、区域性物流批发、部分医疗教育服务、部分行政性事业性服务机构。

3. 水资源保护和生态环境安全

调研显示，密云水库水源地上游地区存在着重大的安全隐患。构成这一安全隐患的第一位因素是各种原因导致的污染。一是矿源污染。承德地区的潮河流域有各类企业 145 家，金属矿采矿企业 125 家，其中 10 家没有废水处理设施，2 家排放不达标。还有 67 座正在使用的尾

① 《2013 北京技术合同成交额达 2851 亿元　占全国近四成》，《北京日报》2014 年 3 月 20 日。

矿库，11 个属于高风险源。一旦遭遇极端恶劣天气，溃坝可能造成密云水库上游水体受到严重金属化学污染，其后果不堪设想。二是土壤污染。35.2 万亩陡坡耕地和岸边耕地，农药化肥使用量每年 1.53 万吨，成为密云水库水源上游地区河流污染物氨氮的主要来源。三是生活垃圾污染。172 家养殖企业年产禽畜粪便 73.4 吨，基本没有污水处理设施。

构成生态安全的第二位因素是水源地人口的贫困问题。例如，张家口市所辖 13 个县，其中 10 个县是国家级贫困县，12 个县被列入国家和省重点扶持项目，9 个县被列入国家集中连片燕山—太行山特殊困难片区。全市贫困人口 131.8 万人，占全市人口的 20.5%，成为河北省和北京周边贫困人口最为集中的地区。潮河流域内有丰宁、滦平、兴隆、承德 4 个县、26 个乡镇和 277 个行政村，人口 35.5232 万人。其中的丰宁、滦平、兴隆分别是国家级、省级贫困县和环首都扶贫攻坚县。这些地区基本陷入了贫困的恶性循环，即“低收入—低储蓄（或低购买力）—资本缺乏（或投资引诱不足）—低生产率—低收入”。尽管北京为解决这些地区的贫困问题采取了不少措施，例如增加稻改旱项目的补偿，加大对张承地区引进项目的支持力度，但都不足以解决根本问题。①

4. 产业转移与承接的结构障碍

调研显示，京冀两地产业合作呈现两个特点：其一，在两地合作上，保障性合作多而产业性合作少。具体表现在：一是合作侧重于首都经济圈的保障性功能。二是政府主导的产业项目意向多而落实少。三是企业市场行为的合作呈“点状”出现。其二，在产业关联上，一产、三产的关联度高，二产关联度低。具体表现在：一是工业上竞争性强，关联性弱。二是农业互补性及关联性强。三是服务业互补大于竞争，关联

① 相关数据来源于 2013 年北京市委党校中青班的调研报告。

性强。

总体来看，京冀两地产业转移的供给和需求之间存在结构性矛盾。以房山区和保定市为例，两地都将高端制造业（尤其是汽车）作为核心产业，存在较强竞争性，其他产业的产业链关联度、协同性又不高。北京希望转移出去的产业和河北希望承接的产业存在分歧，例如当前北京市力主外迁的铸造、锻造、电镀、页岩、防水卷材、小家具等6个行业，也并非河北鼓励发展的产业。

5. 大气污染治理

相对于西部和中部，东部经济发达地区的空气污染问题更为严重。以京津冀、长三角、珠三角为例，这些地区污染排放高度集中，单位面积的污染物排放强度是全国平均水平的5倍。三大区域占我们全国国土面积的8%，但是却消耗了全国煤炭的43%。尤其是京津冀地区，环保部门公布的2013年空气质量较差的10大污染城市即邢台、石家庄、邯郸、唐山、保定、济南、衡水、西安、廊坊和郑州，其中7个集中在该区域。[①] 该地区水泥、钢铁、炼油石化等高污染产业分布较多，能源结构以燃煤为主，致使污染物排放强度较高。据统计，津冀区域燃煤总量约3.5亿吨/年，SO_2排放强度为8.5吨/平方公里，是全国平均水平的3.7倍。[②]

三、京津冀区域结构调整要发挥政府和市场的不同作用

要促进该区域经济发展由非均衡走向均衡，必须站在整个区域角度考虑整体发展战略，建构整体运作机制，正确发挥政府职能，消除地方保护主义，尊重各个地区的利益诉求，遵循市场经济运行规律，发挥各

① 《京津冀珠三角长三角是空气污染最重区》，《新华日报》2014年3月8日。

② 数据来源于北京市发改委。

自比较优势，分工合作，互利共赢，错位发展。

（一）完善政绩考核机制，建立均胜思维

1. 完善政绩考核机制

没有 GDP 考核指标不行，但唯 GDP 指标也不行。近年来，唯 GDP 指标考核的弊端日益突出：加剧了人、资源与自然环境的矛盾；导致众多产业产能过剩；让经济发展与社会发展不协调，民生建设滞后；成为官员腐败、人们缺少精神追求的诱因之一。因此，必须从环境、民生、创新驱动等角度对 GDP 考核机制进行完善。这种考核机制既要有“量”的指标，更要有“质”的指标，“质”的方面要着重把经济发展与自然环境的和谐、经济发展与社会发展的协调、社会事业的发展和社会的进步、公平正义和人民生活的改善、依靠科技创新驱动等作为重要的衡量内容。可以在京津冀范围内完善官员考核机制，引导地方经济向互利共赢方向发展。

2. 建立均胜思维

思维具有能动性，主动建立“均胜”思维，有助于三地领导和工作人员“发展观”的协同，有效推动三地协同发展水平。

首先要突破零和思维。“零和”思维是短期思维，各利益主体为了实现自己的短期利益，对其他利益主体造成的恶劣后果不管不顾；零和思维是局部思维，各利益主体只关注自我利益，只要不妨碍自我利益的最大化，对其他利益主体的利益漠不关心；“零和”思维还是静态思维，它在认识上把某一时期的利益看作是一成不变的，竞争的结果必然是“你赢我输或我赢你输”，因而各利益主体在经济竞争中，自我利益永远第一，即使损害别人利益也在所不惜。

“零和”思维曾是导致世界经济危机的根源之一，两次世界大战的爆发均与此有关。第二次世界大战之前，各帝国主义国家纷纷到世界各

地抢占原材料和能源供给基地，不断向他国推销自己的产品，对外则高筑关税壁垒。1929—1933年的世界经济危机对帝国主义列强经济影响巨大，危机持续时间长且波及面广，与各国严重的贸易保护主义密切相关。第二次世界大战后，为了避免重蹈覆辙，先后成立了关贸总协定、世界贸易组织等国际组织，其宗旨就是要逐步削减关税和其他贸易壁垒，削除国际贸易中的差别待遇，促进各国商品流动的自由化。

其次要建立均胜思维。均胜思维的产生有两个原因：一是客观上形成了均胜关系。随着商品经济的不断发展，作为微观主体的企业与其利益相关者之间逐渐形成了一种日趋深入的“均胜关系”，即追求自我利益最大化的各方彼此都是利益相关者，大家的利益彼此交织在一起，既相互依赖，又相互制约，成为一个“你中有我，我中有你”的利益共同体。这种“均胜关系”直接导致各方均胜的结果：要么相互合作、彼此协调使大家最终都得到更大的利益，要么各顾自己、互不相让最终使大家都受到一部分损失。“均胜关系”的形成并发展是商品经济发展的必然结果。第一，在商品经济社会里，分工的深化使得商品生产者之间的相互联系和相互依赖程度不断加深。社会分工和生产力的发展相辅相成，随着生产力的发展，社会分工亦日益深化，其发展趋势是把每一种产品、甚至每一种产品的每一部分的生产都变成专门的生产部门。而分工与合作是互为前提的，这样，随着社会分工的深化，各部门的商品生产者之间的相互联系和相互依赖程度不断加深。“商品的物质区别是交换的物质动机，它使商品所有者相互依赖，因为它们双方都没有他们自己需要的物品，而有别人需要的物品。”①第二，在商品经济社会中，商品生产者追求商品价值增值的内在属性，使得商品生产者与其利益相关者之间的各种关系日益趋向深入和加强。任何一个商品生产者都不是

① 马克思：《资本论》第1卷，人民出版社1975年版，第182页。

孤立地进行生产的，它都有众多的利益相关者：消费者、供应商、经销商、代理商等等，这就使得与生产有关的各种各样的交换关系和利益关系随着生产的不断扩大和深化而日益加强。总之，商品经济的不断发展，使得商品生产者之间、商品生产者和利益相关者之间的相互联系和相互依赖程度不断加深，这种联系和依赖程度就形成了“你中有我，我中有你”的“均胜关系”。

二是社会中报恩、报复行为对机会主义的制约。社会经济活动中，人们程度不同但却十分普遍地存在着报恩、报复行为，这种行为使得微观经济主体追求自我利益最大化的行为受到了较大的制约。例如，如果企业损人利己，则利益相关者会施之以不同形式、不同程度的报复：消费者不会再接受该企业产品和服务，供应商不愿再与之往来，员工会貌合神离，有条件者会离他而去，等等。相反，如果企业注意维护利益相关者的利益，则利益相关者会以各种形式进行报恩：消费者不但会继续购买该企业的产品和服务，而且会宣传它们；供应商会进一步加强与该企业的联系，并向其提供更优质的产品和服务；员工会更加努力地工作，等等。随着市场经济的进一步发展，社会法制、市场交易规则等会日益健全和完善，人们的报复心理会有更多而且合法的释放途径，这也会使微观主体的损人利己的行为方式受到一定程度的制约。因此，在重复交易的场合，大多能够形成“均胜关系”。

“均胜”思维是一种长期思维，注重长远利益，为实现长远利益宁愿放弃短期利益；均胜思维是一种整体思维，整体利益永远高于局部利益；均胜思维是动态思维，即把事物发展过程中形成的某种利益看作是动态的、可变的，认为利益主体各方在长期的合作中，会实现各自的最大利益。

欧盟的产生和发展是“均胜思维”的典型案例。两次世界大战，德国和法国都是敌对国。两次世界大战，对两国人民造成的精神伤害无法估量，对两国经济社会造成的损失巨大。尤其是第二次世界大战，最终导致欧洲霸权结束，形成了以美国为首的资本主义和以苏联为首的社会主义相互对立的两大阵营。为了对抗苏联，降低对美国的依赖，重振往日雄风，法国、德国、意大利、比利时、荷兰、卢森堡走上了联合自强的道路。最初这六个国家成立了欧洲煤钢共同体，后来和欧洲原子能共同体、欧洲经济共同体合并，成为欧洲共同体。欧共体于 1993 年《马斯特里赫特条约》生效后，正式更名为欧盟。欧盟现有 28 个成员国，成为影响世界经济政治发展的重要力量。

京津冀目前面临着空气污染、水资源的保护与供给、产业发展定位和经济布局、非首都功能的疏解等许多必须共同筹划才能较好解决的问题，客观上要求必须突破零和思维，建立均胜思维。

（二）建立京津冀区域高层领导协调机制，促进区域深度合作

以行政区划为前提的、地方保护主义色彩浓厚的行政区划经济，使得北京与天津、河北等周边地区尚未形成互利共赢、优势互补的区域协调发展格局，这种格局极大地限制了区域经济的顺利发展。

根据美国著名经济学家曼库尔·奥尔森的理论，国际上区域合作组织引起的“管辖权统一”，例如欧盟，可以减少经济壁垒和非经济壁垒。奥尔森认为：依靠比较成本优势获得的分工利益，远不如“管辖权统一”对特殊利益集团的约束引起的各种要素在一个更大的区域范围内全面自由流动带来的利益大。

京津冀区域的“高层领导协调机制”，有利于形成区域内部部分的“管辖权统一”。因此，有必要建立京、津、冀三地高层领导定期会商机制，协商议定重要发展事项，制定促进共同发展的区域政策和重大措施。

以北京、天津两大城市与周边地区发展为例。目前，河北与京津接

壤的六个城市中，贫困县有32个，占该地区县（区）总数的44%，已形成一个“环京津贫困带”。该“贫困带”形成既有历史原因，更有政策原因。目前，该“贫困带”成为制约整个京津冀地区协同发展的“短板”。因此，京、津两地可考虑共同建立环京津贫困地区发展专项资金，在市场对接、产业发展、基础建设、生态保护等方面实施定点帮扶；建立包括水资源损失补偿、生态工程管护费用补偿等在内的生态补偿机制，实现京津两地由“资源吸附”向“资源反哺”转向，周边地区由“洼地效应”向“溢出效应”转变，从被动“服务京津”向主动“对接京津”转换。

要逐步建立和不断完善三地联防联治的一体化机制、政策和举措。例如，要加大中央和省级财政对燕山—太行山集中连片特殊困难地区的一般性转移支付力度，提高国家在贫困地区安排的公益性建设项目投资比例，鼓励具有一定产业发展基础的国家级贫困县充分挖掘资源优势，培育生态型产业。提升贫困地区和生态涵养地区的自我发展能力，改善承担生态涵养功能的农村地区生产生活条件，等等。

要统筹考虑生态建设与大气治理，从三地产业结构升级和产业布局入手，加强科技创新，促进产业发展转型和能源结构调整，逐步实现京津冀区域经济和生态协调发展。

（三）培育京津冀城市群，改善区域城市结构

要打造“京津冀城市群”。“京津冀城市群”的建立是区域发展的重大战略，是区域主体优势互补、互利共赢、加快共同发展的崭新平台。打造“京津冀城市群”，一方面能够依托更加广阔的空间对北京的城市功能进行疏导和再配置，加快破解北京城市发展当中面临的人口、资源、交通与环境方面的长期性瓶颈和矛盾；另一方面，能够进一步释放首都优势资源辐射能力，加强区域合作，促进区域协调发展，实现首

都及周边区域经济全面协调可持续的一体化发展。

要逐步改善京津冀的城市布局。在珠三角、长三角和京津冀三大城市群中，京津冀地区500万—800万人口的城市只有1个（石家庄），珠三角有2个（东莞、佛山），长三角有5个（苏州、杭州、南京、温州、宁波）。超级城市（人口1000万以上）与次级城市的比例，珠三角是1∶1，长三角是2∶5，京津冀是2∶1。显然，京津冀缺乏500万—800万人口的次级城市。另外，京津冀地区没有50万—100万人口规模的城市①。京津冀地区大城市发育不足，小城市对城镇人口的吸纳和承载能力有限，其中的关键原因在于河北经济发展的滞后。在京津冀协同发展的大背景下，必须解决城市结构失衡问题。要加强落后地区城市基础设施建设，提高其公共服务能力和公共服务水平，促进产业和人口的有序流动，逐步形成若干人口500万—800万的城市和人口50万—100万的城市，促进京津冀城市群的一体化程度，改善区域城市结构。

（四）转变经济发展方式，推动“四化”同步发展

党的十八大报告提出：“坚持走中国特色新型工业化、信息化、城镇化、农业现代化道路，推动信息化和工业化深度融合、工业化和城镇化良性互动、城镇化和农业现代化相互协调，促进工业化、信息化、城镇化、农业现代化同步发展。”②

京津冀地区经济发展水平差异较大，城镇化水平参差不齐。各地区应针对本地区经济社会发展的实际情况，牢固树立以人为本、全面协调可持续的科学发展观，推动本地区的“四化同步”发展。

---

① 李建民：《京津冀与长三角和珠三角的比较》，《人民文摘》2014年5月1日，http://paper.people.com.cn/rmwz/html/2014-05/01/content_1440278.htm。

② 胡锦涛：《坚定不移沿着中国特色社会主义道路前进，为全面建成小康社会而奋斗——在中国共产党第十八次全国代表大会上的报告》，人民出版社2012年版，第20页。

实现“四化同步”，必须转变经济发展方式。要从依靠物质要素的投入转向依靠非物质要素即技术、管理的开发；要从依靠外需转向依靠内需；要从依靠投资拉动转向依靠消费和创新驱动；要从注重速度、数量增长转向注重效益、质量进步；要从把工业规模做大转向把工业产业做强；要从微笑曲线底部的工业为主的“橄榄型”结构转向微笑曲线的两头高端产业为主的“哑铃型”结构；从关注工业扩张转向关注农业、工业、服务业的协调发展；要从城乡分离转向城乡统筹。

工业化要与信息化相协调，通过建设智慧城市来提高城镇化质量，获取城镇化发展红利。要通过工业反哺农业，加快农业现代化的步伐，通过农业现代化释放更多劳动力，支持城镇化对劳动力的巨大需求。逐步缩小城乡差距，促进城乡互动协调发展。

（五）调整产业结构，加快经济转型

京津冀结构性的矛盾需要三方从实际情况出发，立足于各自的产业基础和比较优势，从已经具备基础和条件的领域出发，例如，交通、物流、农业、旅游等领域可以先行先试，共同创造产业发展的经济、政治和社会环境，政府积极引导，市场真正主导，有效推进三地合作的进程。

北京要大力发展高新技术产业和现代服务业。北京城市内不再发展加工制造业，分期分批向周边转移经过技术改造、有利于当地发展的产业，淘汰落后产业。要腾出中心城土地资源用于加快发展科技、文化、金融、信息等产业。天津、河北要引导市场主体加大服务业投资比重，尤其是生产性服务业的投资比重，促进生产性服务业的发展，提高服务业增加值在三次产业结构中的比重，逐步使服务业成为当地国民经济的主导产业。

四、政府转型是让市场在京津冀结构调整中发挥决定性作用的前提——以京津冀地热能开发利用为例

随着京津冀大气污染的加剧，人们对良好生态环境需求愈发强烈。风能、太阳能、地热能、潮汐能、生物质能等清洁能源的应用价值越发凸显。相比较而言，京津冀地区地热能资源丰富，开发利用技术条件成熟，开发前景广阔。实地调研情况显示①，地热能在京津冀区域的开发利用仅仅处于起步阶段，既没有形成应有的规模，开发利用中还存在巨大的浪费和再次污染的可能。根据京津冀地热能综合开发利用的实地调研情况，我们认为，政府转型是京津冀地热能开发利用的核心和关键。

（一）京津冀地热能开发利用是大势所趋

京津冀地区大气污染形势十分严峻。2014 年 6 月 4 日，环保部在国新办发布《2013 中国环境状况报告》。《报告》指出：2013 年，京津冀、长三角、珠三角等重点区域及直辖市、省会城市和计划单列市共 74 个城市按照新标准开展检测，结果显示，74 个城市中仅海口、舟山和拉萨 3 个城市空气质量达标，达标率不到 4.1%。排名中空气质量相对较差的 10 个城市是邢台、石家庄、邯郸、唐山、保定、济南、衡水、西安、廊坊和郑州，其中 7 个都在河北。《报告》显示，在京津冀、长三角、珠三角这三个区域中，京津冀区域达标天数比例范围最低。京津冀 13 个地级及以上城市平均达标天数为 37.5%。数据显示，京津冀地区超标天数中以 $PM_{2.5}$ 为首要污染物最多，占总数的 66.6%。

① 2014 年 5 月 5—23 日，北京市委党校第 44 期中青年干部培训班第二小组带着“京津冀一体化框架下地热能综合开发利用”这一调研课题，分别在天津、北京、河北进行了为期三周的调研。王昊为指导老师，邹登亮为报告执笔人。小组组长为张晓军，成员包括：朱连滨、尹波、范红、吕新杰、李玉梅、张京磊、梁超、贾晓彬、高平、黄江昆。

2015 年 6 月 4 日环保部发布《2014 中国环境状况公报》显示，全国开展空气质量新标准监测的 161 个地级及以上城市中，有 16 个城市空气质量年均值达标，145 个城市空气质量超标。①

根据北京市环保局提供的数据，京津冀区域全年 $PM_{2.5}$ 来源中，燃煤 34%占居首位，机动车 16%排第二，工业排放 15%为第三，再依次为外来输入 9%、扬尘 7%、餐饮 6%、其他 13%。

显然，京津冀地区的煤炭消费已成为该地区大气污染的最重要来源。2012 年，京津冀燃煤消费总量 38927 万吨。河北的煤炭消费量占其能源消费总量的 88.8%；天津煤炭消费量占其能源消费总量的 59.6%；北京煤炭消费量占其能源消费总量的 25.4%。②2013 年京津冀煤炭消费总量比 2012 年虽有下降，但依然居高不下，其中北京燃煤总量约 2500 万吨，天津约 5000 万吨，河北燃煤总量接近 3 亿吨。③ 京津冀地区煤炭消费中，又以工业锅炉、家庭取暖、餐饮用煤等“散煤”燃烧为主。津冀地区每年的冬季供暖期长达 4 个月，因供暖产生的能耗占到总建筑能耗的 40%以上。目前北京每年消耗散煤量为 2300 万吨，天津消耗散煤量为 4500 万吨，河北消耗散煤量为 2.8 亿吨。其中，京津冀三地仅供暖消耗的散煤总量就超过 6000 万吨，占京津冀散煤燃烧总量的 14%。目前，河北、天津仍然以燃烧散煤作为供暖的主要热源。

由于散煤清洁成本高，利用地热能供暖无疑是十分现实的选择。京津冀地区进行大规模商业开发利用地热能，不仅必要，而且可行。

一是储量大，分布广。京津冀地区是中国沉积盆地中岩溶型热储的重要代表地区，资源储量丰富。京津冀平原地区年可开采地热能总储量

① 中国环境监测总站，《2014 中国环境状况公报》，http://www.cnemc.cn/publish/totalWebSite/news/news_44921.html。

② 宋晓梅、徐剑琦：《产业结构对京津冀大气污染的影响》，《中国统计》2014 年第 5 期。

③ 梁嘉琳：《京津冀燃煤总量零增长有望明确》，《经济参考报》2013 年 6 月 3 日。

相当于 170 余亿吨标煤以上；地热资源一般埋藏深度 1500—3000 米之间，钻凿成本相对较低；分布范围广泛，基本上可以做到因地制宜，就地取材，能够有效避免长距离运输带来的热能损耗。

二是中低温为主，利用系数和安全系数高。京津冀大部分地区地热出水温度一般均处于 50℃—80℃，属中低温热能，虽不能用于发电，但很适合供暖、洗浴。地热供暖系统始终处于中低温运行状态，地热水资源不含有任何易爆、易燃等物质，项目运行中普遍采用先进的程控系统，所以相对燃煤、燃气、燃油等供暖方式，安全系数更高。另外，如果出水条件符合发电要求，利用地热能发电的效率相当高。据世界能源理事会统计，一年 365 天，共计 8760 小时，地热能的利用系数是 72%—76%，一些技术先进的国家能达到 95%，也就是说一年可运行 8322 小时，设备维修时间很短。而普通火电厂的利用系数是 50%多一些，风力发电是 21%，太阳能发电是 14%。① 总之，相对于风能和太阳能，地热能的利用系数较高。

三是钻井和供暖技术不断进步成熟，综合效益高。经过近三十年的研发以及技术引进，地热供暖技术不断进步并走向成熟。京津冀地区更是先行一步，已经建成北京北苑家园、天津东丽湖、河北雄县等多个成功的示范项目，这些项目运行情况平稳，投资回收期为 5—8 年，综合效益良好。

四是属于可再生清洁能源，政府政策鼓励支持。地热资源利用回灌技术能够做到“采热不采水”，最大限度保证地热资源开发利用的可持续性。地热能开发利用过程中，消耗的电能很少，基本上可以实现“零排放”。对于地热这种可再生清洁能源，国家近年来的政策支持力度很大。例如，2013 年上半年国家发改委等四部委发布了《关于促进地热

① 曹宏源：《能源变革驱动地热大开发》，《中国电力报》2014 年 3 月 27 日。

能开发利用的指导意见》；2013年12月北京市发布了《关于北京市进一步促进地热能开发及热泵系统利用的实施意见》。这两个文件均是针对地热能开发的专项鼓励文件，明确了地热能开发利用的主要目标，推出了固定资产投资补贴、税费优惠、电价优惠等一系列鼓励性政策。

综上所述，在大气污染的严峻形势下，京津冀地区的地热能资源作为具有可持续性的清洁能源，开发利用前景广阔，意义重大。

（二）京津冀地区地热开发利用存在五大障碍

总体看来，利用地热能供暖在我国仍然处于初级阶段。截至目前，京津冀地区地热供暖面积为3000万平米，仅相当于年替代散煤量110万吨，相对于京津冀地区年供暖6000万吨散煤的消耗量，所占比例不足2%。地热能开发利用进展缓慢，其经济效益、环境效益和社会效益远远没有发挥出来。根据实地调研情况，我们认为原因主要在于以下几个方面。

1. 社会对地热能开发利用的了解和认识不足

地热能所需专业知识相对较强，目前应用也不够广泛，大多数人了解甚少；一些地方政府对地热能开发利用的认识也非常有限，没有把地热能纳入到本地区新能源的重点发展规划，缺少明确的引导及激励措施；对于一般投资开发者而言，地热能开发和供暖技术门槛较高，风险较大；专业的地热勘探研究部门有专业技术却不具备投资开发的职能和资本实力。我们的调研显示，京津冀地区目前大部分地热供暖项目（至少2000万平米以上）是由开发商或业主自建自用，而像绿源能源公司、北京市地热研究院、天银投资等专业地热能源投资建设机构数量还是寥寥无几，其开发面积在市场所占的份额目前还相当微小。

2. 京津冀三地地热资源开发利用一体化工作协调机制尚未形成

地下资源的赋存主要取决于自然的地质构造情况，而地面的行政区域划分则主要由历史或人为决定，因此二者不可能形成一致。目前我们对于地下资源的管理是以行政区划为主，由此造成地热能资源的供给与需求之间矛盾突出：有的地方地热资源丰富，但用户需求匮乏，即使投资也没有收益；有的地方用户需求量大，但地热资源不足，投资成本过高。这一矛盾主要表现在北京周边区域。例如北京的大兴、通州、房山等地区供热需求量较大，地热资源相对于比邻而居的河北廊坊、保定明显不足，这就造成京冀两地大量的项目只能采用传统的燃煤燃气供暖，一路之隔河北，地热资源虽然丰沛却难以开采利用。

3. 行政审批流程复杂缓慢

现实中地热能源的管理利用仍然存在明显的“九龙治水”现象。例如，发改委制定产业政策，国土资源部门负责资源管理，住建系统主管项目建设管理，市政部门负责项目运行维护，环保部门监管减排效果。任何一个地热开发项目从立项到建设运营要经过若干复杂流程，审批周期很长。往往一个好的供暖项目因审批过慢而赶不上房屋建设速度，满足不了住户入住要求，不得不以流产告终。例如，目前在北京市要获得一个地热资源的矿权，从立项申请到招拍挂至少需要 1 年半以上的时间，再加上 1 年以上的建设周期，共计 2 年半以上的时间。对于房屋建设周期在 2 年半以内的新建项目，影响住户的正常入住都是必然的。

审批周期长还让许多项目成了非法项目。例如，河北雄县的示范供暖项目已经运营多年，但地热矿权手续尚未办理完毕，理论上还属于非法工程。多年以来河北省在地热资源勘探权设置方面尚缺乏一套持续稳定的政策，造成合法的开发者无所适从，而非法开发者却满地横行。

另外，政出多门造成的地热能政策、标准不一致，对地热能开发利用十分不利。例如，天津的一些政府部门在设置矿权出让时没有根据资源和项目客观情况，而是采取一刀切的对井矿权出让模式，既满足不了市场需求，又引起市场恶性竞争。最典型的情况是，2013 年某一个对井的勘探权经过多次拍卖后涨到上千万元，而同等条件下北京、河北的出让权仅 5 万—6 万元。

4. 项目运营监管不到位

相对烦琐复杂的事前审批流程，地热供暖项目在实际使用过程中则可以说完全放任自由，不受监管。比如在河北省平原地区的许多市县，地热项目广泛存在无证开采现象，无数小散弱项目遍地开花，使得地热大规模连片开发难以实现；地热开采的环境监测也很困难，而且洗浴项目几乎没有尾水处理环节就直接排入河道；一些供暖项目没有实现梯级利用，绝大多数地热井没有实现水资源回灌，地热水被白白放掉。不受监管的小散弱地热能开发项目的遍地开花，不但使地热能开发利用企业的自身运营效益不好，而且对社会造成十分严重的环境污染和地面沉降等问题。

北京、天津也存在类似的情况，但是北京最突出的是已有地热井的闲置浪费，据有关部门调查，目前北京已钻凿约 500 眼地热井，但其中有超过三分之一的地热井因各种原因处于闲置状态，没有发挥其应有的作用。

5. 京津冀三地政府补贴机制不一致不健全

地热能开发初始投资虽然不及太阳能、风能等新能源，但相比于传统化石能源供暖项目，仍然高出 50%以上。相比较而言，北京市的补贴政策较为细致。北京市在地热能供暖项目的具体优惠补贴方面做出了具体规定，比如给予固定资产投资额 30%—50%的财政补贴，同时还给予“三免三减”税费优惠等等。目前京津冀三地在地热供暖方面尚未建立协调一致的政策，河北、天津至今仍未有针对地热供暖项目进行鼓励的实施细则。

（三）政府转型是让市场在结构调整中发挥决定性作用的前提

以上五大障碍，充分揭示出京津冀的体制机制协同在地热能开发利用中的重要作用和功能。京津冀三地的政府部门要提升自身的认识水平，加强地热能整体开发利用的平台建设和科学合理的政策制度供给。

1. 加强地热能开发利用政策的宣传，提升认识水平

来自用户的需求是地热能开发利用的根本保证。政府的职能在于引导和鼓励。政府各相关部门要充分认识地热能开发利用对京津冀未来经济社会发展的重要意义，加大地热能相关政策的宣传力度，提升社会公众对地热能开发利用的认识水平，引导社会资本向地热能开发利用方向流动，推动有条件的地方尽快完成地热能供暖对燃煤供暖的取代。

2. 树立合作共赢理念，建立京津冀地热能开发利用一体化工作协调机制

一要建立京津冀一体化地热能开发利用机制。京津冀地区地热能蕴藏丰富，河北、天津的可开采地热能储量居全国前列。京津冀区域的经济总量全国占比达 11%，能源消耗和需求规模大，增长速度快。随着京津冀城乡一体化的进一步发展，能源的缺口还会进一步加大。因此，包括地热能的新能源推广和应用是大势所趋。但这种新能源的开发利用需要三地政策标准的一体化运作，因为一体化的政策和标准是市场公平竞争秩序形成的前提，是企业等市场主体和资本等生产要素跨区域流动的制度保障。在“京津冀协同发展”形成国家战略的背景下，三地政府要紧紧把握在地热能开发利用方面的新机遇，坚决打破“一亩三分地”的思维方式，树立“合作共赢”理念，本着供需对接、利益共享、城乡统筹的原则，尽快建立并不断完善京津冀一体化地热能开发利用机制，在勘察评价、应用规划、统一市场、收费机制、法规体系、政策支持等方面进行一体化的运作和安排。

二要建立京津冀三地的“利益共享机制”。开发利用地热能资源的

各类市场主体之间如何形成切实可行的投入收益体系，让各方都能找到自己的利益平衡点。尤其是在一些事关国计民生的重大项目上，应该充分发挥各方在能源、资源、财政、技术、管理等方面的优势，做到物尽其用、人尽其才，积极推进三地的经济社会发展和大气污染治理。

对于重大项目的地热能开发，例如即将在北京大兴与河北廊坊之间跨区域建设的首都新机场项目，完全可以大量采用地热能作为建筑供暖的主要热源，其项目开发运营模式可以采用“PPP”模式或“雄县模式”。据测算，如果利用凤河营地热田①和牛驼地热田②，采用以地热能（包括浅层地温能及再生水）为主的可再生能源为北京新机场所有建筑进行供暖，每年可替代标准煤168.75万吨，每年减少向大气中排放二氧化碳538.75万吨，碳粉尘、二氧化硫、氮氧化物等100余万吨。不但大大减少了煤炭等宝贵的化石燃料的消耗，同时显著减少了因化石燃料直接燃烧所导致雾霾污染的$PM_{2.5}$的主要来源，具有十分可观的节能环保效益。同时，采用热泵技术还可为建筑进行制冷，可大大降低能耗，减轻北京的能源供应压力。

3. 制定包括地热能在内的新能源开发利用总体规划，推进地热能在新型城镇化过程中的整体开发利用

在新型中心城镇建设过程中，应该在规划阶段即提前谋划新能源的利用。根据地热地质条件，结合浅层地温能、太阳能、再生水热能、天然气等清洁能源情况，做出更科学合理的规划设计方案，从而充分利用当地的自然条件，尽可能做到新城建设中实现“减量化”、“无污染”。严格限制京津冀地区地热能开发利用的小、散、乱等粗放、单一的现象。要根据资源和市场需求，科学地进行整体连片集中规模化开发，同时综合应用集采联灌、梯级利用、能源热效提升等技术实现集约化开发

① 距离二机场20公里，位于北京大兴采育镇与河北廊坊市交界。

② 距离二机场25公里，位于河北省廊坊市固安县城南。

利用，强制性回灌，避免地面沉降等次生灾害的发生，确保地热资源利用的可持续。

要重视地热能资源开发利用的技术设计与整体规划。新型城镇化过程中，地热能开发利用的关键在于如何实现多种能源的有效组合。这种能源组合，可以达到“四两拨千斤”的效果，实现最佳的投资收益比。在北京、天津以及石家庄三市之间的平原地区约有 50 余县城以及 500 余个中小乡镇，大部分具备良好的地热资源条件，如果有三分之一的县城及乡镇采取地热能整体供暖，那么地热供暖面积就会达到 5 亿平方米以上，每年可替代散煤量达到 3000 万吨以上。因此，只要政府重视，规划先行，合理安排，积极推进，地热能无疑将会在京津冀地区的大气污染治理中发挥重要作用。

4. 统一政令和标准，实现事中、事后的依法监管

各政府主管部门如发改委、环保、国土资源、住建、市政、财政等各部门应该建立跨部门的协调机制。要清理一些不必要的行政职能，减少多头管理的现状，减少项目前期的审批环节，统一政令和标准，把更多行政资源用在项目建设及运营过程中的依法监管方面。

京津冀三地可以根据国家发改委的指导意见，制定大体一致的地热能开发指导细则。尤其在矿权出让、财政补贴、供暖收费基准、税费优惠等方面不能产生过大的差别。三地要根据各自的实际情况，从长期利益和整体利益着手，坚持合作共赢理念，在环境需求和财政状况之间寻找一个恰当的平衡点。例如，北京要考虑河北在为环境治理做出资源贡献后如何给予科学合理的补偿和回馈；而河北在地热资源开发利用方面则需要保持开放及鼓励政策，吸收外来资本及民间资本，拓宽融资渠道，降低融资成本，加快地热能等新能源对传统化石能源的替代。

5. 发挥市场的决定性作用，建立健全市场化运营环境

地热能的开发利用必须走政府管理引导，市场化主体开发运营的模式。国家新型城镇化规划要求，发展环保市场，推行碳排放权、排污权、水权交易制度，建立吸引社会资本投入生态环境保护的市场化机制，推行环境污染第三方治理。地热能既具有矿产属性，又有可再生清洁能源属性，为了加快开发应用，市场化是必由之路。要通过市场化主体的运营，加快地热能在供暖、现代农业种植、养殖、生活、洗浴、旅游等领域的利用，以新型城镇化和产业改造、建设项目为抓手，实现地热能的综合利用。

实践证明，在地热能开发利用中，“PPP 模式”比较行之有效。该模式（Public-Private-Partnership）即由技术研发企业作为项目发起人与地方政府签署合作协议，获得项目特许经营，然后联合战略投资方进行项目建造，最终以项目运营收益较快获得投资回报。在京津冀地区的若干新型城镇，可积极推广并不断完善“PPP”模式。我们相信，通过不断复制同样的过程，在民间资本的推动下，京津冀地区地热能的整体开发利用将会逐步进入良性循环轨道，迈向稳步发展的新阶段。

参考文献

[美] 西奥多·W. 舒尔茨：《改造传统农业》，梁小民译，商务印书馆 1987 年版。

[美] 西奥多·W. 舒尔茨：《论人力资本投资》，吴珠华等译，北京经济学院出版社 1990 年版。

[美] 西奥多·舒尔茨：《经济增长与农业》，郭熙保、周开年译，郭熙保、刘有锦校，北京经济学院出版社 1991 年版。

[美] 西奥多·舒尔茨：《报酬递增的源泉》，北京大学出版社 2001 年版。

[美] D. 盖尔·约翰逊：《经济发展中的农业、农村、农民问题》，林毅夫、赵耀辉编译，商务印书馆 2004 年版。

[埃及] 萨米尔·阿明：《不平等的发展——论外围资本主义的社会形态》，商务印书馆 1990 年版。

[美] 艾伯特·赫希曼：《经济发展战略》，曹正海、潘照东译，潘光成校，经济科学出版社 1991 年版。

[美] 曼库尔·奥尔森：《国家兴衰探源》，商务印书馆 1993 年版。

[美] 迈克尔·波特：《国家竞争优势》，华夏出版社 2002 年版。

[美] 迈克尔·波特：《竞争战略》，华夏出版社 2005 年版。

[美] 迈克尔·波特：《竞争优势》，华夏出版社 2005 年版。

[美] 阿瑟·刘易斯：《增长与波动》，梁小民译，华夏出版社 1987 年版。

[英] 阿瑟·刘易斯：《经济增长理论》，周师铭、沈丙杰、沈伯根译，商务印书馆 1983 年版。

[美] 威廉·刘易斯：《发展计划——经济政策的本质》，何宝玉译，北京经济学院

出版社 1988 年版。

霍利斯·钱纳里、莫伊斯·赛尔昆：《发展的型式 1950—1970》，李新华、徐公理、迟建平译，经济科学出版社 1988 年版。

［美］约瑟夫·熊彼特：《经济发展理论——对于利润、资本、信贷和经济周期的考察》，何畏、易家祥译，张培刚、易梦红、杨敬年校，商务印书馆 1990 年版。

［英］约翰·梅纳德·凯恩斯：《就业、利息和货币通论》，高鸿业译，商务印书馆 1999 年版。

［美］道格拉斯·诺斯、罗伯特·托马斯：《西方世界的兴起》，厉以平、蔡磊译，华夏出版社 1989 年版。

［印度］苏布拉塔·贾塔克：《发展经济学》，卢中原、王晓东、朱邦宁、王敏译，罗肇宏校，商务印书馆 1989 年版。

［日］内野达郎：《战后日本经济史》，新华出版社 1982 年版。

［日］冈崎哲二：《经济史上的教训》，新华出版社 2004 年版。

［美］福克讷：《美国经济史》，商务印书馆 1964 年版。

［德］柯武刚、史漫飞：《制度经济学》，商务印书馆 2000 年版。

习近平：《习近平谈治国理政》，外文出版社 2014 年版。

李义平：《体制选择分析——从制度绩效角度理解改革》，山东人民出版社 1994 年版。

李义平：《中国的经济过渡》，天津人民出版社 1999 年版。

李义平：《和着时代节拍的思考》，经济科学出版社 1999 年版。

李义平：《经济学百年》，天津人民出版社 2002 年版。

孟帆、赵棣生等：《日本的第三产业》，新华出版社 1985 年版。

吴敬琏、樊纲、刘鹤、林毅夫、易纲、许善达、吴晓灵主编：《中国中长期经济增长与转型》，中国经济出版社 2011 年版。

张连城：《中国经济增长路径与经济周期研究》，中国经济出版社 2012 年版。

刘树成、张连城、张平：《经济增长与经济周期（2012）》，中国经济出版社 2012 年版。

史晋川等：《经济结构调整与经济发展方式转变》，经济科学出版社 2012 年版。

杨德才：《新中国经济史（1949—2009）》，经济科学出版社 2009 年版。

萧国亮、隋福民编著：《中华人民共和国经济史（1949—2010）》，北京大学出版社 2011 年版。

辜胜阻:《创新驱动战略与经济转型》，人民出版社 2013 年版。

沈世顺、王常华等:《经济转型中的结构调整》，国家行政学院出版社 2011 年版。

谢百三主编:《中国当代经济政策及其理论》，北京大学出版社 2001 年版。

聂华林、马红瀚编著:《中国区域经济格局与发展战略》，中国社会科学出版社 2009 年版。

黎雨编著:《大格局——变动中的中国区域发展战略布局》，国家行政学院出版社 2013 年版。

叶连松:《转变经济发展方式与调整优化产业结构》，中国经济出版社 2011 年版。

李国平主编:《京津冀区域发展报告 2014》，科学出版社 2014 年版。

简新华等:《中国经济结构调整和发展方式转变》，山东人民出版社 2009 年版。

魏杰:《中国经济转型》，中国发展出版社 2011 年版。

张卓元:《中国经济转型论集》，中国社会科学出版社 2013 年版。

沈开艳主编:《经济结构调整与经济发展方式转变》，上海社会科学院出版社 2012 年版。

《京津冀协同发展的展望与思考》编委会主编:《京津冀协同发展的展望与思考》，首都经济贸易大学出版社 2014 年版。

刘玉海、叶一剑、李博:《困境——京津冀调查实录》，社会科学文献出版社 2012 年版。

文魁、祝尔娟:《京津冀发展报告（2013 承载力测度与对策）/ 京津冀蓝皮书》，社会科学文献出版社 2013 年版。

祝尔娟:《京津冀都市圈理论与实践的新进展》，中国经济出版社 2010 年版。

肖金成等:《京津冀区域合作论：天津滨海新区与京津冀产业联系及合作研究》，经济科学出版社 2010 年版。

杨开忠:《改革开放以来中国区域发展的理论与实践》，科学出版社 2010 年版。

孙久文:《区域经济规划》，商务印书馆 2005 年版。

李国平:《京津冀区域发展报告（2012)》，中国人民大学出版社 2013 年版。

范剑勇:《产业集聚与区域经济协调发展》，人民出版社 2013 年版。

吴殿廷、朱桃杏、朱华晟等:《城乡区域统筹协调发展的中国模式丛书：中国特色世界城市建设研究》，东南大学出版社 2013 年版。

叶裕民:《中国城市化之路：经济支持与制度创新》，商务印书馆 2001 年版。

伍文中、雷光宇、李瑞、张明艳:《京津冀经济圈产业竞争力研究》，经济科学出版社 2013 年版。

李国平、陈红霞、杨开忠等:《协调发展与区域治理：京津冀地区的实践》，北京大学出版社 2012 年版。

母爱英、武建奇、武义青等:《京津冀：理念、模式与机制》，中国社会科学出版社 2010 年版。

祝尔娟、王天伟、陈安国等:《京津冀产业发展升级研究：重化工业和战略性新兴产业现状、趋势与升级》，中国经济出版社 2011 年版。

范恒山、孙久文、陈宣庆等:《中国区域协调发展研究》，商务印书馆 2012 年版。

魏后凯:《中国区域协调发展研究》，中国社会科学出版社 2012 年版。

周立群、邓向荣:《环渤海区域经济发展报告 2009》，社会科学文献出版社 2009 年版。

刘牧雨:《环渤海区域经济发展研究：“环渤海区域合作发展高层论坛”论文集》，中国经济出版社 2008 年版。

王德利:《首都经济圈发展战略研究》，中国经济出版社 2013 年版。

李景元:《对接京津与都市区经济一体化：构建环首都经济圈与京津走廊的崛起》，中国经济出版社 2011 年版。

表 索 引

图索引

后 记

这本专著是在我主持的北京市课题基础上形成的。课题从 2012 年上半年申请、下半年立项，到 2015 年上半年完成，历时三年。三年里，作为指导教师，跟随北京市委党校中青班学员一起到京津冀三地的政府部门、企业进行了大量的实地调研；作为研究人员，参加了历年由中央党校、国家行政学院、北京市社科联等组织机构举办的各类学术研讨会。这些调研和研讨，让我对中国经济的发展和转型有了切身的体验和深入的思考。三年里，我再次阅读了马克思、亚当·斯密、约瑟夫·熊彼特、约翰·梅纳德·凯恩斯、西奥多·舒尔茨、阿瑟·刘易斯、萨米尔·阿明、D. 盖尔·约翰逊、曼库尔·奥尔森、道格拉斯·诺斯等许多世界知名学者的经典之作；研读了《习近平谈治国理政》、历届《政府工作报告》、各个五年周期的规划纲要等等涉及治国方略和大政方针的著作和文件；采用五年规划为周期计算均值的方法，全面梳理了《中国统计年鉴》中的相关数据。这些研究和梳理，让我对中国经济的发展和实践有了比较系统的理解和认识。这本专著虽然思考了三年，自认为其中有一些观点和方法的创新，也有一些相对深入的讨论和思考，但总体感觉仍然有不少遗憾。这种遗憾是难以避免的，因为课题总有时间限制，而三年的时间，我们不可能只做一件事；即便只做一件事，受作者主客观条件的制约和评价标准的不一致，“事”的完善程度也难以穷尽。

这部专著的完成，得益于家人、朋友和同事的支持和帮助。与我们一家三口生活在一起的我的岳母胡晓琴女士，她老人家对子女和孙辈无私的爱，让我们全家的生活充满阳光，让我的写作得以专心致志；我的博士生导师中国人民大学的李义平教授和北京市委党校的林丕教授，他们对待学术研究的专注和执着，让我始终有一种被鞭策的动力和压力；北京市投资促进局的董宪军博士、中国政法大学的齐勇博士、中诚信国际信用评级有限责任公司的李燕博士、北京市委党校的张勇博士和衣光春博士，他们的真诚帮助，让课题进展顺利；北京市委党校 43 期中青班第 4 小组吴宗兴、曾鹏等所有学员，北京市委党校第 44 期中青年干部培训班第二小组的北京地热研究院邹登亮院长等全体学员，大家在一起调研的日子，分工协作，共同研讨，让人受益匪浅。需要说明的是，这部专著还得到了北京市委党校学术著作出版资金的资助。人民出版社的编辑刘敬文，对专著出版倾注了大量时间和精力，他的勤奋努力和工作效率令我钦佩。

王　昊

2016 年 3 月 30 日于北京市委党校